Coming Out
Sonnenallee

Berlin – Ecke Schönhauser
Solo Sunny
Sommer vorm Balkon
Oh Boy

Berlin – Sinfonie der Großstadt
Berlin Alexanderplatz
A Foreign Affair
Ostkreuz
Das Leben ist eine Baustelle
Lola rennt
Æon Flux
Effi Briest

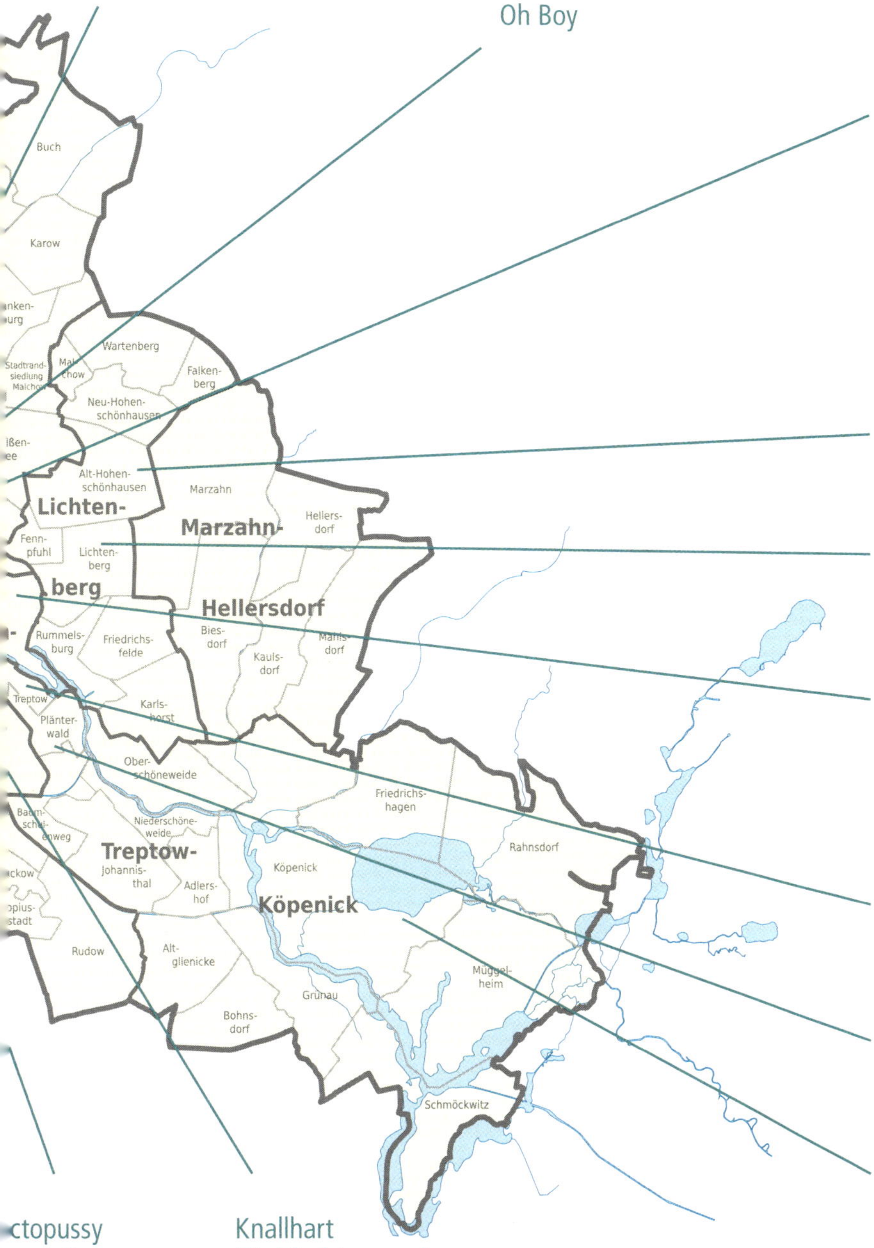

Das Leben der Anderen

Das Kaninchen bin ich

Die Mörder sind unter uns
Die Legende von Paul und Paula
Good Bye, Lenin!
Unknown

Drei

Hanna
Wir sind die Nacht

Kuhle Wampe

ctopussy
err Lehmann
ictoria

Knallhart
Die Blechtrommel

FILMLANDSCHAFT BERLIN

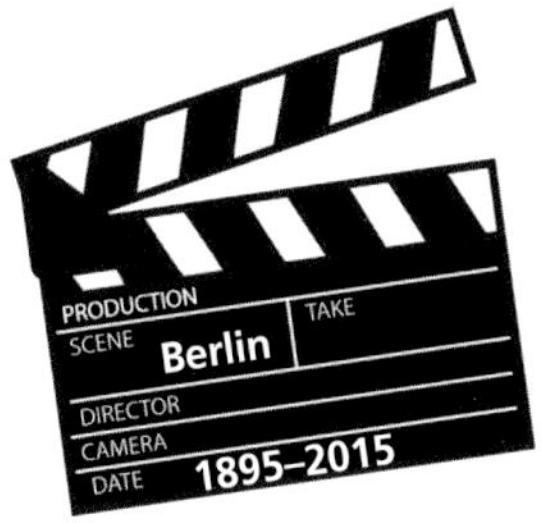

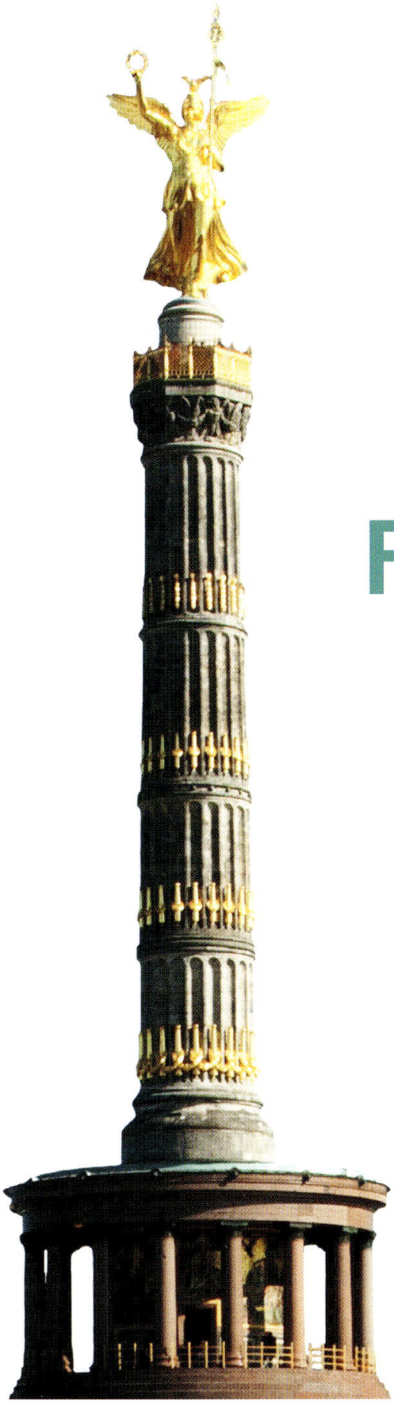

Nadin Wildt

Filmlandschaft Berlin

Großstadtfilme und ihre Drehorte

Umschlagmotive
Cover: Frankfurter Allee, Friedrichshain, sowie Filmszenen aus: Lola rennt, A Foreign Affair, Cabaret, One, Two Three (v. l. n. r.)
Backcover: Siegessäule, Tiergarten, sowie Filmszenen aus: Die Legende von Paul und Paula, Kuhle Wampe, James Bond – Octopussy, The Hunger Games – Mockingjay (v. l. o. n. r. u.)

Impressum

Wildt, Nadin:
Filmlandschaft Berlin – Großstadtfilme und ihre Drehorte
1. Auflage – Berlin: Berlin Story Verlag 2016
ISBN 978-3-95723-070-6

Leuschnerdamm 7, 10999 Berlin
Tel.: (030) 20 91 17 80
Fax: (030) 69 20 40 059
www.BerlinStory-Verlag.de
E-Mail: Service@BerlinStory-Verlag.de
AG Berlin (Charlottenburg) HRB 152956 B, UStID: DE291153827

Konzept und Gesamtherstellung: Nadin Wildt
Korrektorat: Peggy Büttner
Druck und Bindung: Beltz Bad Langensalza

WWW.BERLINSTORY-VERLAG.DE

INHALT

PRE-PRODUCTION

DREHBOOM / KINOPIONIERE / FILMTOURISMUS

BERLIN FÜR SETJETTER

Berlin ist der populärste Drehort Deutschlands. Täglich sind in den Berliner Straßen zig Filmteams unterwegs. Hier lebt man, egal ob man das nun als aufregend oder störend empfindet, zwangsläufig zwischen Sets. Diese können überall auftauchen: Eines Morgens findet sich zum Beispiel an der eigenen Haustür in Kreuzberg eine Information des Filmstudios Babelsberg, die zwei komplette Tage Halteverbot auf 120 Metern Straße ankündigt – was sich als Vorkehrung für den kommenden *Bourne*-Thriller herausstellt (S. 88). An einem anderen Tag ist dann ein Abschnitt der berühmtesten Promenade der Stadt, Unter den Linden, einmal mehr wegen Dreharbeiten gesperrt – für Verfolgungsjagden von Liam Neeson (*Unknown*, S. 106) oder aber Effi Briests (S. 100) Spaziergänge auf künstlich historischem Straßenbelag.

Womit die filmrelevantesten Stadtteile angesprochen sind: Mitte und Charlottenburg-Wilmersdorf (zwischen Ku'damm und Grunewald-Villen) sind offiziell die beliebtesten Filmbezirke. Doch es scheint, als wäre ihnen Friedrichshain-Kreuzberg dicht auf den Fersen. Insgesamt wurden allein im Jahr 2014, laut Medienboard Berlin-Brandenburg, etwa 4.000 Drehtage im Stadtgebiet genehmigt. Tatsächlich gedreht wird noch weit mehr, bedenkt man die vielen kleinen Fernsehteams und Indiefilm-Crews. Denn eine »Allgemeine Dreherlaubnis« (plus »Sondernutzungserlaubnis des Tiefbauamts« sowie weitere nötige Drehgenehmigungen) ist nur dann Pflicht, »wenn bei den Aufnahmen mehrere Darsteller mitwirken, Gegenstände auf öffentlichem Straßenland aufgestellt werden bzw. Verkehrszeichen oder Verkehrseinrichtungen erforderlich werden« (§ 29 Abs. 2 StVO). Wenn Tom Schilling beim »Kamikazedreh« von *Oh Boy* (S. 110) über die Schönhauser Allee schlendert, taucht das also nicht in der Statistik auf. Ebenso wenig werden Aufnahmen von privaten Grundstücken gezählt.

»Film is a city art« (Wim Wenders), das gilt im doppelten Sinn: In den Städten entstand das Kino und das Kino spiegelt die Städte. So hat der Dreh an Originalschauplätzen eine lan-

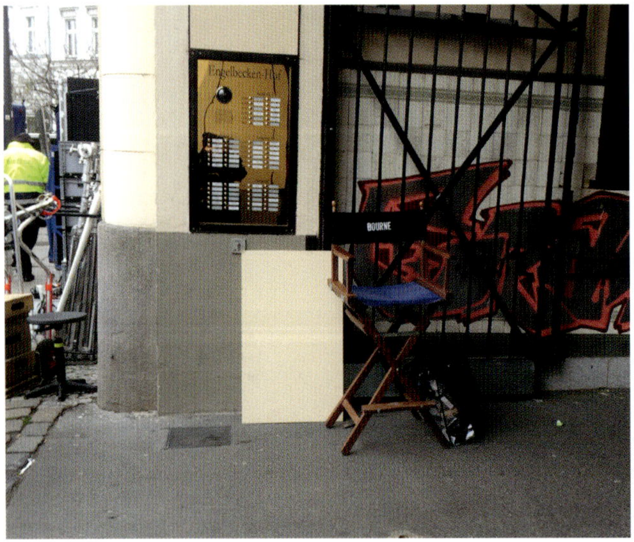

Jason Bourne streifte im Herbst 2015 wieder durch die Stadt und drehte unter anderem im Kreuzberger Engelbecken-Hof.

ge Tradition. Der allererste Berlin-Film von Max Skladanowsky entstand vor über 120 Jahren unter freiem Himmel. Bald zog sich die neue Filmindustrie vorwiegend in ihre diversen Glashäuser und Ateliers zurück, wo Studioproduktionen bis heute mitunter Theaterinszenierungen in leblosen Kulissen ähneln. Dass Freiluftdrehs dagegen die Geschichte der realen Orte atmen, in denen sich das Publikum wiederfinden kann, nutzten Filmeschaffende aller Jahrzehnte. Um Alfred Polgars berühmtes Bonmot von 1921 aufzugreifen: »Der schäbigste Berliner Straßenwinkel (im Film) regt meine Phantasie tausendmal mehr an als das kostspielige Pappdeckel-Indien.«

Seitdem erinnern immer wieder Filmkritiker angesichts mancher Kulisse daran, dass das wirkliche Berlin »ein unerschöpfliches Bildmaterial« (Leo Hirsch) bereithält. Ansonsten vernachlässigen Rezensenten das Thema Drehorte eher. Wenn nicht gerade spektakuläre Ereignisse damit verbunden sind, lassen sie sich von der Illusion der fiktiven Orte gefangen nehmen – selbst wenn im Film gerade Berlin als Moskau oder London dargeboten wird (S. 86). Die Regionalmedien entdecken gleichzeitig die Wirkung dessen, was die Politik als »Regionaleffekt« begünstigt: die wirtschaftliche Relevanz und die Imagewirkung von Kinoproduktionen. Von regionaler Filmförderung, in Berlin vom Medienboard Berlin-Brandenburg, und der überregionalen Filmförderanstalt (FFA) sind praktisch alle (größeren) Projekte abhängig. Daher knüpft das Medienboard seine Darlehen zum einen an die Bedingung, entsprechende Ausgaben im eigenen Territorium zu tätigen, zum anderen ermutigt es explizit zu anschaulichen Referenzen an die Stadt. Manche sprechen davon, dass »Schauplätze durch Subventionen käuflich« geworden seien (Ute Berg-Ganschow). Entsprechend findet man wiedererkennbare Plätze in internationalen Koproduktionen ebenso wie in deutschen Filmen.

Nur wenige Filmschaffende verweigern sich dieser Darstellung und zeigen bewusst Szenen, die schwer im Stadtbild zu verorten sind. Selbst dort schafft es die Filmkunst aus eher unscheinbaren Orten große Kinobilder entstehen zu lassen. Regisseurin Angela Schanelec hat für *Mein langsames Leben* (2008), einem typischen Beispiel der Berliner Schule (S. 83),

MAX SKLADANOWSKY

Fotograf, Filmpionier (1863 – 1939, Berlin)

Die weltweit erste öffentliche Vorführung bewegter Bilder erfolgte aus dem Bioskop des Berliners Max Skladanowsky. Während parallel die Pariser Lumière und Edison in den USA an der technischen Realisierung der Kinematographie arbeiteten, filmte er seinen Bruder Emil auf dem Atelierdach der Schönhauser Allee 46. Der erste »Film« wurde noch als Daumenkino vertrieben. Einige hundert Meter nördlich, in der Berliner Straße 27, gelangen schon erste Innenaufnahmen, die sogar vor Ort im »Feldschlößchen« vorgeführt wurden, bevor am 1. November 1895 die große Premiere im Varieté »Wintergarten« stattfand. Die acht projizierten Kurzfilme, darunter *Das boxende Känguruh*, gingen anschließend auf Deutschlandtournee.

An beiden Ur-Drehorten finden sich heute Gedenkmosaike im Gehsteig. Das Bioskop konnte sich nicht durchsetzen; für längere Aufnahmen eignete sich nur die französische Technik. Skladanowsky lebte vom Handel mit Fotoapparaten und stereoskopischen Aufnahmen. Als Filmerfinder fand er kaum Anerkennung, er erhielt jedoch ein Ehrengrab in Niederschönhausen (Buchholzer Straße).

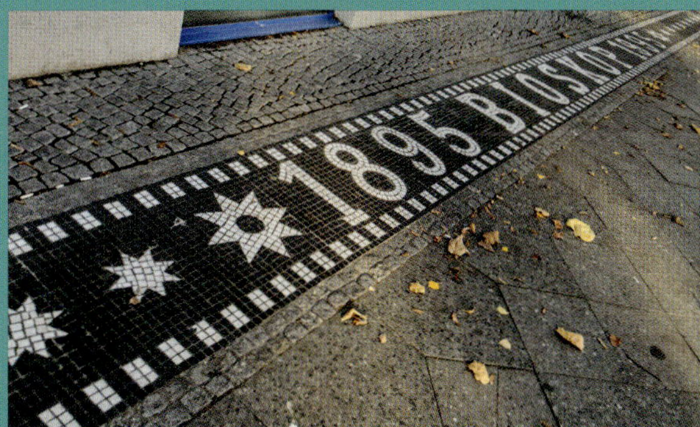

An Skladanowskys Bioskop erinnert ein Mosaik in der Berliner Straße 27, wo seine ersten Filmaufnahmen gezeigt wurden. Von 1925 bis 2003 stand an dieser Stelle in Pankow das Kino Tivoli, das einem Supermarkt weichen musste.

ganz gezielt versteckte Parks und Cafés, anonyme Einkaufsstraßen und Plattenbauten aufgesucht. »Den richtigen Raum zu finden«, sagt sie, »ist genauso schwierig, wie die Darsteller zu finden.«

Sowohl um die großen Berlin-Hymnen, in denen man die ganze dynamische Stadt einzufangen versuchte, als auch um die sensiblen Kiezporträts wird es im Folgenden gehen. In einem Ritt durch die Geschichte des Berlin-Films gilt es, berühmte Szenen mit bemerkenswerten Orten zu verbinden. Daneben werden einige der Stadt besonders verbundene Persönlichkeiten der Filmwelt vorgestellt. Im Fokus stehen Kino-Spielfilme, deren Aufnahmen zumindest teilweise an Berliner (und Potsdamer) Originalschauplätzen stattfanden. Alle vorgestellten Filme laden mit ausführlichen Hintergrundgeschichten und detektivisch recherchierten Adressen zum Stadtrundgang ein. Die im Kino angeregte Vorstellungskraft überträgt sich dann bestenfalls auf die realen Orte – man fühlt sich »wie im Film«.

Damit das Buch selbst schon zum visuellen Erlebnis wird, sind die Kapitel durchgängig mit aktuellen Stadtansichten von Franzika Donath illustriert. Ihre Fotografien zeigen die berühmten Drehorte gewissermaßen ungeschminkt, ohne filmische Inszenierung, Kunstlicht oder digitale Animation. So ergibt sich der lebendige Wiedererkennungseffekt, der einem beim unvorbereiteten Spaziergang sonst allzu schnell entgeht. In jedem Fall lädt der Vergleich zwischen Kino und Realität dazu ein, den eigenen Blickwinkel neu zu entdecken.

Außerdem heben die Bilder einen Aspekt hervor, der besonders die älteren Kinoproduktionen betrifft: die »Konservierung«. Die Gegenüberstellung von Standbildern mit aktuellen Fotografien dokumentiert, wie sehr sich die Stadt mitunter gewandelt hat – oder aber wie sehr sie für den Film verwandelt wurde. Wo der Nachkriegsfilm eine Trümmerwüste zeigt, stehen heute Neubauten. Wo genau jahrzehntelang die Mauer durch die Stadt schnitt, belegen heute nur noch Gedenksteine im Asphalt und die vielen interessanten West-Berlin-Filme. Von der Ost-Seite konnte die Mauer nämlich höchstens heimlich gefilmt werden. Auch jüngere Filme halten fortlaufende Veränderungen fest, beispielsweise die viel diskutierte

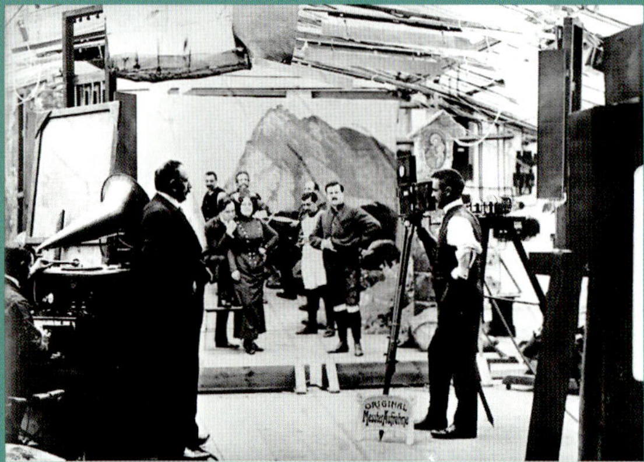

OSKAR MESSTER

Erfinder, Produzent
(1866, Berlin – 1943, Tegernsee)

Im Jahr 1896, nachdem die Skladanowskys mit der Filmvorführung im Wintergarten den Startschuss gegeben hatten, eröffneten die ersten Berliner Kinos. Eines davon (Unter den Linden 21) gehörte Oskar Messter (Foto links), der längst an Apparaten bastelte, um bewegte Bilder aufzunehmen, wiederzugeben und zu kopieren. Bald handelte er mit Kameras und Projektoren. Zudem gründete er ein Filmatelier in der Friedrichstraße 94. Damit begann die untere Friedrichstraße, sich zum Zentrum der Filmindustrie zu entwickeln. 1929 drängten sich dort rund 250 Produktionsfirmen. Messter drehte und produzierte nicht nur selbst Filme, er bildete auch Kameraleute aus und entdeckte den ersten deutschen Filmstar Henny Porten sowie Emil Jannings. Zu seinen Erfindungen gehörte die Wochenschau, in der er zum Beispiel einen Hochbahnunfall am Gleisdreieck 1908 dokumentierte, und »Tonbilder«, die bei laufendem Grammophon gedreht und gezeigt wurden. Als »Kaiserfilmer« sammelte er zahlreiche Aufnahmen von Wilhelm II.

Gentrifizierung: Der Helmholtzplatz aus *Sommer vorm Balkon* (S. 90) und die Oderberger Straße aus *Die fetten Jahre sind vorbei* (S. 80) verstecken ihre Vergangenheit längst hinter glattsanierten Fassaden. Doch in anderen Gegenden der Stadt finden sich noch immer Einschusskrater, Brandmauern und denkmalgeschützte Ruinen: alles dankbare Drehorte. Filme, die (ob gezielt oder nebenbei) ihren Teil zum Gedächtnis der Stadt beitragen, verweisen oft auf Plätze, an denen Geschichte noch greifbar ist, und holen verlassene Stätten zurück in den Fokus (zum Beispiel den Teufelsberg, S. 102). Filmtourismus kann daher durchaus eine Reise an geschichtsträchtige Orte sein.

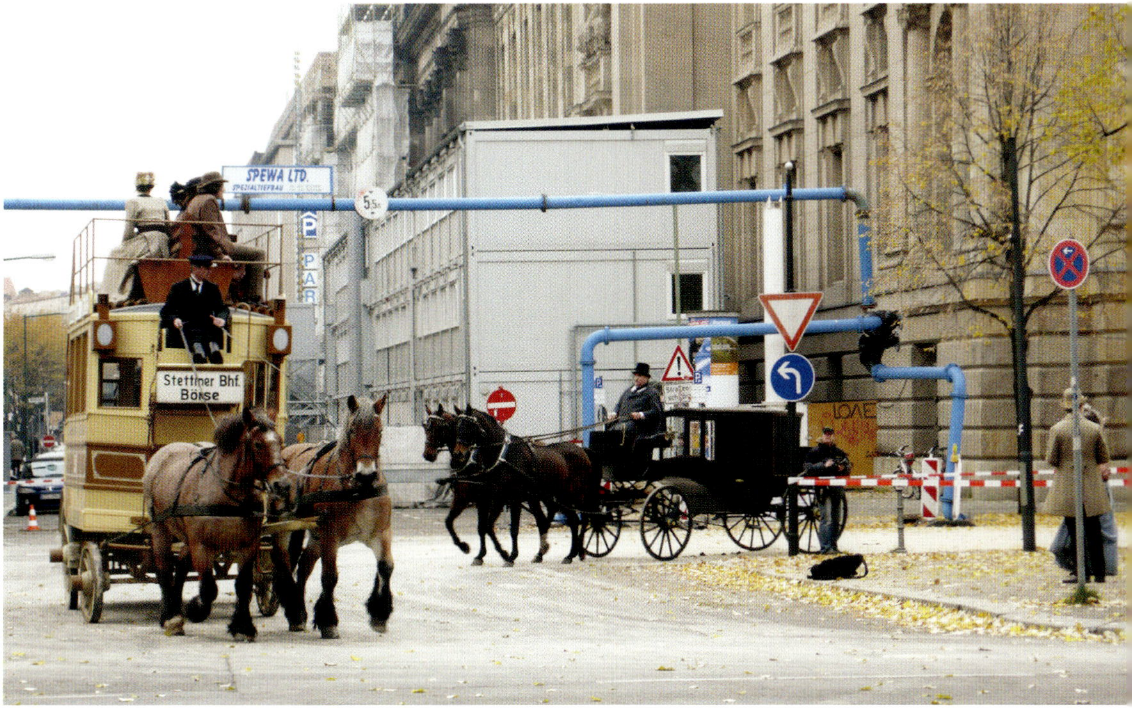

International wird das »Setjetting« zum immer größeren Thema. (Die ironische Anspielung auf das Jetset-Leben hat sich als Begriff im Gegensatz zum steiferen »Location Vacation« durchgesetzt.) Alle großen Städte, von Paris über London bis New York, haben längst ihre cinephilen Gäste entdeckt, wie allerlei thematische Reiseführer und -touren belegen. Auch Landschaften wie die schottischen Highlands (*Harry Potter, Skyfall*) oder neuseeländische Nationalparks (Tolkien-Verfilmungen) wissen sich für Filmtouristen, gewinnbringend zu vermarkten. Studiotouren und regelrechte Filmvergnügungsparks werden angeboten. Auch ohne solche »Disneylandisierung« profitiert der Touristenmagnet Berlin von immer bekannteren hier gedrehten Großproduktionen für die Kinos – oder auch für den heimischen Bildschirm mit US-Serien wie *Homeland* oder der neuen Agentenserie *Berlin Station*. Was im Film oder Fernsehen zu sehen ist, lockt an die Orte des Geschehens. Drehorte und Filmmotive haben zum Teil das ersetzt, was historische Kultur-Denkmäler waren. Denn sie haben einen klaren Vorteil: Menschen fühlen sich mit den Schauplätzen ihrer Lieblingsfilme emotional verbunden.

Manche Filme schaffen es mit ihren inszenierten Bildern, den Blick auf die Stadt gelegentlich umzulenken oder sogar nachhaltig zu verändern. Von den so unterschiedlichen Drehorten mag man schließlich sogar inspiriert sein, in Gedanken selbst zum Location-Scout zu werden und die ganze Stadt als potenzielle Filmkulisse zu betrachten.

Berlin sperrt auch zentrale Straßen für Dreharbeiten: im Oktober 2007 Unter den Linden, Ecke Charlottenstraße, für Effi Briest.

PRODUCTION

CHRONOLOGIE DER SCHÖNSTEN BERLIN-FILME VOR ORT

BERLIN – DIE SINFONIE DER GROSSSTADT

1927 **Regie: Walther Ruttmann**

Mehr als 15 Kilometer vor der Stadtgrenze, die seit 1920 Großberlin umgibt, beginnt Walther Ruttmanns Metropolen-Essay *Berlin – Die Sinfonie der Großstadt*. Noch bevor das Ortseingangsschild den ersten Akt eröffnet, rauscht die Kamera im Schnellzug vom Land durch die Außenbezirke zum gigantischen Kopfbahnhof unweit des Potsdamer Platzes: dem Anhalter Bahnhof. Keine zwei Jahrzehnte später zeugten hier nur noch Kriegsruinen von jener Station mit der wechselhaften Geschichte. Mitunter trafen hier die Züge im Zwei-Minuten-Abstand ein. Ab 1942 wurden von hier mindestens 9.600 Menschen in Konzentrationslager deportiert. An ihr Schicksal erinnert seit 2008 eine Stele vor den Resten des Bahnhofsportals. Den berühmten Namen trägt noch die unterirdische S-Bahn-Station.

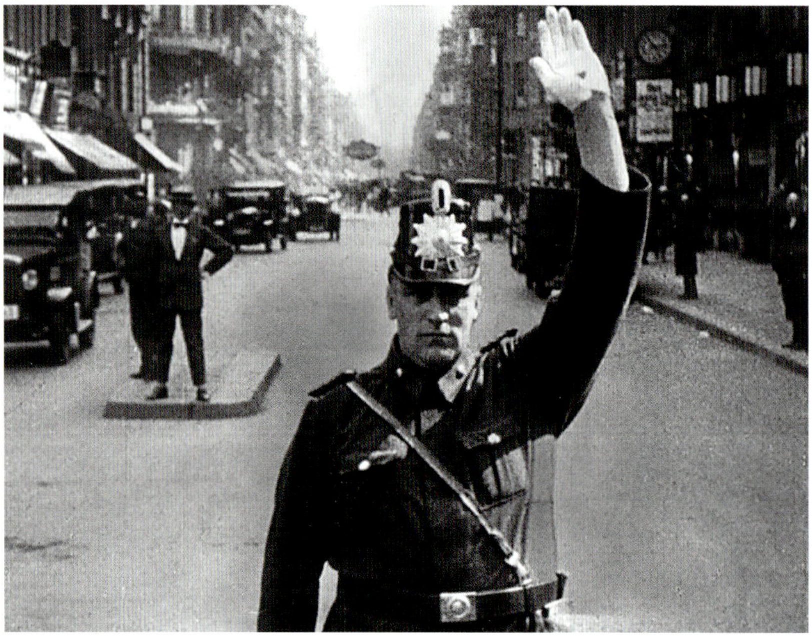

Hauptmotiv Verkehr: Der Polizist kann auf der Friedrichstraße den Straßenbetrieb kaum bändigen.

Die Bildsinfonie kehrt mehrfach in das Verkehrszentrum zurück. Die Aufnahmen zeigen darüber hinaus eine unfassbare Menge an Schauplätzen und Personen. In rund einer Stunde vermitteln sie den Eindruck eines nahezu vollständigen Abbilds der belebten Innenstadt: Industrie und Arbeiter, Einzelhandel und Angestellte, öffentliche Gebäude und Schulkinder, Attraktionen, Alltagshektik und Nachtleben – und immer wieder das verzweigte Verkehrssystem.

Ruttmann, der zuvor experimentelle Kurzfilme und frühe Werbespots gedreht hatte, wollte mit dokumentarischen Aufnahmen einen Spielfilm komponieren. Kein Schauspieler, sondern die Hautstadt selbst sollte seine Protagonistin sein. Ein wahrer »Berlin-Film« war sein erklärtes Ziel, dafür folgte er, geschult von Sergej Eisenstein, in rhythmischen Montagen dem urbanen Tagesablauf und ordnete das Geschehen in fünf Akte. Seine Methode beschrieb er als »straffste Organisation des Zeitlichen nach streng musikalischen Prinzipien«. Edmund Meisel schrieb dazu eine um »größte Objektivität« bemühte Originalmusik, die ursprünglich für ein 75-köpfiges Orchester ausgelegt war.

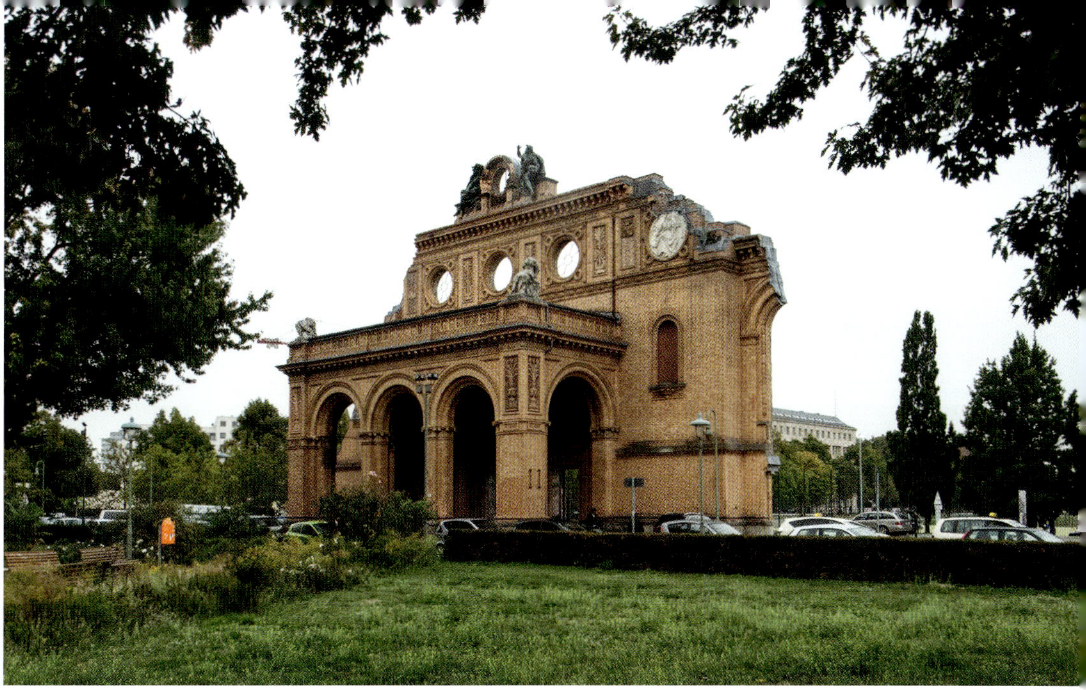

Dem Regisseur gelang zusammen mit Ko-Autor Karl Freund und drei Kameramännern eine berauschende Inszenierung des komplexen Großstadtlebens. Auf jegliche politische oder gesellschaftskritische Interpretation verzichtete er dabei. Freude und Leiden werden mit der gleichen Distanz nebeneinandergestellt, von der Varieté-Aufführung bis zum Selbstmord. Siegfried Kracauer nannte in der Frankfurter Zeitung diese »Haltungslosigkeit« »wirklichkeitsblind«, »weil nicht ein einziger sinnvoller Zusammenhang von ihr aufgedeckt wird«.

Die sachliche Hymne auf die »Diva« Berlin wurde im Kino stürmisch gefeiert. Der Film traf den Zeitgeist. Im Laufe der 1920er-Jahre war die Großstadt international zum beliebten Filmsujet geworden. Urbanität forderte zu immer wieder neuen schöpferischen Mitteln heraus. Der Kurzfilm *Manhatta* (1921) kombinierte dokumentarische Aufnahmen New Yorks mit Gedichtzitaten Walt Whitmans. Im Halbstünder *Paris qui dort* (1923) versetzt ein Wissenschaftler die ganze Weltstadt in künstliche Starre. Nicht zuletzt schuf Fritz Lang 1927 im neuen Babelsberger Studio mit *Metropolis* das dystopische Epos einer Science-Fiction-Stadt voll Arbeiterkolonnen und Monumentalarchitektur.

In weniger fantastischen Spielfilmen flanierten die Protagonisten vorbei an Sehenswürdigkeiten und Vergnügungsstätten. Das spiegelte sowohl den Alltag des typischen Kinopublikums als auch seine Reisesehnsucht. Seit damals wird das medial geprägte Image einer Stadt mehr und mehr mit ihrer filmischen Repräsentation assoziiert. *Die Sinfonie der Großstadt* setzte nicht nur formal neue Maßstäbe, sondern lieferte eine viel zitierte Metapher, der sich zum Beispiel das »Remake« *Berlin: Sinfonie einer Großstadt* von 2002 bediente. Regisseur Thomas Schadt kombinierte hier historische und neue Aufnahmen, um die bauliche Entwicklung der Stadt zu vermitteln. Weder virtuose Schnitte noch Vielstimmigkeit waren sein Anliegen, sondern die Undurchdringlichkeit der verglasten Regierungsbauten. Bei ihm bekam die erzwungene Distanz eine politische Dimension.

Nachdem Ruttmann einen Stummfilmklassiker geschaffen hatte, setzte er sein nächstes Projekt, den Dokumentarfilm *Melodie der Welt,* schon als Tonfilm um. Später ordnete er seine Visionen dem NS-System unter. Nach einigen Propagandafilmen wie *Blut und Boden* (1933) und *Deutsche Waffenschmieden* (1940) starb er während des Zweiten Weltkriegs.

Alles, was vom monumentalen Anhalter Bahnhof übrig blieb, ist die Portalruine auf dem Askanischen Platz.

MENSCHEN AM SONNTAG

1930 **Regie: Robert Siodmak**

Ein Film ohne Schauspieler«, so der Untertitel, dafür mit quicklebendigen Laiendarstellern: Christel Ehlers (die Einzige mit Kameraerfahrung), Wolfgang von Waltershausen, Annie Schreyer, Brigitte Borchert, Kurt Gerron und Erwin Splettstößer treten mit ihren eigenen Namen und Berufen auf. Der Ensemblefilm ist schwungvoll erzählt, um dokumentarische Stadtbeobachtungen ergänzt und regt unterdessen zum Träumen an. Es werden gar keine großen Themen und Thesen bemüht. Ein sommerlicher Sonntagsausflug – offensichtlich am Wochenende gedreht – reicht als Anlass, eine Handvoll junger Leute zu beobachten, ohne sie genauer kennenzulernen. Bei allem Witz und Gefühl bleibt die neusachliche Distanz. Im Interesse steht keine Einzelperson, sondern die Betriebsamkeit aller Städter – »4 Millionen warten auf den nächsten Sonntag«.

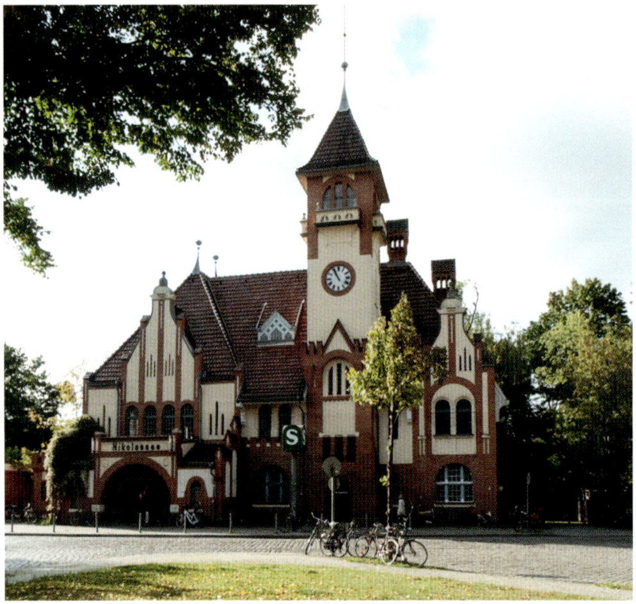

Billie (später Billy) Wilder (Porträt, S. 29) schrieb sein erstes Skript ganz aus dem Zeitgeist heraus, so wie er als Gesellschaftsreporter kleine Feuilletons verfasst hatte. Ausgehend von einer Idee Moritz Seelers und einer Reportage von Kurt Siodmak war das Drehbuch nicht viel mehr als eine Spielvorlage, Grundlage für improvisierte oder echt eingefangene Szenen. Angeblich bekam Wilder lediglich 70 Mark dafür. Die Regie und den Schnitt übernahm Robert Siodmak, der hier ebenfalls debütierte, zeitweise unterstützt von Edgar Ulmer. Kurzerhand wurde die Low-Budget-Produktionsfirma »Filmstudio 1929« gegründet. Drehort war die wirkliche Stadt, wie man sie bis dato nur in *Die Sinfonie der Großstadt* als abendfüllendes Kinoerlebnis präsentiert hatte.

Eugen Schüfftans Kamera sammelte bewegliche Stadtaufnahmen. Eingangs wird das hektische Treiben am Bahnhof Zoo und in der Hardenbergstraße aus allen denkbaren Perspektiven gezeigt, von oben und unten, im Vorbeifahren, die S-Bahn, Straßenbahn, Autos, Passanten aus allen Richtungen, schnell geschnitten. Nicht nur das Berliner Leben

Das Empfangsgebäude des Bahnhofs Nikolassee (oben, im Film stilvoller Treffpunkt) wurde am 1. Mai 1902 eröffnet. Sonntagsvergnügen am Strandbad Wannsee (oben) sah anno 1929 (Filmszene, rechte Seite unten) ähnlich aus wie heute.

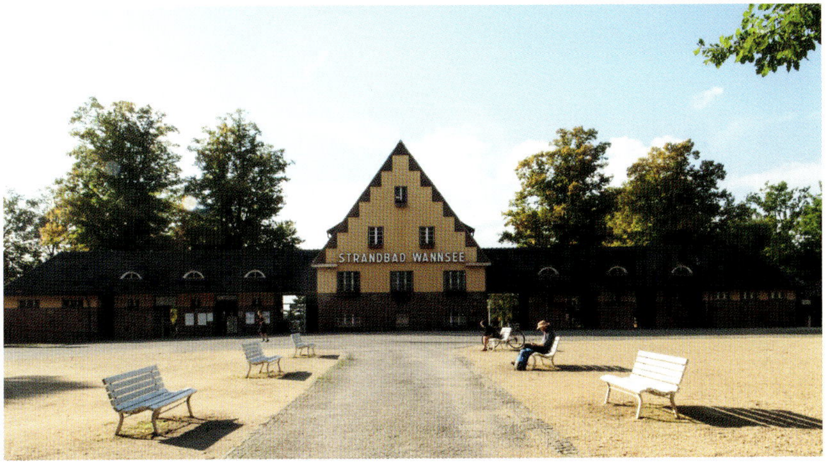

wurde hier präsentiert, sondern, ebenso imposant, der Stand der Kameratechnik. Sogar Szenen auf Augenhöhe mit dem Wasserspiegel waren möglich.

»Im Fiebertempo arbeiten wir drauf los. Haben uns von einem Bäcker in Nikolassee einen wackeligen Karren ausgeliehen und schleifen darauf die Apparate durch den Strandsand. Stehen vierzehn Stunden vor der Kamera und packen alle ordentlich an. Halten uns selbst die Blenden, knien den ganzen Tag im See, und wenn uns der Hitzschlag droht, dann stecken wir eben die Köpfe ins Wasser... Eine ganz, ganz einfache Geschichte, leise und doch voller Melodien, die uns allen täglich im Ohr klingen.« (Wilder in Tempo Nr. 163)

So leicht wie die Kamera bewegen sich die Personen. Man trifft sich am Bahnhof (»Abgemacht – Sonntag, 10 Uhr, Nikolassee!«) und verbringt den Tag im Wannseebad beim Spazieren, Plaudern und Baden. Das spontane Spiel ist durchweg vergnüglich. Ein Flirt wirkt choreografiert wie ein kleiner Tanz. Ein Fotograf macht Aufnahmen der Strandgäste, die dann als Standbilder in den Film geschnitten sind: Erinnerungs-Schnappschüsse mit Sonnenflecken. In einem Kurzauftritt reckt die berühmte Tänzerin Valeska Gert keck das Kinn in die Linse. Dem Freizeitvergnügen im Grunewald fehlt es an nichts: Picknick, Grammophon, Tänzchen und eine Tour mit dem Tretboot. Und alle anderen Vergnügungen bietet die Stadt: Sportereignisse im Tiergarten, Promis am Nollendorfplatz, Historien-Fantasien auf der Siegesallee und vieles mehr werden in Miniaturen eingeblendet.

»Der Verstoß gegen den Starfilm muß Folgen haben. Hier wurde an einem Filmtyp gearbeitet«, jubelte der Kritiker Herbert Ihering. Ohne große Werbung entwickelte sich der späte Stummfilm *Menschen am Sonntag* überraschend zum Publikumsliebling. Bis heute ist der Film modern und beliebt geblieben. Die experimentelle Darstellungsweise konnte natürlich dem Starfilm nie Konkurrenz machen. Die beteiligten Filmschaffenden starteten bald in Amerika durch. Doch weder für Siodmak noch für Wilder sollte das der letzte Berlin-Film gewesen sein.

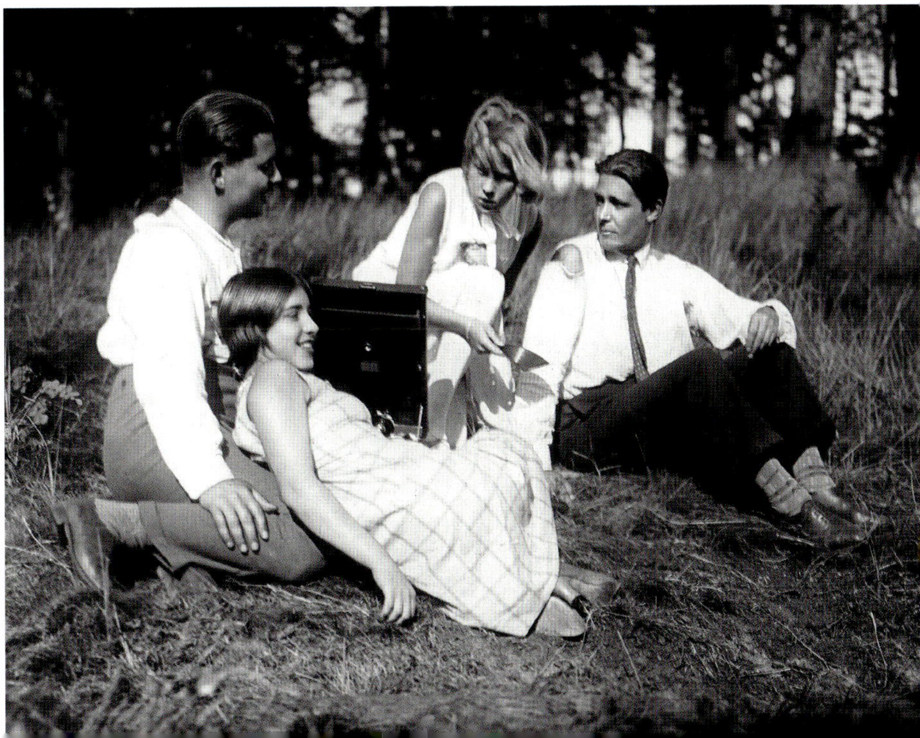

BERLIN ALEXANDERPLATZ

1931 **Regie: Phil Jutzi**

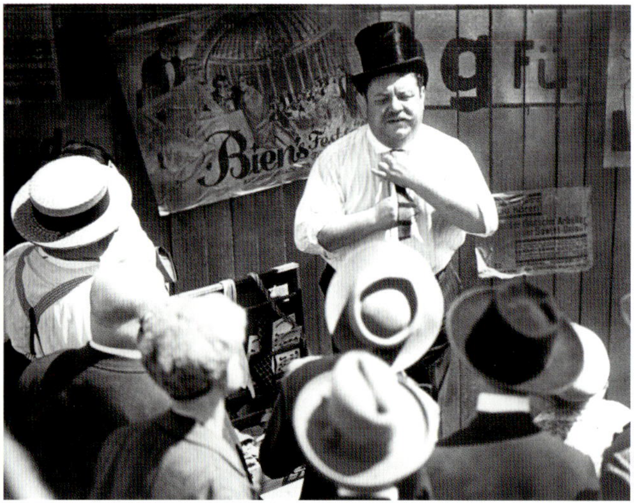

Franz Biberkopf (Heinrich George) steht zögernd vor der Mauer der Strafanstalt Tegel (heute Justizvollzugsanstalt, Seidelstraße 39), bevor er mit der Straßenbahn, der »Elektrischen«, in Richtung Alexanderplatz fährt. Nach vier Jahren Gefängnis ist er der beschleunigten Welt nicht gewachsen. Auf der Fahrt vermitteln Montage, Collage, Überlagerungen von Bild und Ton seine zunehmende Überforderung. Kaum in der Innenstadt angekommen, flüchtet sich der desorientierte Biberkopf in einen Hauseingang. Bemüht um ein anständiges Leben versucht er sich als Straßenverkäufer auf dem Alex. Die Schnitte zwischen weiten Stadtbildern und Close-ups sind hier ruhiger. Biberkopf hat am Rande einer Baustelle vorläufig seinen Platz in der Betriebsamkeit gefunden.

Die Bretterwand hinter dem Darsteller wurde zweifach aufgebaut, um einerseits die Authentizität des Stadtzentrums zu nutzen, andererseits um im Studio ausgewogene Tonaufnahmen zu machen. Die Filmwoche berichtete vom Open-Air-Dreh: »An einem frühen Morgen fuhr ein Wagen wie viele andere zum Alexanderplatz. Sechs starke Männer begannen, seinen Inhalt abzuladen. Sie errichteten zwischen Tietz und Lehrervereinshaus eine riesige Bretterwand und stellten, einige Meter Raum lassend, Verkehrspfeiler und Holzbarrieren auf. Dann nahmen sie Farbe und Pinsel – die Bretterwand verkündete jetzt ihren Zweck: Achtung, Baustelle! … einen Bauzaun, der nichts umzäunte, weil ja nichts zum Umzäunen da war, keine Baustelle … ›Nu uffjepasst, Damen wie Herren, warum soll der feine Mann Schlipse tragen und der Prolet trägt keene? Ja, Damen wie Herren, weil er sie nicht binden kann.‹ … alle hören zu, meckern mit, aber keiner erkennt Heinrich George. Fünf Stunden Warten – für fünf Minuten Drehen – fünf Minuten Drehen für sechzig Sekunden, die später im Film zu sehen und zu hören sind.«

Baustellen auf dem Alexanderplatz waren damals mindestens so alltäglich wie heute; die Gegend befand sich im ständigen Wandel. Die allegorische Figur Berolina war abgerissen worden, um den Bahnhofserweiterungen Platz zu machen. Wer Anhaltspunkte zum Stadtbild des 21. Jahrhun-

Vor der Baustellenabsperrung auf dem Alexanderplatz preist Biberkopf (Heinrich George) zunächst Krawattenhalter und später Stehaufmännchen an. Nicht weit entfernt liegt die Spelunke, wo er in andere Geschäfte hineingezogen wird.

derts sucht, muss sich vor allem am Bahndamm orientieren. Klein im Hintergrund ist das Rote Rathaus zu erkennen. Der damalige Potsdamer Platz, wo Biberkopf im »Kempinski Haus Vaterland« kurze Zeit im Luxus schwelgt, hat mit dem heutigen Viertel ohnehin nichts gemein. Vertraut erscheint allein der Märchenbrunnen im Volkspark Friedrichshain, wo Franz und Mieze sich romantisch annähern.

Die größte Lobeshymne auf Phil Jutzis Version von *Berlin Alexanderplatz* stammte vom Autor der Vorlage selbst. Alfred Döblin hatte mit seinem Montage-Roman 1929 so etwas wie den deutschen *Ulysses* vorgelegt. Nachdem das Medium Film seinen Text inspiriert hatte, war er auch am Drehbuch der Verfilmung beteiligt gewesen. Nun schwärmte er in einem Artikel in der Lichtbild-Bühne von der Suggestivität des Tonfilms: »Die Photographie – die unveränderte Atmosphäre, das Lokalkolorit des Alexanderplatz-Viertels spiegelt zweitens die Sprache, die Franz Biberkopf unmittelbar sprechen läßt und daher akustisch echter als je der Roman kann, und drittens – die Begleitmusik, die besonders wirksam das ewig Gleitende in diesem Biberkopfschicksal unterstützt und ausdrücken kann.«

Die meisten Kritiker hingegen urteilten, der Film bliebe hinter seinen Möglichkeiten zurück, konzentriere sich zu sehr auf den Protagonisten Franz Biberkopf und zu wenig auf das moderne Großstadtporträt. Bei dem Titel erwartete niemand eine linear erzählte Heldengeschichte. Dennoch nutze Jutzi besonders in der Eröffnungssequenz die technischen Mittel auf der Höhe der Zeit. Dem Vor- und Abspann ist eine Draufsicht des Platzes unterlegt, ein starkes Motiv.

Kritisiert wurde auch die bürgerliche Sicht auf das proletarische Milieu, dem weder Regisseur noch Autor oder Hauptdarsteller entstammten. Phil Jutzi hatte zuvor in *Mutter Krauses Fahrt ins Glück* (1929) die Hoffnungslosigkeit der armen Leute schmerzhaft radikal dargestellt. Die Döblin-Verfilmung ist weniger anklagend und schließt mit den symbolkräftigen »Stehaufmännchen«, die Biberkopf, nachdem seine kriminelle Laufbahn gescheitert ist, erneut vor der Bretterwand anpreist. Nachdem ein Arm amputiert und die geliebte Mieze ermordet wurde, ist er nur knapp dem zweiten Gefängnisaufenthalt entronnen und hat beruflich mehr als bescheidene Aussichten. Seine tapfere Haltung irritiert nach den schweren Verlusten. Der Optimismus ist im Kontrast zum Roman fast kitschig. Dass mit den meisten Nebenfiguren auch Juden und Homosexuelle gestrichen wurden, hat man im Nachhinein als Selbstzensur verurteilt.

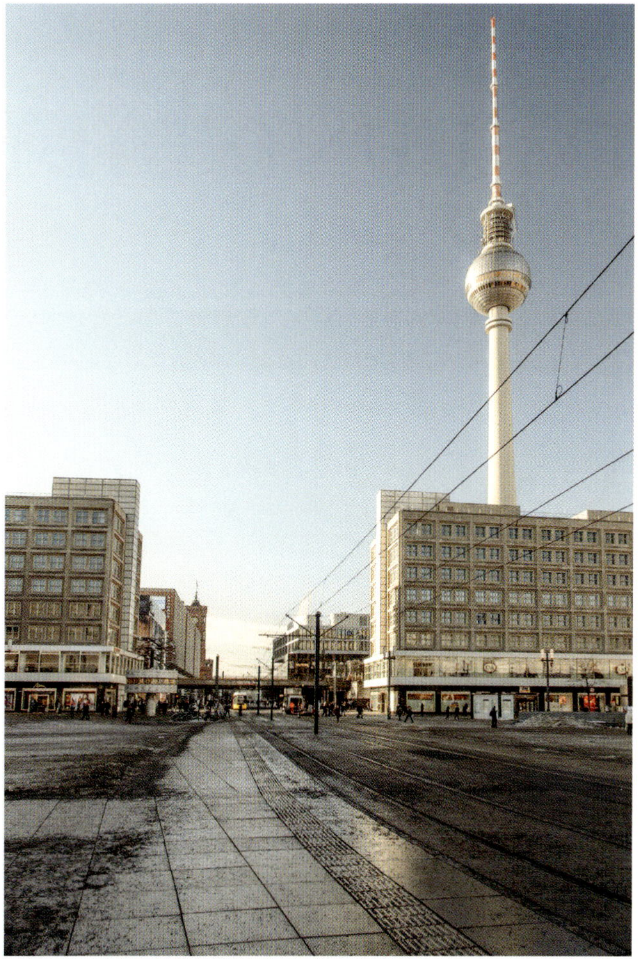

Rainer Werner Fassbinder führte in seiner 15-stündigen Fernsehserie von 1980 Biberkopfs Welt differenzierter vor, verlor in der theaterhaften Inszenierung aber die Stadt völlig aus dem Blick. So ging Phil Jutzis Drama vor allem damit in die Filmgeschichte ein, dass er das faszinierende Großstadtchaos mit den Mitteln des jungen Tonfilms einfing.

Am Alexanderplatz steht nach Krieg und diversen Neubauprojekten kein Gebäude mehr aus Döblins Zeiten. Nur etwas entfernt das Rote Rathaus und (hinter dem Fernsehturm) die Marienkirche waren schon damals im Film zu sehen.

EMIL UND DIE DETEKTIVE

1931 **Regie: Gerhard Lamprecht**

An der ursprünglichen Verfilmung seines Kinderbuchklassikers war Erich Kästner persönlich beteiligt. Er unterstützte Billie (später Billy) Wilder bei der Drehbuchadaption seines Romans und war sogar in einem Cameo-Auftritt zu sehen. Zunächst stand der Produktion einiges im Weg. Der erste Drehbuchautor, Emmerich Pressburger, hatte nach Kästners Meinung ganz danebengelegen. Bei den UFA-Produzenten musste Regisseur Gerhard Lamprecht den Film erst durchboxen – »nur was für Kinder« war der Einwand. Dabei erwies sich das noch nicht erfundene Konzept »Familienfilm« dann schnell als Kassen- und Exportschlager.

Die Handlung bleibt ganz an der Vorlage: Emil Tischbein wird von der Mutter mit zusammengespartem Geld nach Berlin zur Großmutter geschickt. Im Zug bemerkt der Gauner Grundeis die 140 Mark und betäubt den Jungen kurzerhand mit vergifteten Bonbons. Als Emil mit leerer Tasche in Berlin ankommt, macht er sich auf die Verfolgungsjagd. Unterstützung bekommt er von seiner Cousine Pony Hütchen, Gustav mit der Hupe und dessen Jungsbande. Der Dieb wird quer durch die City, ins Café, sogar ins Hotelzimmer verfolgt. Als er die markierten Scheine zu wechseln versucht, stellen ihn die Kinder – und haben überraschend einen gesuchten Bankräuber überführt. Zu den geretteten Ersparnissen kommt eine dicke Belohnung.

Straßendrehs waren beim jungen Tonfilm schwierig; man musste nachträgliche Tonaufnahmen einplanen. Emils Heimatort »Neustadt« wurde auf der Havelinsel Werder gedreht. Seine Ankunft in Berlin am Bahnhof Zoo, während Oma und Pony in der Friedrichstraße am Gleis warten, ist Ausgangspunkt für eine regelrechte Stadtrundfahrt, die das Publikum mit Emils staunenden Kinderaugen sieht. Die Verfolgung führt vorbei an

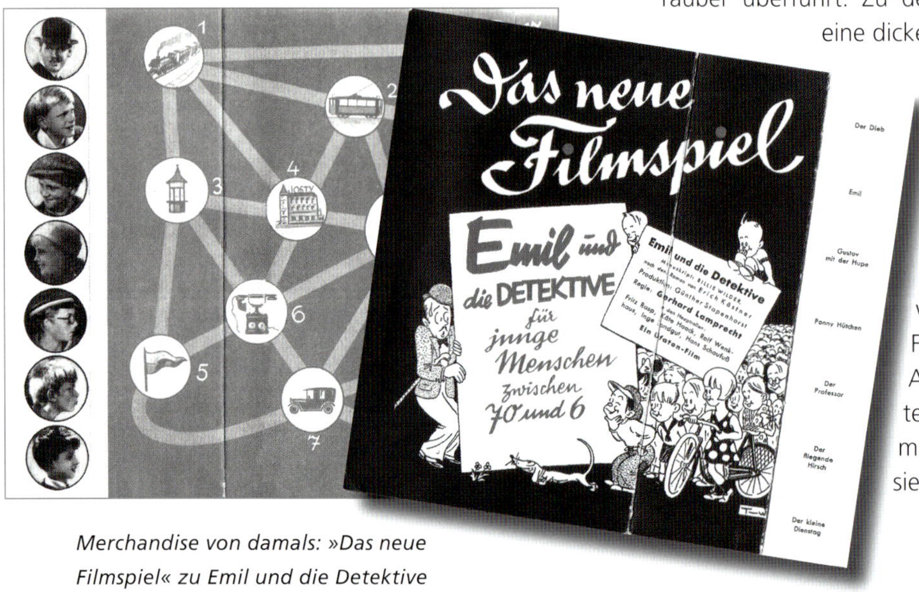

Merchandise von damals: »Das neue Filmspiel« zu Emil und die Detektive

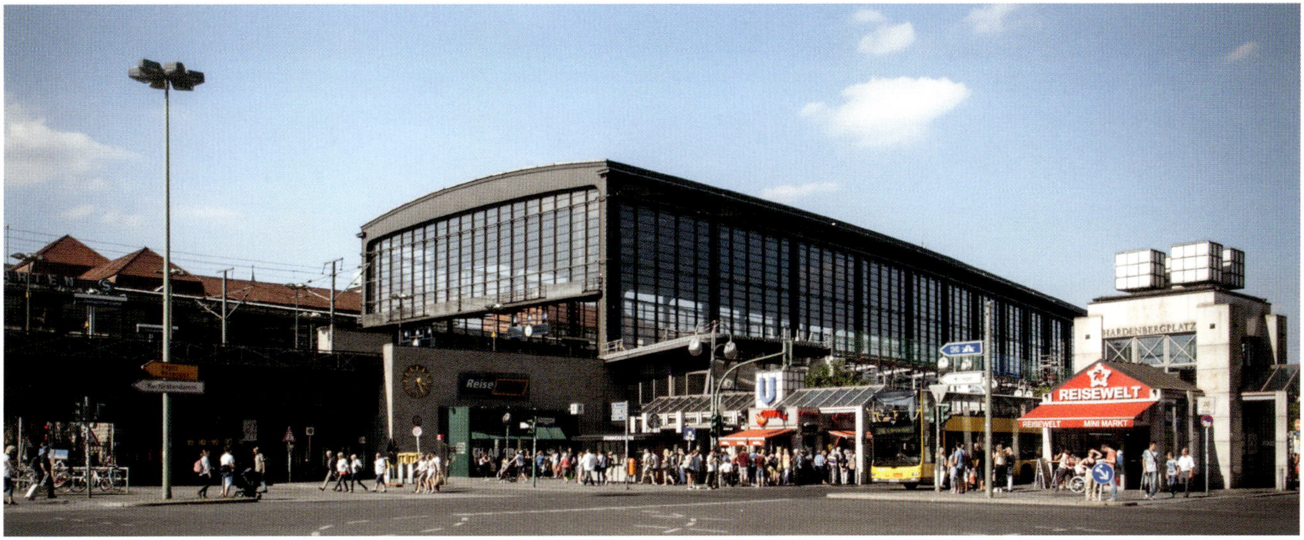

Sehenswürdigkeiten wie dem Berliner Dom oder dem Roten Rathaus. Wilder und Lamprecht nutzten die Szenerien, um Stadtbeobachtungen im Stil von *Menschen am Sonntag* einzufügen. Es bleiben touristische Ansichten ohne kritisches Augenmerk.

Kein Zufall ist, dass Grundeis mit der Straßenbahn 177 vom Zoo direkt zur Kaiserallee, zur Filiale des Cafés Josty (an der heutigen Bundesallee 201, Ecke Trautenstraße) fährt. Dort war das Stammlokal von Erich Kästner, in dem er laut eigener Aussage den Roman verfasste und als Hommage die Terrasse inklusive benachbarten Zeitungskiosks in den Text einbaute. An das traditionsreiche Künstlercafé, dessen zentrales Lokal am Potsdamer Platz lag (in *Himmel über Berlin* sucht der alte Curt Bois danach, S. 58), erinnert heute ein gleichnamiges Restaurant im Sony Center.

Im Kontrast zu den wirklichkeitsnahen Großstadtbildern stehen zwei experimentelle Sequenzen. Als Emil betäubt ist, fällt er in expressionistisch arrangierte Träume mit urbanen Motiven, Dr. Caligari lässt grüßen. Auch die schaurige Inszenierung, wie der Junge unterm Bett des Gauners lauert, weicht vom sonst realistischen Stil ab und hat Horror-Qualität. Für Studioaufnahmen ging man nach Neubabelsberg, wo im selben Jahr beispielsweise auch an *Berlin Alexanderplatz* gearbeitet wurde. Die Uraufführung fand wiederum im UFA-Theater am Kurfürstendamm statt. Der Film lief noch bis Ende 1937 in den hiesigen Kinos, als Kästner schon seine Bücher hatte brennen sehen und Wilder emigriert war.

Die Berlinerin Inge Landgut alias Pony Hütchen war in den frühen Dreißigern auch in *M – Eine Stadt sucht einen Mörder* (S. 67) und *Hanneles Himmelfahrt* zu sehen; später wurde sie eine vielbeschäftigte Synchronsprecherin. Einige der Jungs überlebten den Krieg nicht, so fiel Hauptdarsteller Rolf Wenkhaus 1942. Der Grundeis-Darsteller Fritz Rasp dagegen stand ohne große Unterbrechung noch bis ins hohe Alter vor der Kamera. Auch Lamprecht arbeitete weiter in Deutschland und versuchte, nach dem Krieg an seinen Erfolg mit *Irgendwo in Berlin* (DEFA, 1946) anzuknüpfen, einem ungleich düsteren und belehrenden Kinderfilm.

Auch Kästners erfolgreichstes Kinderbuch machte weiter Kinokarriere. Spätere *Emil*-Bearbeitungen – bislang gibt es acht Filme – hielten sich an den familientauglichen Unterhaltungswert und zeigten das jeweilige Großstadtbild ihrer Zeit. So spielen die Jungs in Robert Stemmles Version von 1954 in den Trümmern der Gedächtniskirche; so lässt Franziska Buch ihre Bande unter der Parole von Pony Hütchen 2001 am Kulturforum skaten.

Erster Kontakt zu Berlin, für Emil und unzählige Andere, war viele Jahrzehnte der Bahnhof Zoo.

KUHLE WAMPE
ODER: WEM GEHÖRT DIE WELT?

1932 **Regie: Slatan Dudow**

Der Titel *Kuhle Wampe* (berlinisch für »kühler Bauch«, hier »Bucht«) ist gleichzeitig Milieubeschreibung und ein historischer Ort. Beim Proletarierfilm der späten Weimarer Republik gehörte es schon zum Authentizitätsanspruch, an Originalschauplätzen zu arbeiten. So drehte Phil Jutzi nicht nur die Döblin-Verfilmung *Berlin Alexanderplatz* (S. 18) am Ort des Geschehens, sondern ließ mit *Mutter Krauses Fahrt ins Glück* (1929) im Wedding einen Film nach Erzählungen des Milieu-Kenners Heinrich Zille entstehen. Der Maler Otto Nagel war wiederum am Berliner Abtreibungs-Drama *Cyankali* (Hans Tintner, 1930) nach dem Stück von Friedrich Wolf beteiligt. Oft trafen bei dem Genre linke Kulturschaffende der verschiedensten Künste aufeinander.

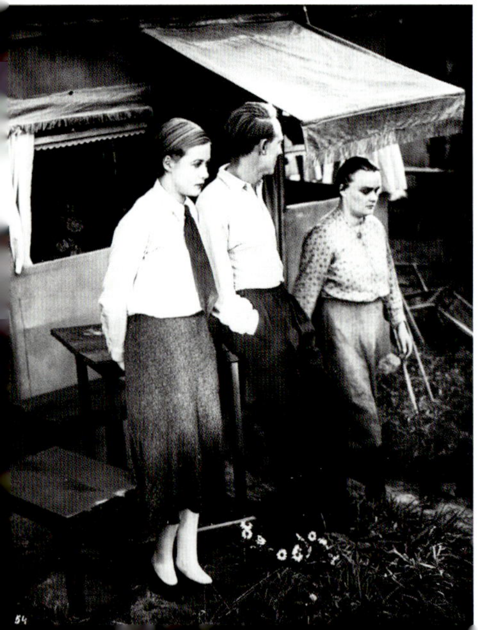

Kuhle Wampe schrieb Bertolt Brecht zusammen mit Ernst Ottwalt. Die Musik lieferte Brechts Freund Hanns Eisler. Ernst Busch spielte eine der Hauptrollen – an der Seite der jungen Hertha Thiele, die im Jahr zuvor mit ihrem Kinodebüt *Mädchen in Uniform* (Leontine Sagan) für Aufmerksamkeit gesorgt hatte. Zudem waren Erwin Geschonneck und Helene Weigel mit von der Partie. Weigel sang mit Busch die Balladen, die den Film gliedern. Neben anderen Laiendarstellern nahm man die 4.000 Mitglieder eines Arbeitersportvereins auf. Der bulgarische Regisseur Slatan Dudow hatte mit Brecht schon am Exposé zur *Dreigroschenoper*-Verfilmung gearbeitet (gegen die Brecht dann im »Dreigroschenprozess« erfolglos klagte). Dudow blieb dem Arbeiterfilm treu und sollte damit in der DDR noch erfolgreich werden.

Sein erster großer Film hätte es kaum ins Kino geschafft. Dreifach musste *Kuhle Wampe* der Berliner Filmprüfstelle vorgelegt werden. Diese sah den Reichspräsidenten, die Justiz und die Polizei sowie die Kirche verunglimpft. Die Darstellung des Suizids wurde stark kritisiert. Es musste neu geschnitten werden. Vor allem der Schwangerschaftsabbruch wurde nahezu unkenntlich gemacht. Bereits in der Location-Wahl lag eine Provokation: »Deutschland darf nur innerhalb der Zäune von Neu-Babelsberg fotografiert werden. Alles andere ist für die Kamera Bannmeile«, kommentierte Bernard von Brentano zynisch. Siegfried Kracauer machte sich ebenfalls für die Zulassung des Films stark. Schließlich fanden im Mai 1932 zunächst die Uraufführung in Moskau und dann die Berliner Premiere statt.

Der Zensurskandal, die vorübergehende Freigabe und nur Monate später das erneute Verbot prägen die Erinnerung an

Gedrückte Stimmung in der Notunterkunft: Hertha Thiele, Ernst Busch, Lilli Schönborn

Brechts wichtigste Spur in der Filmgeschichte. Im DDR-Fernsehen widmete sich 1973 die Dokumentation *Ein Feigenblatt für Kuhle Wampe* den der Zensur zum Opfer gefallenen, seitdem verschollenen Szenen.

Was den Film – Rezeptionsgeschichte beiseite – bis heute relevant macht, ist die schonungslose Darstellungsweise der sozialen Gegebenheiten mittels einer Komposition aus groß angelegten Dokumentar- und kammerspielartigen Spielszenen plus musikalischen Intermezzi. Seine klare politische Aussage macht *Kuhle Wampe* zum kommunistischen Propagandafilm, der Weg zu dieser Wirkung folgt dabei einem hohen künstlerischen Anspruch.

Eingangs wird mit wirbelnden Zeitungsschlagzeilen das Thema Massenarbeitslosigkeit aufgerufen. Es folgt das fast ballettartige Wettrennen unzähliger junger Menschen um die freien Stellen, ausgehend von der zentralen Arbeitsvermittlungsstelle in der Gormannstraße in Mitte. Nun wird die Geschichte konkret: In ihrer Weddinger Wohnung sitzt eine Familie resigniert am Tisch. »Der Junge kriegt jetzt überhaupt keine Unterstützung mehr«, spricht der Vater die allererste Dialogzeile. Die Tochter Anni (Thiele) hat als Letzte noch eine Arbeit. Aufmüpfig setzt sie den Phrasen der Eltern ihre pragmatische Weltsicht entgegen. Den verzweifelten Bruder kann sie damit nicht retten. Vor dem Sprung aus dem Fenster legt er noch die Armbanduhr auf den Tisch.

Trotz Annis Bemühungen bei Ämtern und Wohlfahrt verliert die Familie wenig später ihre Wohnung. Schließlich

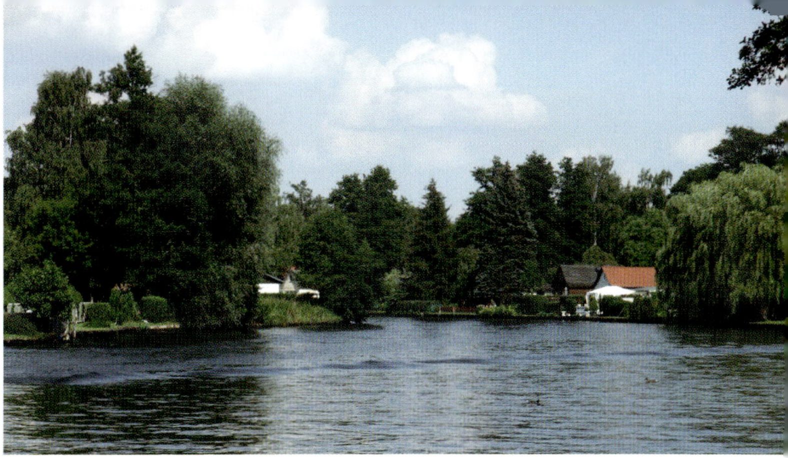

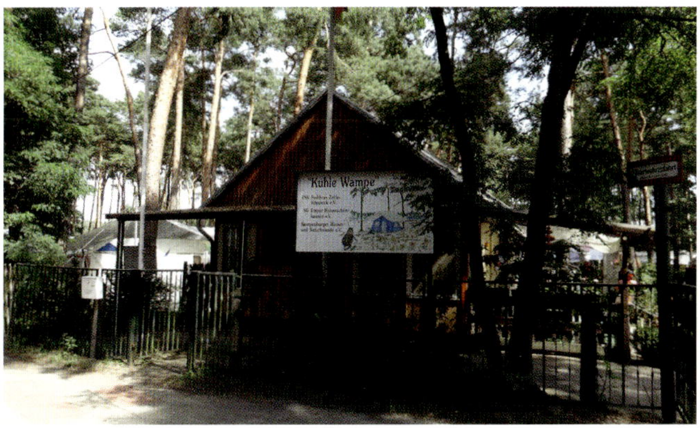

nimmt Annis Freund Fritz (Busch) alle drei mit zum Campingplatz »Kuhle Wampe« am südlichen Müggelsee. Dort werden sie Teil einer solidarischen Zeltsiedlung. Doch neben dem Arbeiterkampf hat das junge Paar andere Sorgen. Ungewollt schwanger erfährt Anni ausgerechnet auf der unschön ausschweifenden Verlobungsfeier, dass Fritz sich zur Ehe nur widerstrebend verpflichtet fühlt. Nach einer düsteren Kindervision (einer Montage-Sequenz) flüchtet Anni zur Freundin Gerda. Ihr wird zur Abtreibung verholfen.

An die exemplarische Familiengeschichte knüpfen sich Sportwettkämpfe und politische Versammlungen im Arbeitermilieu. Den Höhepunkt bildet eine S-Bahn-Diskussion um die Weltwirtschaftskrise. Im öffentlichen Nahverkehr, wo konservative Bürger, einfache Hausfrauen und revolutionäre Jugend aufeinandertreffen, zeigt sich die Unvereinbarkeit der Ansichten. Der Film endet mit einem kommunistischen Kampflied, dem prominenten *Solidaritätslied* von Brecht und Eisler, das im Laufe des Films schon mehrfach angespielt wird. Daraus stammt der Untertitel des Films: »Wem gehört die Welt?«

Wer wird die Welt verändern, lautet die zentrale Frage des Films. Gerda beantwortet sie: »Die, denen sie nicht gefällt.« Totalitär das Land veränderten bald darauf die Nationalsozialisten. Nach deren Machtübernahme wurde *Kuhle Wampe* umgehend am 26. März 1933 verboten. Auch der Zeltplatz selbst erlitt brutale Übergriffe und wurde 1935 aufgelöst. Unweit vom Müggelsee am Dahme-Ausläufer Große Krampe trägt heute wieder ein vereinsgeführtes Camp den Namen »Kuhle Wampe«.

Am kleinen Müggelsee, heute sehr idyllisch (oben), war damals ein Platz für wohnungslose Proletarier. Der heutige Campingplatz »Kuhle Wampe« (unten) liegt etwas entfernt an der Großen Krampe.

OLYMPIA

FEST DER VÖLKER / FEST DER SCHÖNHEIT

1938 **Regie: Leni Riefenstahl**

Die Grundidee der Olympischen Spiele widersprach eigentlich sowohl dem Selbstverständnis der Nationalsozialisten als auch den internationalen Reaktionen auf Hitlers Deutschland. Mit dem Regierungswechsel 1933 begann unmittelbar die Diskriminierung und Verfolgung von Juden, politischen Gegnern und anderen. Zudem verstanden die Nazis Sport nicht als freundschaftlichen Wettkampf, sondern als Probe für den Kriegseinsatz. Doch als ausländische Boykottaufrufe einsetzten, sogar eine Gegenveranstaltung vorbereitet wurde, erkannten die Machthaber das propagandistische Potenzial der Großveranstaltung. Zu ihrem eigenen Vorteil inszenierten sie schließlich das wohl erste multimediale Ereignis der Geschichte: im Radio, in den Wochenschauen, im nagelneuen Fernsehen und im Kino.

Für die filmische Dokumentation der Olympiade beharrte Hitler auf der Filmemacherin Leni Riefenstahl, die schon mit den Reichsparteitagsfilmen internationalen Eindruck hinterlassen hatte. Riefenstahl verlangte die besten Kameraleute der Wochenschau sowie ein immer höheres Budget. Das Projekt wurde zum Zweiteiler. Die Dreharbeiten starteten zwei Monate vor den Spielen für den Prolog plus Fackellauf. Die Postproduktion dauerte bis zum April 1938, zur Uraufführung anlässlich des »Führergeburtstags«. Neueste Technik kam zum Einsatz, darunter die erste Unterwasserkamera.

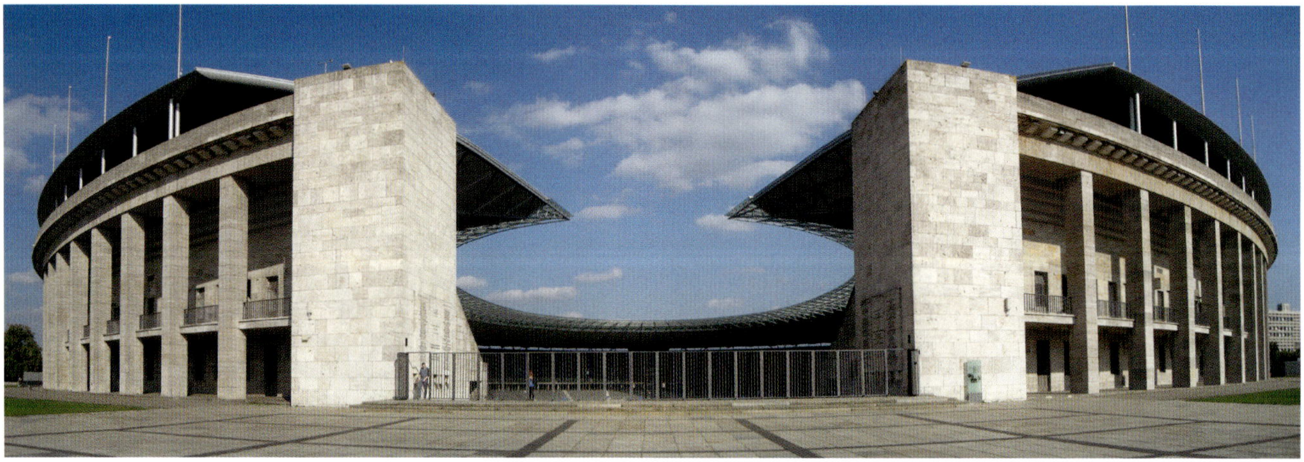

Am Olympiastadion befinden sich auf der Seite des Marathontors sechs steinerne Gedenktafeln für alle Olympiasieger von 1936.

Diverse Zeitlupen, ungewöhnliche Perspektiven, geschickte Schnitte und Überblendungen dienten allesamt der Präsentation eines oberflächlichen Schönheitsideals. Schon Riefenstahls Arbeiten vor 1933 huldigten einem entsprechenden Körperkult, der hier ins Unermessliche gesteigert wurde.

Nahezu unermesslich war auch der Rahmen des *Fests der Völker*. Fast 4.000 Sportlerinnen und Sportler aus 49 Nationen waren angereist. Die Innenstadt war aufwendig dekoriert, insbesondere die zentrale Verkehrsachse vom Alexanderplatz durchs Brandenburger Tor zum Olympia-Gelände. Das Olympiastadion auf dem riesigen Reichssportfeld wurde wenige Wochen zuvor als eine architektonische Gigantomanie fertiggestellt, wie sie die Nationalsozialisten weitere für die Umbauten zur »Welthauptstadt Germania« in Planung hatten. Das Stadion kommt besonders zur Geltung in den Luftaufnahmen und dem abschließenden »Lichtdom«, inszeniert von Albert Speer.

Der berühmte Einstieg des ersten Teils verknüpft Antike und Gegenwart. Gezeigt werden die Akropolis mit antiken Götter-Statuen. Von diesen körperlichen Idealbildern wird direkt überblendet auf einen lebendigen, unbekleideten Diskuswerfer. Es folgen nackte Tänzerinnen und schließlich die olympischen Staffelläufer auf dem Weg von Griechenland über weitere Staaten bis nach Berlin. Das Olympische Feuer wird von Glocken und jubelnden Massen begrüßt. Bei den präsentierten Disziplinen liegt der Fokus selbstverständlich auf den Deutschen, die im Medaillenspiegel tatsächlich weit vorn lagen. Zwar wurden mit Blick aufs internationale Publikum auch Amerikaner, Italiener, Japaner, Osteuropäer gezeigt, doch wird die Rassenideologie sowohl in der Bildgestaltung als auch im Kommentar deutlich.

Faszination für männliche Körper zeigt auch der zweite Teil, *Fest der Schönheit*, der mit im See badenden Männern und einer Saunaszene voll Homoerotik beginnt. Nach dem Zehnkampf und weiteren Disziplinen folgt eine spektakulär komponierte Sequenz mit Turmspringern. Offenbar sah Riefenstahl die Wirkung ihres bald international ausgezeichneten Films voraus: Der Abspann zeigt ihren Namen in Stein gemeißelt.

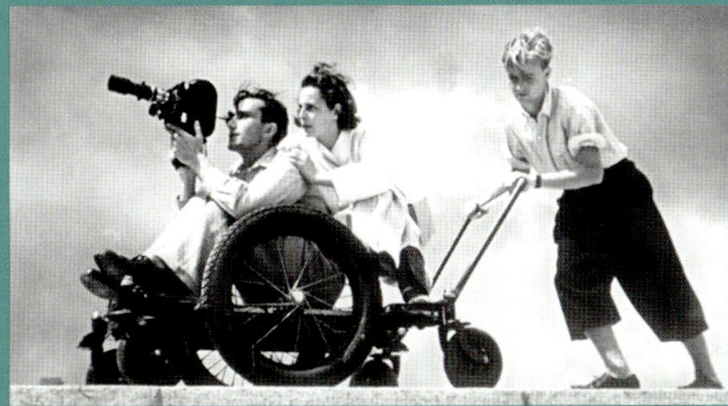

LENI RIEFENSTAHL

Regisseurin, Schauspielerin, Fotografin
(1902, Berlin – 2003, Pöcking)

Bertha Helene Amalie Riefenstahl begann als Tänzerin und Schauspielerin, bevor sie eine Produktionsfirma gründete. Ihr Regiedebüt *Das blaue Licht*, ein mystisch gefärbter Bergfilm, bekam 1932 nicht nur Lob im Ausland. Ihr expressiver Stil weckte das Interesse Hitlers. Während Goebbels erfolglos um Fritz Lang und Marlene Dietrich warb, wurde Riefenstahl 1933 zu Hitlers Propagandafilmerin. Nach den Parteitagsfilmen *Sieg des Glaubens* und *Triumph des Willens* sowie *Tag der Freiheit* (1933-35) bekam sie den Auftrag für die XI. Olympischen Spiele (Foto: Dreharbeiten mit Walter Frentz). Ihr letzter Film war die 1940 begonnene Opernverfilmung *Tiefland* (UA 1954), bei dem Sinti und Roma aus Zwangslagern als Komparsen eingesetzt wurden. Anschließend deportiert, starben die meisten von ihnen in Auschwitz. Riefenstahl setzte sich trotz mehrerer Prozesse nie kritisch mit ihrer Rolle in der NS-Propaganda auseinander und stellte sich stets als unpolitisch dar. Später veröffentlichte sie Fotoreportagen aus dem Sudan sowie Unterwasseraufnahmen. Bei aller nationalsozialistischen Programmatik gelten ihre Arbeiten als Wegmarken der Filmästhetik.

DIE MÖRDER SIND UNTER UNS

1946 **Regie: Wolfgang Staudte**

Bereits ein glattes Jahr nach der Kapitulation begannen die Dreharbeiten zum ersten deutschen Nachkriegsfilm. Dieser Prototyp des Trümmerfilms nutzte das zerstörte Berlin als schockierend authentische Kulisse, was Filmemacher wie Roberto Rossellini (*Germania anno zero*, 1948) und Billy Wilder (*A Foreign Affair*, S. 28) aufgriffen. Wolfgang Staudte begann noch in den letzten Kriegstagen die Arbeit an einem Drehbuch mit dem Arbeitstitel *Der Mann, den ich töten werde*. »Ich musste damals diesen Film machen. Er bedeutete eine innerliche Befreiung, die innere Auseinandersetzung mit der Nazizeit und all ihren Verbrechen.« Unmissverständlich thematisiert er die persönliche Schuld und Verantwortung des Einzelnen.

Zwei Heimgekehrte treffen unmittelbar nach Kriegsende in einer beschädigten Wohnung aufeinander. Die junge Susanne Wallner (Hildegard Knef) hat Jahre im Konzentrationslager überlebt und will sich nun optimistisch ein Leben aufbauen. Der Arzt Hans Mertens (Ernst Wilhelm Borchert) kann seine traumatischen Kriegserlebnisse nicht verkraften. Unfähig zu seinem Beruf zurückzukehren, betrinkt er sich regelmäßig in einem Nachtclub. Die Überlebenskünstlerin und der Zyniker kommen sich langsam näher – nur: »In unseren Herzen ist noch kein Friede.« Da erfährt Hans, dass sein ehemaliger Vorgesetzter Brückner (Arno Paulsen), ein reueloser Kriegsverbrecher, zum erfolgreichen Industriellen geworden ist. Seinen Entschluss zur Selbstjustiz können zunächst ein hilfsbedürftiges Mädchen und schließlich Susanne verhindern: »Wir haben nicht das Recht, zu richten.« – »Aber wir haben die Pflicht, Anklage zu erheben!« Brückner landet hinter Gittern.

Das fertige Skript legte Staudte, nachdem er die erste Nachkriegs-Synchronisation bei *Iwan der Schreckliche* geleitet hatte, Herbert Volkmann vor, welcher sich mit Paul Wandel zuerst um die Wiederaufnahme der deutschen Filmproduktion bemühte. Finanziell waren sie auf die Unterstützung

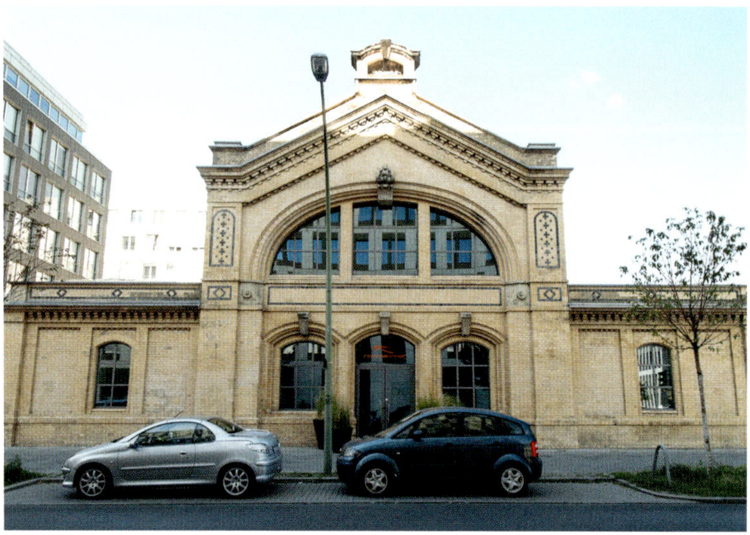

Die Reste des Stettiner Bahnhofs, das ehemalige Empfangsgebäude der Vorortbahn, beherbergen heute ein Restaurant.

der Sowjets angewiesen. Staudte berichtet, wie er vom sowjetischen Kulturoffizier überzeugt wurde, den Schluss zu ändern, die finale Selbstjustiz zu streichen. Das unfassbare Ausmaß der Nazi-Verbrechen machte Staudte allmählich klar, dass man mit den »Mördern unter uns« leben musste, so unerträglich es erschien.

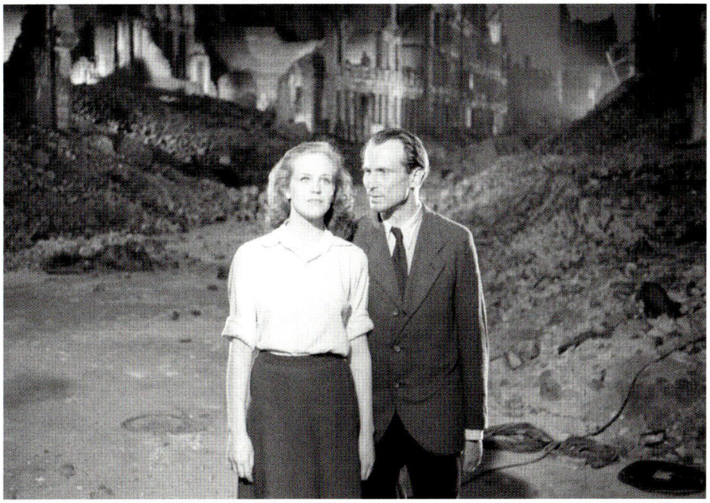

Zwei Wochen vor der Gründungsfeier der DEFA (S. 116) startete die Produktion unter Staudtes Regie. Gedreht wurde in den weder beschädigten noch beschlagnahmten Althoff-Studios in Potsdam-Babelsberg (später Dokumentarfilm-Ateliers, heute Park Studios fürs Fernsehen). Unvergessliche Aufnahmen entstanden zudem auf den kriegsversehrten Straßen Berlins. Der Kameramann Friedl Behn-Grund fing die surreale Kulisse in expressiv ausgeleuchteten Bildern ein, nutzte extreme Perspektiven, harte Kontraste und den Moment einstürzender Mauerreste. »Wie das Gerippe einer Riesenechse«, erinnerte sich Knef später an die Ruine des Stettiner Bahnhofs, wo der erste Drehtag stattfand. Am heutigen Nordbahnhof befand sich einer der großen Berliner Kopfbahnhöfe, der Fahrgäste Richtung Pommern und Nordeuropa schickte. Vom zerbombten Bauwerk ist noch das Empfangsgebäude der Vorortbahn zu finden, das inzwischen zum Restaurant umgebaut wurde. Berühmte Trümmerszenen entstanden an der Andreasstraße in Friedrichshain. Die Weihnachtsfeier spielte in der Petrikirche in Mitte, während der Schnee hineinwehte. Die Reste der Ruine wurden erst 1964 abgerissen.

Am 15. Oktober fand die Premierenfeier im Admiralspalast in der Friedrichstraße statt, in dem damals auch die Staatsoper untergekommen war. Das Drama fand etwa fünf Millionen Kinozuschauer. Obwohl sich die Kulturpolitik nach der Gründung der DDR stark veränderte, verlor der Film nicht an Bedeutung und wurde als einer der ersten im Programm des Ost-Fernsehens 1955 ausgestrahlt. Staudte, dessen Beteiligung am NS-Propaganda-Machwerk *Jud Süß* vergessen war, drehte mit der Heinrich-Mann-Verfilmung *Der Untertan* (1951) einen weiteren DEFA-Klassiker, der inhaltlich an den Themenkomplex von *Die Mörder sind unter uns* anknüpft. Die 20-jährige Hildegard Knef – deren Erscheinung zwar kaum einer KZ-Überlebenden entsprach – konnte mit ihrer natürlichen Ausstrahlung und einem guten Timing punkten: mit Erfahrung von der Schauspielschule, aber noch unbelastet vom Nazi-Filmgeschäft. Sie wurde als ausdrucksstarke Darstellerin und später Sängerin zum Weltstar, in Paris und London, Hollywood und am Broadway.

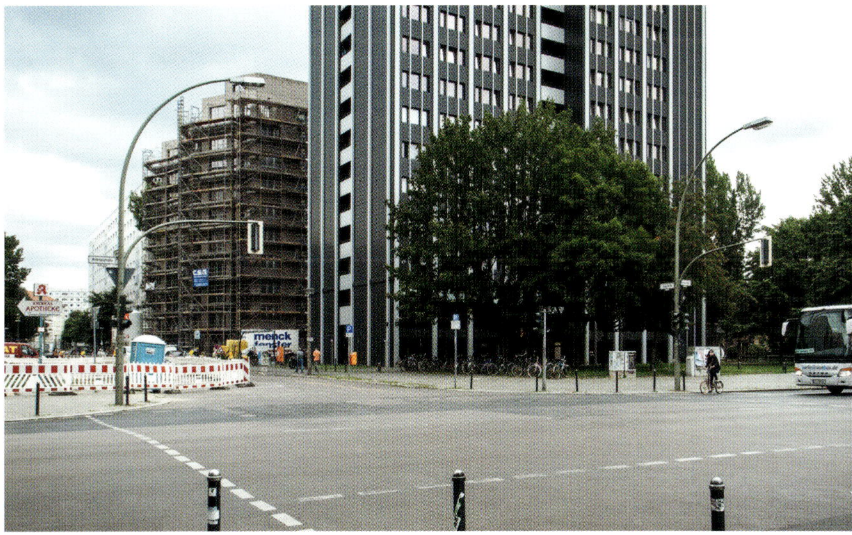

Die Friedrichshainer Andreasstraße hinterließ in kunstvoll ausgeleuchteten Trümmern (oben, Hildegard Knef und Ernst Wilhelm Borchert) deutlich mehr Eindruck als die moderne Kreuzung mit obligatorischer Baustelle heute (unten).

A FOREIGN AFFAIR

EINE AUSWÄRTIGE AFFÄRE

1948 | **Regie: Billy Wilder**

A large part of this picture was photographed in Berlin«, verkündet der Vorspann des Nachkriegsfilms *A Foreign Affair / Eine auswärtige Affäre*, der mit einem Flug über die Trümmerlandschaft einsetzt. Bekannt ist aber, dass der Star des Films, Marlene Dietrich, zwischen 1945 und 1960 keinen deutschen Boden betreten hat, geschweige denn ihre Heimatstadt. Es handelt sich scheinbar um eine Mogelpackung, eine vom Schreckensbild des in Sektoren geteilten Berlins zehrende Marketinglüge.

Wahr ist, dass der Regisseur Billy Wilder mit seiner Crew im Spätsommer 1947 einen Monat lang in den Straßen der von Kriegszerstörungen gezeichneten Stadt drehte. Allerdings stand zu dieser Phase der Produktion noch nicht einmal fest, dass die Diva den Part der Nachtclubsängerin übernehmen würde. Erst nachdem die Originalschauplätze im Kasten waren, begab sich Wilder persönlich zur Dietrich nach Paris – die beiden Migrierten kannten sich aus der Weimarer Zeit – und überzeugte sie, mitzuspielen. Ihr und dem restlichen Cast, voran Jean Arthur und John Lund, sollten die Zustände in Berlin nicht zugemutet werden. Drehort war fortan ein Hollywood-Studio von Paramount Pictures. Marlene Dietrich wurde in diesem Winter auf dem Anwesen des Regisseurs untergebracht. Größer konnte die Diskrepanz zum Schauplatz des Films kaum sein.

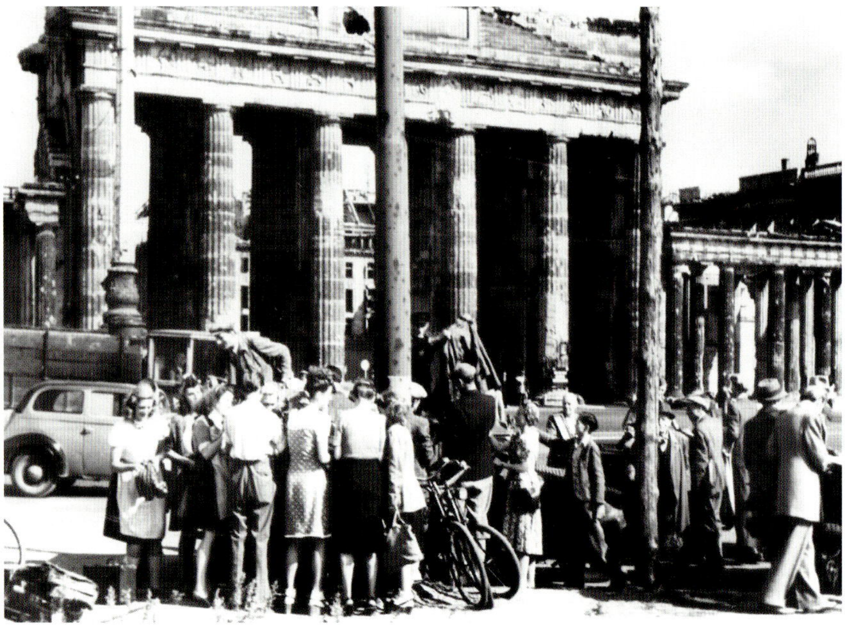

Wilder zeigte markante Schwarzmarkt-Szenen auf dem Pariser Platz vorm Brandenburger Tor.

»Let's go up to my apartment. It's only a few ruins away from here.« Das ist nur einer der vielen Trümmer-Witze, die Wilder und Ko-Autor Charles

Bracket den trostlosen Lebensbedingungen abrangen, um im Kontext von Besatzung, Entnazifizierung und Wiederaufbau tatsächlich eine leichtfüßige, geschickt komponierte Komödie zu fabrizieren. Die originalen Straßenaufnahmen wurden als Hintergrund einer Stadtrundfahrt projiziert: Zynisch kommentiert der stationierte Offizier für seine Gäste die beschädigten Sehenswürdigkeiten, Siegessäule, Brandenburger Tor, Reichstag, die ausgehöhlte Kaiser-Wilhelm-Gedächtniskirche und als Gegenpol das neue Sowjetische Ehrenmal im Tiergarten. Weitere Szenen zeigen den Schwarzmarkt auf dem Pariser Platz.

Der Plot ist eine typische Dreiecksgeschichte mit kontrastierenden Figuren: Die strenge republikanische Abgeordnete Phoebe Frost (Jean Arthur in ihrem vorletzten Kinofilm, später unterrichtete sie Nachwuchs, darunter Meryl Streep) reist nach Berlin, um die (Un-)Moral der stationierten US-Soldaten zu dokumentieren. Sie stößt darauf, dass die sich einst in hohen Nazi-Kreisen bewegende charismatische Sängerin Erika von Schlütow (Marlene Dietrich) von einem amerikanischen Offizier gedeckt wird und bemüht sich um Aufklärung – eben jenen Offizier um Hilfe bittend, natürlich ohne von seiner Affäre mit besagter Halbweltdame zu wissen. Dieser Captain John Pringle (John Lund in seiner bekanntesten Rolle, dabei ein Jahrzehnt jünger als die beiden Damen) nutzt derweil seinen Status zugunsten von Tauschhandel wie Affären. Dass dank seiner Beziehung zu Erika der gesuchte Gestapo-Scherge Birgel aus dem Versteck gelockt und erschossen wird, geschieht Pringle genauso zufällig wie die plötzliche Heimkehr nach Iowa mit seiner neuen Liebe Phoebe. Erika wird zwar Richtung Arbeitslager abgeführt, wickelt aber schon im Hinausgehen die Militärpolizei um den kleinen Finger.

Nicht bei allen kam Wilders beißender Humor an; die Kritiken konstatierten »die Gemeinheit dieser Travestie« (Herbert Luft) oder aber Menschlichkeit, Lebensfreude und den demokratischen Geist. Eine deutsche Fassung gab es erst viele Jahrzehnte später. In ihr geht viel Witz, der auf der Zweisprachigkeit beruht, verloren, beispielsweise wenn sich Miss Frost mangels Vokabular als »Gretchen Gesundheit« ausgibt und stets mit »Jawohl« pariert.

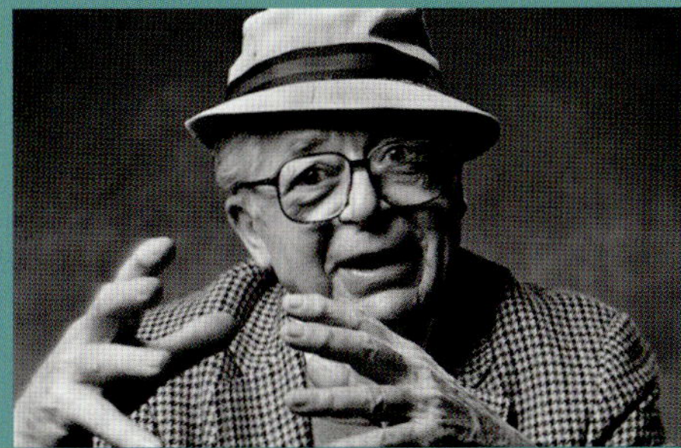

BILLY WILDER

Regisseur, Drehbuchautor
(1906, Sucha bei Krakau – 2002, Los Angeles)

Samuel Wilder, schon als Kind von seiner jüdischen Mutter Billie gerufen, kam mit 18 Jahren nach Berlin. Als Eintänzer und Ghostwriter verdiente er sein Geld, bis er mit seiner Beteiligung an *Menschen am Sonntag* (S. 16) Aufmerksamkeit erregte und zum UFA-Drehbuchschreiber wurde. 1933 emigrierte er über Paris nach Kalifornien, wo er sich schnell mit Sprache und Business zurechtfand. In seinem pointierten Stil schrieb er (mit Charles Brackett) für Ernst Lubitsch, darunter *Ninotchka*, und trat bald in dessen Fußstapfen.

Neben oscarprämierten Klassikern von *The Lost Weekend* über *Sunset Boulevard* bis *The Apartment* waren es vor allem leichte Komödien wie *Some Like It Hot* mit Marilyn Monroe oder *Sabrina* mit Audrey Hepburn, die ihn berühmt machten. Obwohl er seine Familie durch den Holocaust verlor, erzählte er mit seinem typisch hemmungslosen Humor auch jene beiden Filme, für die er nach Berlin zurückkehrte. Beide Male traf er die Deutschen an heiklen Wendepunkten ihrer Geschichte und bohrte dennoch in den Wunden. Weder über Trümmer und Entnazifizierung noch über den Kalten Krieg im Jahr des Mauerbaus (S. 38) wollte man hier lachen.

In den USA fand der Film durchaus Anerkennung. Die *New York Times* freute sich über »a dandy entertainment which has some shrewd and realistic things to say«. Kameramann Charles Lang hatte bereits einen Oscar als jüngster Preisträger der Kategorie in der Tasche, als er für *A Foreign Affair* eine seiner insgesamt 18 Academy-Award-Nominierungen erhielt. Auch Wilder und seine Ko-Autoren waren für einen Oscar nominiert.

Trotz der ganz und gar amerikanischen Perspektive begegnet der Film den Deutschen mit Mitgefühl für ihren Überlebenskampf. Die Situation kommentieren vor allem die Lieder von Friedrich Holländer. Dieser trat, wie 1930 in *Der Blaue Engel,* höchst selbst als Pianist auf und begleitete die Dietrich zu *Black Market, Illusions* und *The Ruins of Berlin:* »Amidst the ruins of Berlin / Trees are in bloom as they have never been.« Ein helles, enges Paillettenkleid, das während des Kriegs bei ihren Bühnenauftritten vor amerikanischen Soldaten für Aufsehen gesorgt hatte, trug Dietrich bei zwei Szenen, während sie von »gebrauchten Illusionen« und dem Schwarzmarkt sang. Eine bittere Nostalgie. Besonders für jene, die die Trümmerjahre Berlins miterlebten und bestätigten, dass die Atmosphäre im Film authentisch eingefangen wurde. Das nachgebaute Nachtlokal »Lorelei« ähnelte der damaligen Bar »Femina« (Nürnberger Straße, Schöneberg) bis ins Detail.

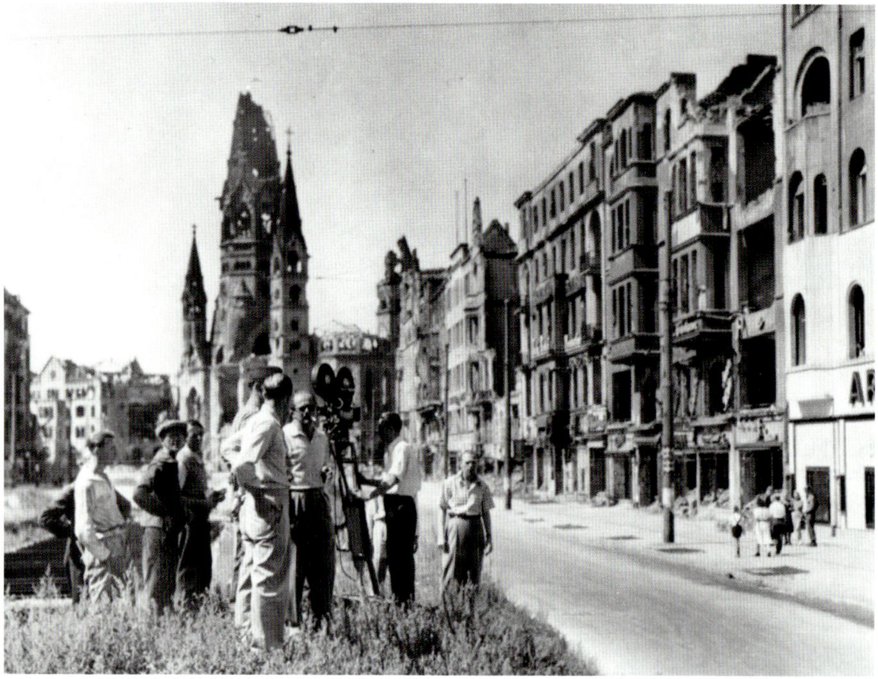

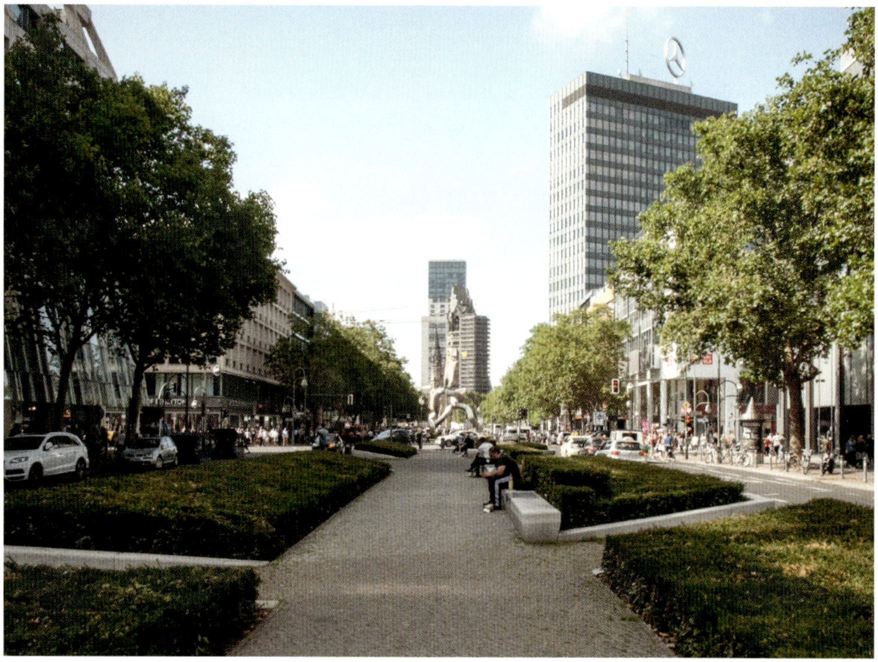

Billy Wilder und seine Crew (oben) drehten »on location« auf der Tauentzienstraße im Sommer 1947.
Die heutige Promenade bietet Richtung Kaiser-Wilhelm-Gedächtniskirche und Europa-Center viel Grün (unten).

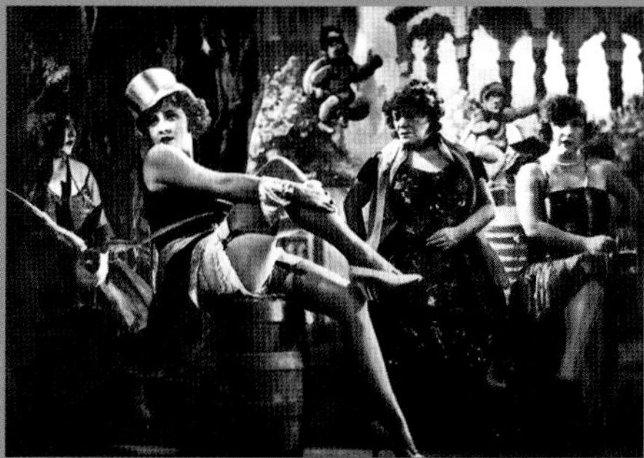

MARLENE DIETRICH

Schauspielerin, Sängerin
(1901, Berlin – 1992, Paris)

Marlene und ihr sprichwörtlicher Koffer in Berlin. Die vielleicht berühmteste Berlinerin und die Geschichte des Berlin-Films haben eher wenige Überschneidungspunkte: *Der Blaue Engel* (Josef von Sternberg, 1930, Foto oben, als Lola Lola) spielt in der Provinz; *A Foreign Affair* (Foto rechts, als Erika von Schlütow) drehte sie in Hollywood; jahrzehntelang war das Verhältnis von Stadt und Star gebrochen. Man hat der Dietrich schon übel genommen, dass sie gleich nach ihrem Durchbruch 1930 mit Sternberg nach Hollywood ging, um Weltkarriere zu machen.

Sechs Jahre später versuchte Joseph Goebbels, sie nach Deutschland zurückzulocken, ohne Erfolg. Entgegen der Fakten wurde ihr noch bis nach ihrem Tod immer wieder der Vorwurf der »Vaterlandsverräterin« gemacht. Dietrich hatte im Zuge ihrer zweiten Karriere als Sängerin während des Zweiten Weltkriegs jahrelang als Truppenbetreuerin der US-Army Flagge gezeigt. Doch vor allem in ihren Konzerten und öffentlichen Auftritten warb sie für »ein anderes, friedliches Deutschland« und pflegte ihren persönlichen, durchaus auch sentimentalen Berlin-Kult aus der Ferne. Selbst ihr letzter Film *Schöner Gigolo, armer Gigolo* (David Hemmings, 1978, mit David Bowie) spielte in Berlin und entstand auch teilweise vor Ort. Die Szenen mit Dietrich als Baroness von Semering konnten aber in ihrer Pariser Wahlheimat gedreht werden, wo sie in ihren letzten Jahrzehnten zurückgezogen lebte und 1992 auch starb.

Dennoch wurde Marie Magdalene Dietrich, begleitet von großem öffentlichem Interesse, nach eigenem Wunsch in Berlin-Friedenau (III. Städtischer Friedhof, Stubenrauchstraße) bestattet, in der Nähe des Grabes ihrer Mutter. Heute, kann man wohl sagen, liebt Berlin seine legendäre Dietrich uneingeschränkt zurück. Ihr Geburtshaus an der Schöneberger Leberstraße 65 (damals Sedanstraße) ziert eine Gedenktafel. Das »Theater am Potsdamer Platz« (auch Berlinale Palast) liegt genau genommen am Marlene-Dietrich-Platz. Nebenan widmet das Filmmuseum ihr das Herzstück der Dauerausstellung mit Kostümen, Fotos, Memorabilien – und hat noch etliche Schätze aus dem Dietrich-Nachlass im Archiv.

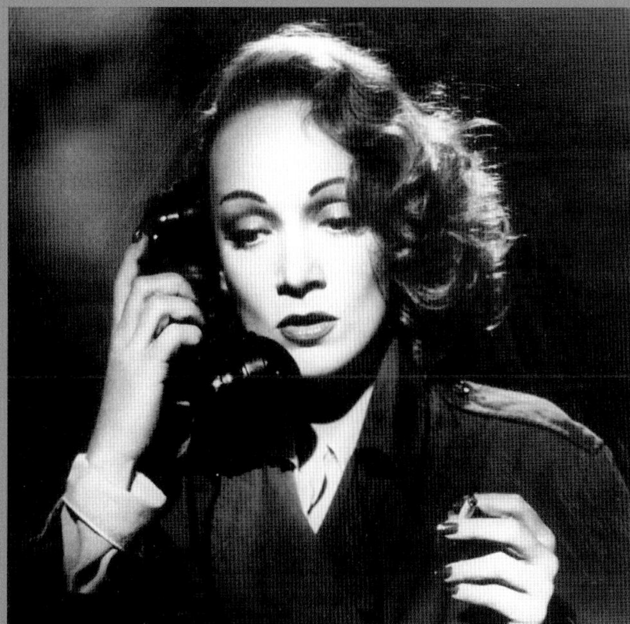

DIE HALBSTARKEN

1956 **Regie: Georg Tressler**

Aus den Nachrichten ins Kino: Als das durch die Presse getriebene Schlagwort »Halbstarke« schon fast abgedroschen klang, kamen zwei Berlin-Filme heraus, die sich den jungen unangepassten Leuten aus proletarischem Milieu widmeten. Im Osten der Stadt inszenierte Gerhard Klein nach einem Skript von Wolfgang Kohlhaase *Berlin – Ecke Schönhauser* (S. 34). Kurz zuvor drehte Georg Tressler im Juli / August 1956 seine Rebellengeschichte in West-Berlin.

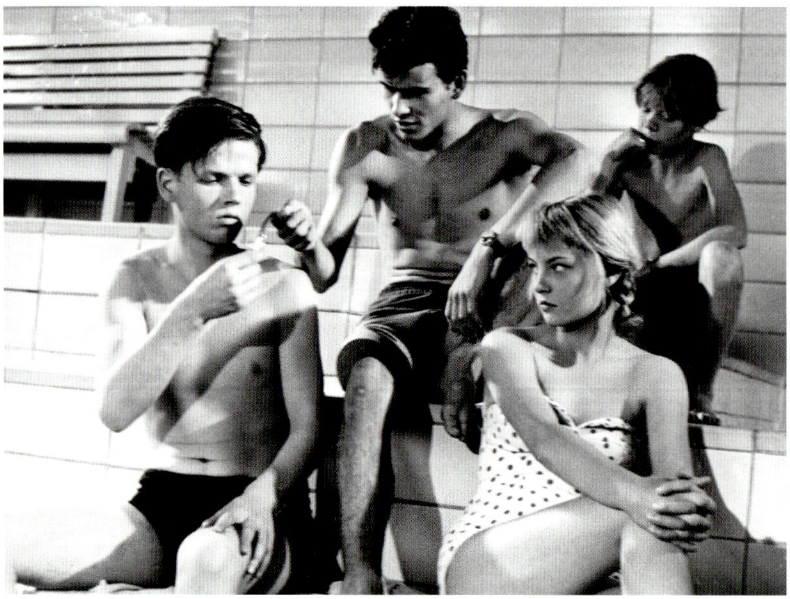

Konfliktbeladenes Trio im Weddinger Stadtbad (Christian Doermer, Horst Buchholz und Karin Baal)

Die Stadt erkennt man in *Die Halbstarken* an KFZ-Kennzeichen und zahlreichen Außenaufnahmen. Tressler bevorzugte Originalschauplätze (zusätzlich zu Drehs im Studio), allerdings zeigt er kaum markante Plätze, sondern oft graue Straßen. Die Stadt wird nirgends benannt, die Teilung nicht thematisiert. Man war auf einen typischen Großstadtfilm bedacht, der an vielen Orten hätte spielen können, und setzte auf den Spannungsbogen eines Krimis. Das Drehbuch von Will Tremper (*Die endlose Nacht*, S. 42) mit Georg Tressler, nach einer Erzählung von Tremper, war tatsächlich inspiriert von einer Zeitungsmeldung. Erzählt wird von Straßengangs, wie sie sich nach US-Vorbild weltweit bildeten – »ein deutscher Beitrag zu einem internationalen Problem« (Werbetext).

In einer vertrauten Arena beginnt der Film: Die ersten, etwas überbelichteten Szenen entstanden im Stadtbad Wedding (Gerichtstraße 65, erbaut 1907, Schwimmbad bis 1999, danach Veranstaltungsort bis Mai 2015). Eine Gruppe Jugendlicher, angeführt von Freddy (Horst Buchholz), testen im Bassin ihre frisch geklauten wasserdichten Armbanduhren. Da trifft der 19-Jährige seinen etwas jüngeren Bruder Jan (Christian Doermer), der anders als Freddy noch beim autoritären Vater und der verzweifelten Mutter lebt. Der naive Jan sieht seinen Bruder mit den Wertsachen und glaubt, der Job in der Autobude würde ihm reichlich Geld einbringen. Besorgt um die Eltern, bittet er Freddy, die Familienschulden zu begleichen. Dieser zieht ihn stattdessen in Überfälle hinein.

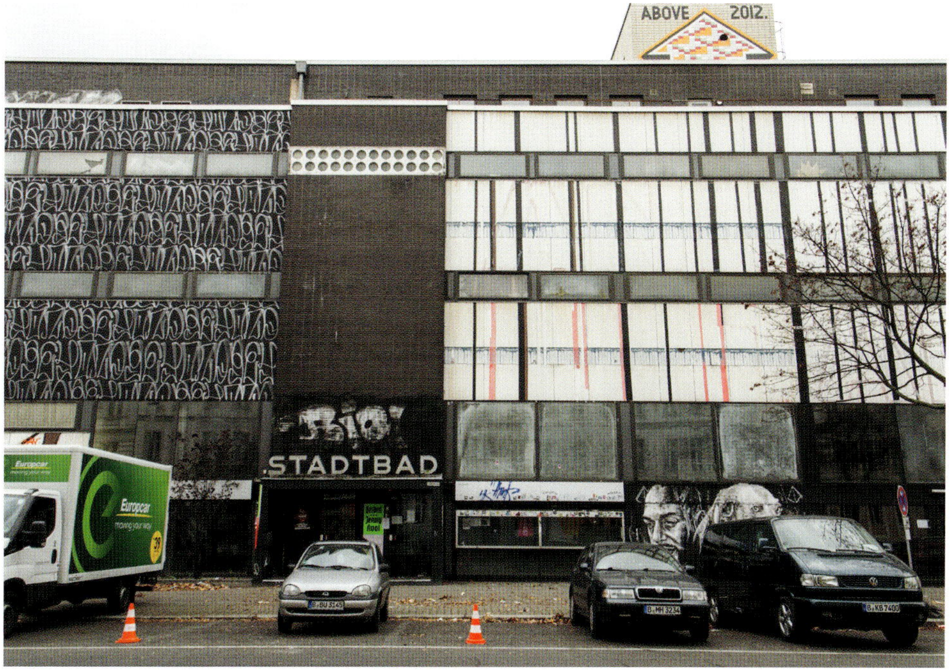

Auch immer dabei: Freddys vorlaute Freundin Sissy (Karin Baal) – »mit Y wie Romy« – ist ein Gegenbild zum damaligen Mädchenidol Sissi, Kaiserin von Österreich. Ihr unbeugsames Freiheitsstreben wird anders als bei den Jungs vom Skript bestraft. Im Laufe des Films wird Sissy sich als radikalstes Mitglied der Bande zeigen, als diejenige, die nicht davor scheut, den Abzug zu drücken. Sie treibt als *Femme fatale* ihren Freund in eine ausweglose Situation, durch die der Held schließlich geläutert wird.

Waschechte Berliner Arbeiterkinder waren als Hauptdarsteller besetzt. Die 15-jährige Karin Baal wurde unter 700 Mädchen ausgewählt. Trotz des starken Auftritts synchronisierte die erfahrene Brigitte Grothum nachher ihre Szenen. Zur Rolle bekam die gebürtige Weddingerin, deren Name gar nicht Baal, sondern eigentlich Blauermel war, eine anschließende dreijährige Schauspielausbildung. Ihrem Debüt folgten weit mehr als 100 Film- und Fernsehrollen.

Als deutscher James Dean (dieser war schon 1955 verunglückt) hatte Horst Buchholz seine große Zeit. »Hotte« kam ursprünglich aus dem benachbarten Prenzlauer Berg und lebte später in Neukölln. Als Tressler ihn besetzte, war er kein ganz Unbekannter mehr, aber hiermit kam sein auch internationaler Durchbruch (siehe *One, Two, Three,* S. 38). Die Draufgänger, Verführer und Hochstapler waren für einige Jahre sein Fach, bevor er weitgehend aus dem Kino verschwand.

Die Halbstarken kam mit Besetzung, Aktualität und Figurenzeichnung bei der Kritik gut an. Beim Publikum traf dagegen die Antihaltung einen Nerv. Als Kultfilm gefeiert, soll der Streifen nach den Vorführungen regelrecht Unruhen angezettelt haben. Zwar wird von gescheiterter, sogar tödlich endender Rebellion erzählt und vom Vorspann bis zum Ende deutlich der mahnende Zeigefinger erhoben, trotz der vorangestellten Warnung und dem kathartischen Finale setzt Georg Tressler aber größtenteils auf Unterhaltung. Da gibt es ausgelassene Abende in der Espresso-Bar und Spritztouren in gestohlenen Autos. Auf den im Vergleich zu heute leergefegten Straßen verzeichnet die »Internet Movie Cars Database« rund 20 verschiedene Fahrzeugtypen. Den Jazz-Soundtrack lieferte die Mister Martin Band. Kurz gesagt: Das West-Berlin der Wirtschaftswunderzeit ist hier auf der Leinwand aufregend und schillernd präsentiert.

Das Stadtbad Wedding wurde 1999 als Badeanstalt geschlossen, der Clubbetrieb als »Stattbad Wedding« Mai 2015 vom Bauamt beendet. Als das Foto entstand, wurde dieser Teil der Gerichtsstraße gerade für Dreharbeiten vorbereitet.

BERLIN – ECKE SCHÖNHAUSER

1957 **Regie: Gerhard Klein**

Wo man bei der Produktion von *Die Halbstarken* auf US-Jugendfilme schielte, orientierten sich die Macher vom ebenfalls erfolgreichen *Berlin – Ecke Schönhauser* ausdrücklich am italienischen Neorealismus. Regisseur Gerhard Klein drehte zuvor Dokumentarfilme; der typische DEFA-Studiofilm lag ihm fern. Und der junge Autor Wolfgang Kohlhaase wusste schon, »wir kommen nur mit der Wahrheit ein Stück weiter, anders wird es wohl nicht gehen.« Damit gelang ihnen ein sozialkritischer Film, der die aktive Unterstützung der FDJ-Führung weckte, gegen ablehnende Stimmen aus der Partei (»Randfragen, mit extremen Seiten«). Karl-Eduard von Schnitzler diagnostizierte im Filmspiegel: »nationalpreiswürdig«.

Die Schnittmeisterin Evelyn Carow (Porträt S. 55) hatte ebenfalls ausschließlich an dokumentarischen Kurzfilmen gearbeitet. Sie und Gerhard Klein achteten streng auf die Details des Milieus rund um den damaligen U-Bahnhof Dimitroffstraße (heute Eberswalder Straße). Dieses Zentrum des Films hatte sich Klein ausgesucht, noch bevor es ein Drehbuch gab. Zum einen gab es im Prenzlauer Berg kaum Kriegsschäden, zum anderen fand sich laut Kohlhaase hier »das Berlin der kleinen Leute«. Davon zeugen noch heute im komplett sanierten Viertel der Biergarten »Prater« und »Konnopke's Imbiß«. Dort unter dem sogenannten Magistratsschirm, das heißt, der Hochbahntrasse auf der Schönhauser Allee, treffen sich im Film täglich die Halbwüchsigen, darunter Dieter

WOLFGANG KOHLHAASE
Autor (*1931, Berlin)

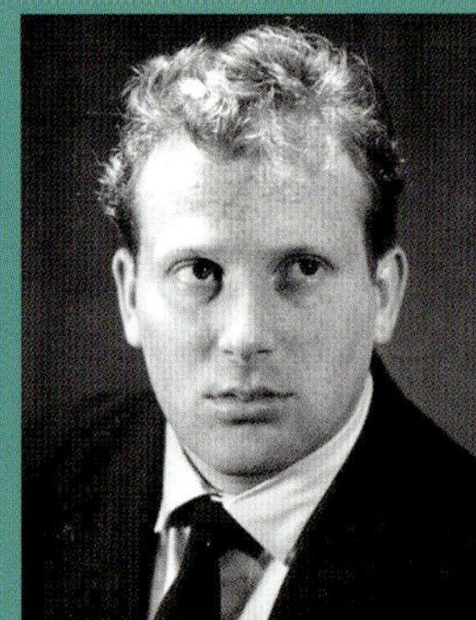

Sein Name ist eng mit dem Berlin-Kino verbunden. In Adlershof aufgewachsen kam Wolfgang Kohlhaase (Foto 1955) über ein Volontariat zur Filmdramaturgie und fand dort endgültig zum Drehbuchschreiben. Seine frühen Filme von *Alarm im Zirkus* (1954) über *Eine Berliner Romanze* (1956) bis zu *Berlin um die Ecke* (verboten, UA erst 1987) realisierte Gerhard Klein. Mit Konrad Wolf drehte er u.a. den antifaschistischen Film *Ich war neunzehn* (S. 116) und führte Ko-Regie beim Hit *Solo Sunny* (S. 54). Zu späteren Arbeiten gehören *Die Stille nach dem Schuss* (Volker Schlöndorff, 1999), *I Phone You* (Tang Dan, 2011) und Andreas Dresens *Sommer vorm Balkon* (S. 90) sowie *Als wir träumten* (2015) nach Clemens Meyers Roman. Unter seinen unzähligen Auszeichnungen sind das Bundesverdienstkreuz und der Goldene Ehrenbär der Berlinale.

(Ekkehard Schall, später berühmter Brecht-Darsteller), Angela (Ilse Pagés einziger DEFA-Film), Karl-Heinz (Harry Engel) und Kohle (Ernst-Georg Schwill). Zu Hause können sie nicht bleiben. Ein prügelnder Vater, der Geliebte der Mutter oder die Verlogenheit der Eltern treiben sie auf die Straße. Den Agitator der FDJ lässt man abblitzen. Manchmal gehen sie im Praterlokal tanzen oder ins West-Kino. Die Jungs umgarnen erfolglos die freche Angela, die von Marlon Brando träumt. Ansonsten treiben sie Unsinn. Eine eingeschlagene Laterne reicht, um die älteren Passanten auf die Palme zu bringen und die Volkspolizei auf den Plan zu rufen.

Es bleibt nicht bei solchen Mutproben. Karl-Heinz schmuggelt Pässe und zieht die anderen beiden Jungs mit rein, so dass diese nach einem Unfall in den Westen flüchten. Die düstere Situation im Auffanglager überlebt Kohle nicht. Dieter bricht aus und kehrt in die DDR zurück – zu seiner schwangeren Freundin Angela. Am Ende fragt Dieter: »Was soll denn nun werden?« Der gutmütige Vopo antwortet: »Fang neu an, Junge.« Selbst die Staatshand spart sich den erhobenen Zeigefinger, der Held findet selbst ins sozialistische Zuhause.

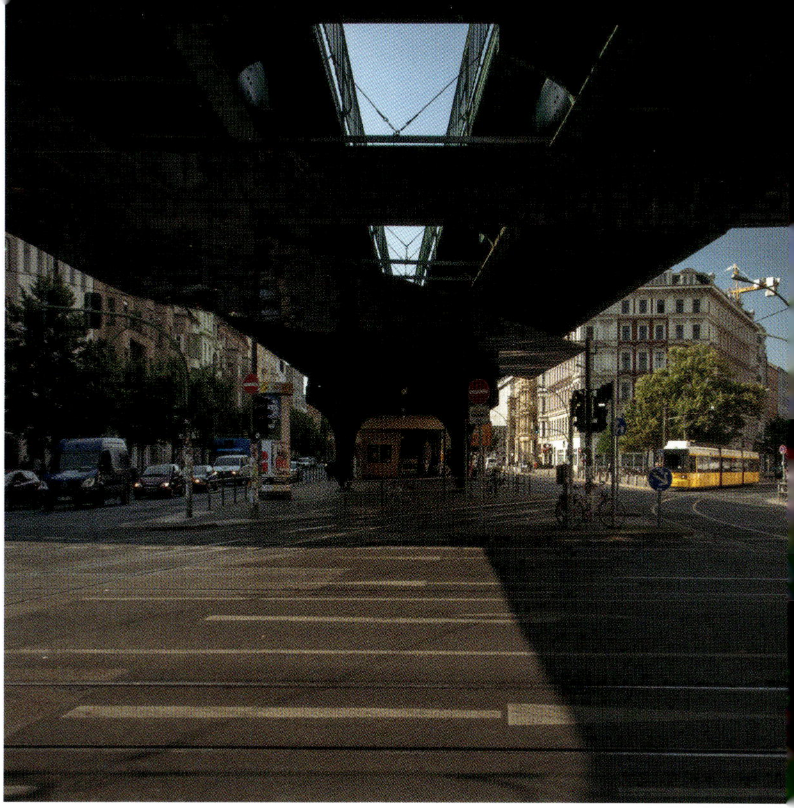

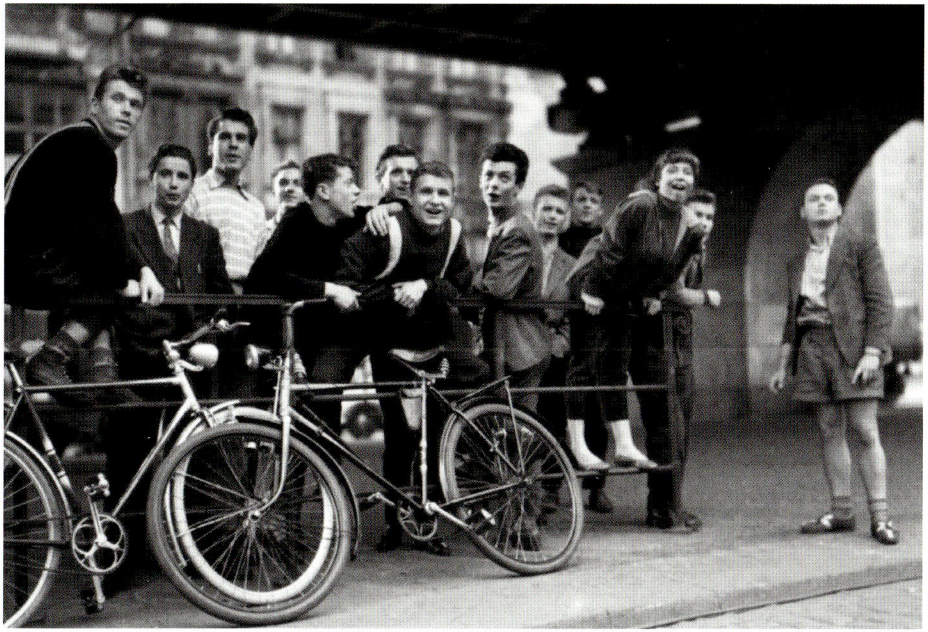

Solche Randfiguren wie der nüchterne Polizist basieren auf Recherche und Aktenlage. Mit Behutsamkeit und Respekt nähert sich der Film dem Alltagsleben der DDR-Jugend. Die Versuchungen des Westens wurden ebenfalls an Originalschauplätzen gedreht: Charlottenburg (Bahnhof Zoo) und Wedding (Gesundbrunnen, Brunnenstraße) werden durchaus attraktiv vorgeführt, ehe das grauenvolle Flüchtlingslager als »wahres Gesicht« des Kapitalismus inszeniert ist. Mit all seinen Konflikten auf politischer und privater Ebene wird Berlin als Heimat dargestellt, als geteilte Heimat.

Als Treffpunkt zum Pöbeln und Randalieren dient den Jugendlichen der Magistratsschirm auf der Schönhauser Allee (Szenefoto unten), auch heute noch ein Dach unter freiem Himmel (oben).

MÄDCHEN IN UNIFORM

1958 **Regie: Géza von Radványi**

Im Jahr 1931 wurde Leontine Sagans *Mädchen in Uniform* mit Hertha Thiele ein Welterfolg, der auch den jugendlichen Artur Brauner (Porträt S. 67) tief beeindruckte. Basierend auf ihrer Schulzeit im Potsdamer Kaiserin-Augusta-Stift hatte Christa Winsloe das Bühnenstück *Ritter Nérestan / Gestern und Heute* geschrieben (und anschließend den Roman *Das Mädchen Manuela*). Manuela von Meinhardis kommt nach dem Tod ihrer Mutter in ein Mädchenpensionat, dessen Leitung militärischen Standards nacheifert. Halt in der groben Welt findet sie bei der umschwärmten Lehrerin Fräulein von Bernburg, die ihr Verständnis und Zuneigung entgegenbringt. Von einem Theaterauftritt berauscht, platzt Manuela mit einer öffentlichen Liebeserklärung heraus. Daraufhin wird sie isoliert und Fräulein von Bernburg muss die Schule verlassen. Mehrere Szenen zeigten das Militärwaisenhaus – so der Selbstmordversuch im Treppenhaus – und die Garnisonkirche (beide Breite Straße, Potsdam). Das Drama gilt heute als Klassiker der Weimarer Zeit und des nicht-heterosexuellen Kinos.

Jahrzehnte später erkannte Artur Brauner als Produzent in Romy Schneider die ideale Besetzung für ein Remake. Eine ebenso starke Partnerin fand er in Lilli Palmer, als Regisseur den Ungaren Géza von Radványi. Die Dreharbeiten forderten die junge Schauspielerin extrem; mehrfach wird sie ohnmächtig. Mit ihren 19 Jahren hatte sie bereits ein volles Dutzend Filme abgedreht, darunter die vergötterte *Sissi*-Trilogie. Nun konnte sie erstmals gegen ihr Image als süßes Mädel anspielen und gab alles.

Der preußische Drill wird in der Nachkriegsfassung noch mehr herausgehoben. Sogar die Wände verkünden herrische Maximen; über Manuelas Bett prangt ein Bismarck-Zitat. Hier werden die Mädchen nicht zu gebildeten Individuen, sondern zu »Soldatenmüttern« erzogen. Spartanisch sind Einrichtung und Verpflegung. Das Glockenspiel der Potsdamer Garnisonkirche gemahnt: »Üb immer Treu und Redlichkeit«. Von der Kirche abgesehen, bleibt Potsdam hier Postkartenmotiv. Statt sich um eine DDR-Drehgenehmigung zu bemühen, wurde eine Alternative in Sichtweite der Stadt gewählt: das Jagdschloss Glienicke im Stadtteil Wannsee. Das Gelände wird

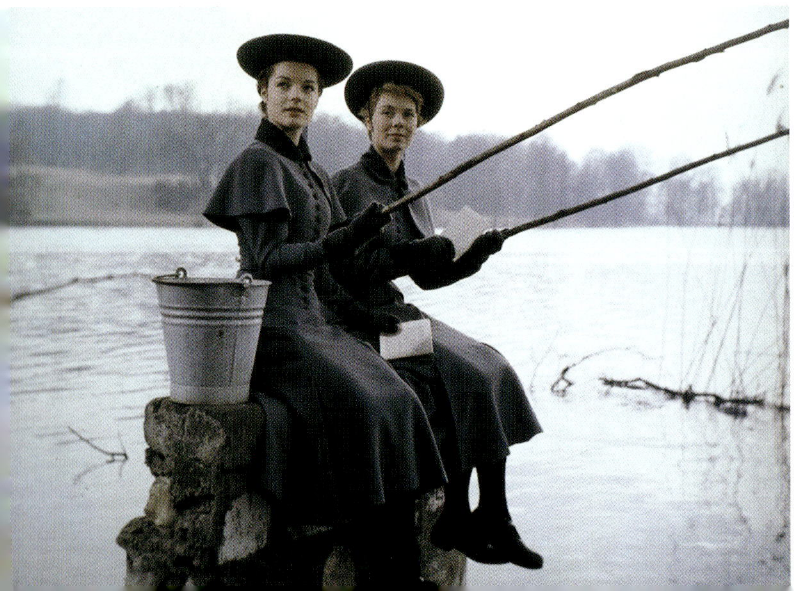

Romy Schneider und Ginette Pigeon proben Romeo und Julia *an der innerdeutschen Grenze vor dem Hintergrund Potsdams.*

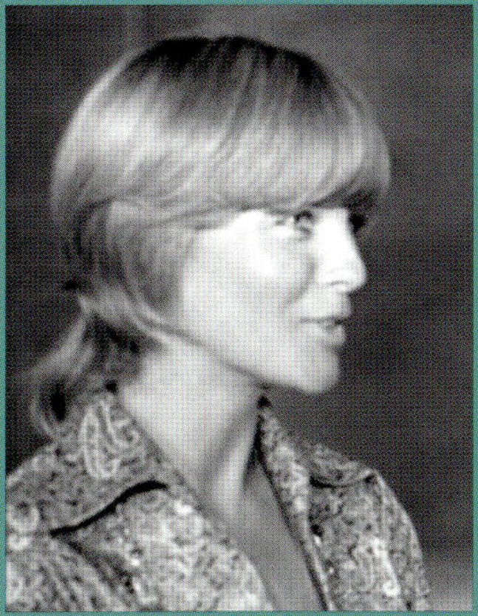

ROMY SCHNEIDER

Schauspielerin (1938, Wien – 1982, Paris)

Als 15-Jährige kam Rosemarie Magdalena Albach auf Initiative ihrer Mutter Magda Schneider zu Probeaufnahmen nach Berlin-Tempelhof – mit Erfolg. Den Film *Wenn der weiße Flieder wieder blüht* drehten beide, an der Seite von Willy Fritsch und dem ebenfalls debütierenden Götz George, in Hessen. Ihre größten Erfolge hatte Romy zunächst mit der in Österreich entstandenen *Sissi*-Trilogie und später vor allem mit französischen Regisseuren. Doch die in Berlin begonnene Karriere führte sie immer wieder in die Stadt, wo sie fast ausschließlich in Artur Brauners CCC-Studios drehte: von *Mädchen in Uniform* über die Böll-Verfilmung *Gruppenbild mit Dame* (1977) bis zur Doppelrolle in *La Passante du Sans-Souci* (1982). Der Titel des Exil-Dramas bezieht sich auf ein Migrantencafé in Paris. Dieses sowie die Kulissen für das historische Berlin standen bereits, da verunglückte Romy Schneiders Sohn. Der Freundschaft mit Brauner ist es wohl zu verdanken, dass ihr letzter Film doch zustande kam.

Berlin war die Schauspielerin auch privat verbunden. Mit ihrem ersten Mann Harry Meyen wohnte sie einige Jahre in einer Villa im Grunewald. In Berlin kam ihr Sohn David zur Welt und wurde ihre zweite Ehe mit Daniel Biasini, dem Vater von Tochter Sarah, geschlossen. Zum Teil befindet sich ihr Nachlass im Archiv der Akademie der Künste.

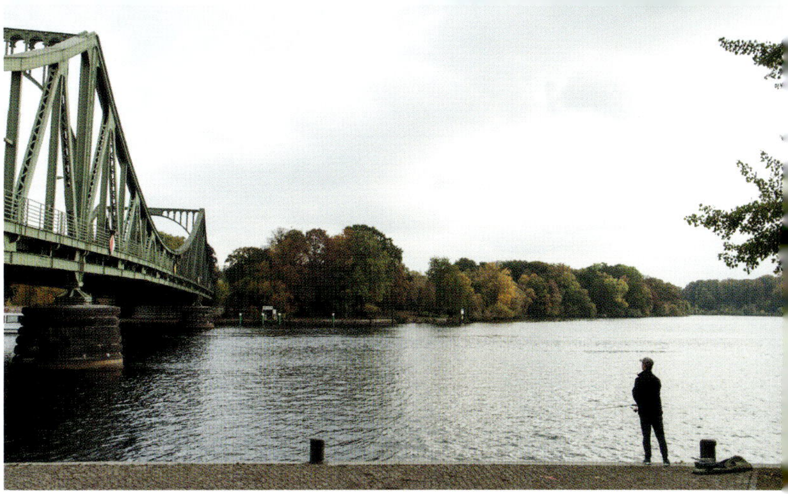

durch die Glienicker Lake von Potsdam getrennt. Vom Berliner Ufer kann man hinüber zum Schloss Babelsberg und zur Villa Kampffmeyer sehen. Hinter dem Park des Jagdschlosses Glienicke führt die Glienicker Brücke, bekannt als »Bridge of Spies« (S. 49), über die Stadtgrenze. Vor dem Mauerbau war das Grenzgebiet relativ unversehrt. Problemlos konnte man hier die Kaiserzeit aufleben lassen. Große Teile des Films wurden in Brauners CCC-Studios in Spandau gedreht, weitere Szenen in Hamburg. Die visuelle Kraft und Dynamik des Originals wurde nicht erreicht. Mit einer großen Premiere auf der Berlinale 1958 und vor allem der gepriesenen Besetzung fand er dennoch viel Beachtung. Als strenge Oberin trat die Ur-*Mutter Courage* Therese Giehse auf. Diese war eine Freundin von Christa Winsloe und Erika Mann. Letztere hatte wiederum in der Verfilmung von 1931 eine Lehrerin gespielt.

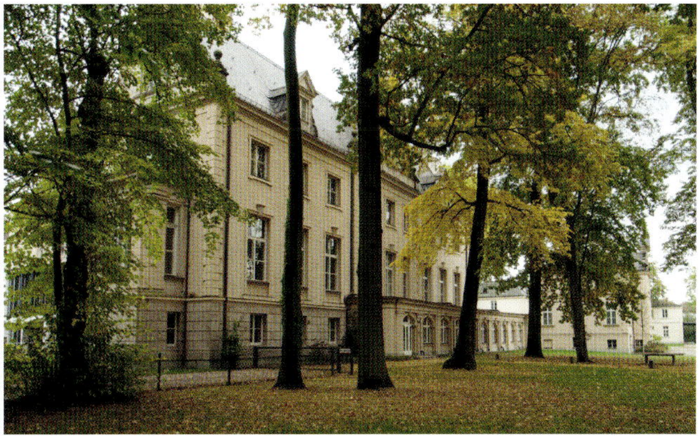

An der Glienicker Lake nahe der Glienicker Brücke wird noch immer gern geangelt, hier am Potsdamer Ufer (oben rechts).
Im Jagdschloss Glienicke (unten) sitzt heute das Sozialpädagogische Fortbildungsinstitut Berlin-Brandenburg.

ONE, TWO, THREE

EINS, ZWEI, DREI

1961 **Regie: Billy Wilder**

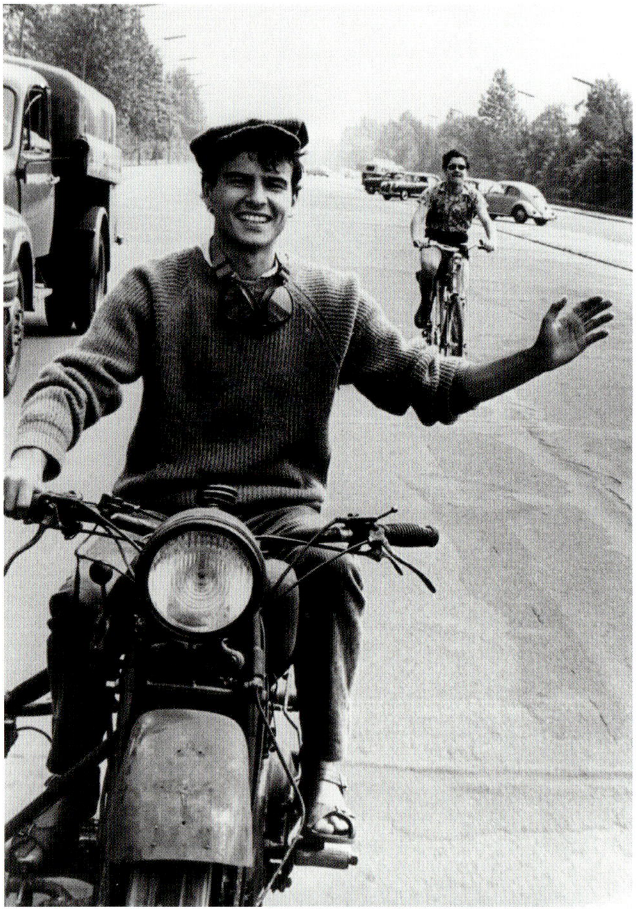

Ausgerechnet im Jahr 1961 verlegten Billy Wilder (Porträt S. 29) und sein Ko-Autor I. A. L. Diamond ein Boulevardstück des Ungaren Ferenc Molnár ins Zentrum des geteilten Berlins. Es entstand eine kluge Farce, die gegen alle und jeden austeilt: den idealistischen Jungkommunisten und den verbissenen Kapitalisten, die Südstaatenschönheit und die »entnazifizierten« Deutschen. Den Kalten Krieg in einer Screwball-Komödie voll typischer Wilder-Scherze zu behandeln, war nach dem Mauerbau dann wohl zu viel des Guten. Man landete einen veritablen Flop. Die deutschen Zeitungen verrissen den Film noch bis in die 1980er-Jahre, als eine Wiederaufführung *One, Two, Three* in der bissigeren englischen Originalfassung zum Kultfilm machte. Nach dem Mauerfall feierten dieselben Medien den Film als hellsichtigen Klassiker.

Die turbulente Handlung dreht sich um den Boss der Berliner Coca-Cola-Niederlassung MacNamara (James Cagney), der gern nach London aufsteigen will und daher einen Sommer lang die Tochter Scarlett (Pamela Tiffin) seines Chefs aufnimmt. Leider ist der naive Teenager bald mit dem bolschewistische Transparente schwingenden Ost-Berliner Otto (Horst Buchholz) verheiratet und zudem schwanger. Als ihre Eltern sich ankündigen, verwandelt MacNamara mithilfe seiner kecken Sekretärin (Liselotte Pulver) und dem Hacken knallenden Assistenten (Hanns Lothar) Otto in einen eleganten Baron. Im Eiltempo bekommt er eine komplett neue Identiät samt üppiger Ausstattung und entsprechendem Ha-

Otto (Horst Buchholz, oben) fährt auf der Straße des 17. Juni zum Brandenburger Tor, wo 2015 ein Luftballon mit Merkels Gesicht für Aufmerksamkeit sorgte (rechte Seite), wie damals im Film der »Russki go home«-Ballon an Ottos Auspuff.

bitus. Das alles ist so überzeugend, dass Otto schließlich die Stelle in England bekommt, während MacNamara zur Freude seiner Frau zurück nach Atlanta geschickt wird.

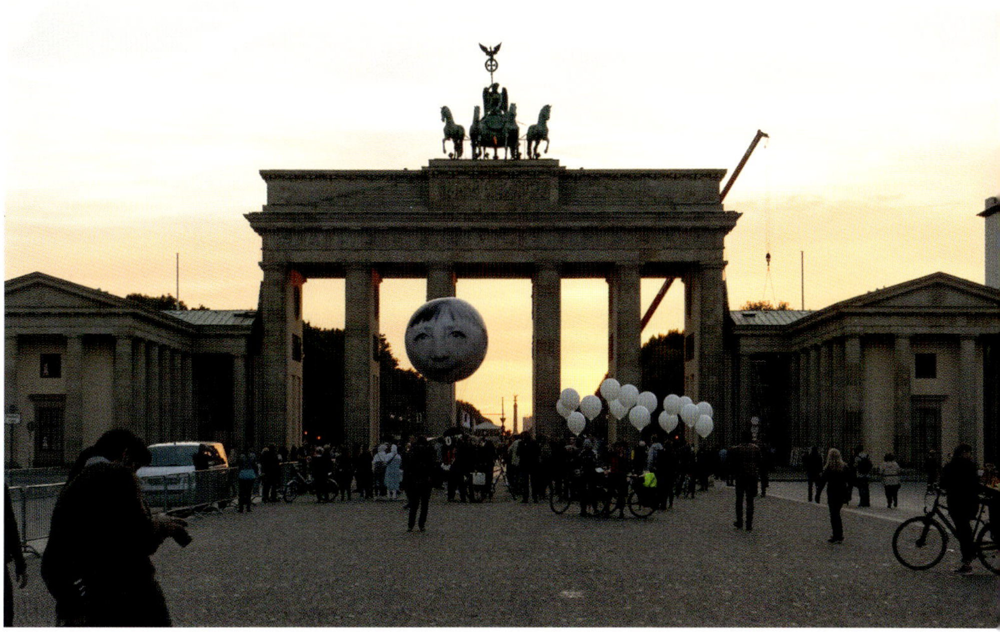

Die Konkurrenz der Generationen spiegelte sich im wahren Leben. Horst Buchholz, bekannt als »Halbstarker« (S. 32), war mit seiner zweiten Hollywood-Rolle der aufstrebende Star des Films. Cagney beschwerte sich, ihm werde die Show gestohlen, und verabschiedete sich anschließend für zwanzig Jahre von der Kamera. Für Wilder war dieser Film, dessen Hauptfiguren am Ende die Stadt verlassen, ein Abschied von Berlin. Noch einmal unterstützte ihn ein alter Bekannter: Friedrich Holländer, Songschreiber von *A Foreign Affair,* hat einen Gastauftritt mit dem Schlager *Ausgerechnet Bananen* aus Wilders *Sabrina*. Grundmotiv des Soundtracks ist der treibende Säbeltanz von Chatschaturjan, während *Itsy Bitsy Teenie Weenie* als Folterinstrument der Sowjets eingesetzt wird, die wiederum mit *Yankee Doodle Dandy* aus einer Kuckucksuhr getriezt werden.

Die Drehorte waren nicht zufällig Schauplätze des Kalten Kriegs. Die Schlussszenen spielen am Flughafen Tempelhof und wurden auch teilweise dort gedreht. Ausgerechnet auf der Straße des 17. Juni, die an den niedergeschlagenen Volksaufstand 1953 erinnert, bläst sich ein Luftballon an Ottos Auspuff auf, bis er hinterm Brandenburger Tor deutlich »Russki go home« verkündet. Die Ruine des Anhalter Bahnhofs (Kreuzberg) steht als »Grand Hotel Potemkin« für das desolate Ost-Berlin, wohingegen um die Gedächtniskirche in der City West Baustellen und blühendes Leben herrschen. Ausweichen musste man für einige Szenen am Brandenburger Tor, das teilweise in den Münchner Bavaria-Studios nachgebaut wurde. Die Legende will, dass dies allein wegen des überraschenden Mauerbaus geschah. Wer sich die provokanten Szenen auf dem Pariser Platz und vor allem den Auto-Crash gegen die Säule anschaut, vermutet schnell, dass das künstliche Tor schon vor dem 13. August bereitstand. Die zuvor genutzte Drehgenehmigung für Ost-Berlin war jedenfalls verfallen.

Authentisch sind Innen- und Außenaufnahmen der damaligen Coca-Cola-Fabrik in Lichterfelde-Ost, die inzwischen unter Denkmalschutz steht, wenn auch ohne den Schriftzug »Trink Coca-Cola eiskalt« auf dem Dach. Die Brause wurde schon 1936 in der Hildburghauser Straße hergestellt. 1958 eröffnete das moderne Gebäude nach Plänen von Hans Simon. Wolfgang Becker nutzte für *Good Bye, Lenin!* (S. 79) nicht nur das Gebäude als Kulisse, sondern bezog sich auf MacNamaras Verhandlungen mit den Sowjets, wenn er eine vermeintliche Coke-Kooperation mit der DDR-Regierung inszeniert. Eine andere Cola behält die letzte Pointe in *One, Two, Three*. Dass MacNamara seinen Kindern am Flughafen aus dem Cola-Automaten ungewollt Pepsi holt, ging auf die Einmischung der Hollywood-Diva Joan Crawford zurück, damals Mitglied des Pepsi-Vorstands.

ESCAPE FROM EAST BERLIN

TUNNEL 28

1962 **Regie: Robert Siodmak**

Da Wilder *One, Two, Three* genau in der Zeit vor und nach dem Mauerbau filmte und auf das einschneidende Ereignis nur im Prolog verwies, erschien seine Komödie schon beim Kinostart anachronistisch. Die erste filmische Bearbeitung des Mauerbaus und der nun lebensgefährlichen Fluchtversuche hatte im Herbst 1962 als deutsch-amerikanische Koproduktion Premiere. Robert Siodmak war nach *Menschen am Sonntag* (S. 16) wegen seiner jüdischen Herkunft im April 1933 emigriert und hatte sich ab 1939 in Hollywood als Regisseur von Universal etabliert. Nun erzählte er in *Escape from East Berlin* eine deutsche Geschichte im Dokudrama-Stil für ein internationales Publikum. »You don't go over the Wall, you don't go through, you go this way – under!«

Vorlage war eine tatsächlich gelungene Flucht am 24. Januar 1962 durch einen fast 30 Meter langen Tunnel, der von der Oranienburger Chaussee in Glienicke-Nordbahn (Brandenburg) nach Frohnau am nördlichen Zipfel Reinickendorfs führte. Gegraben hatten ihn die Brüder Bruno, Erwin und

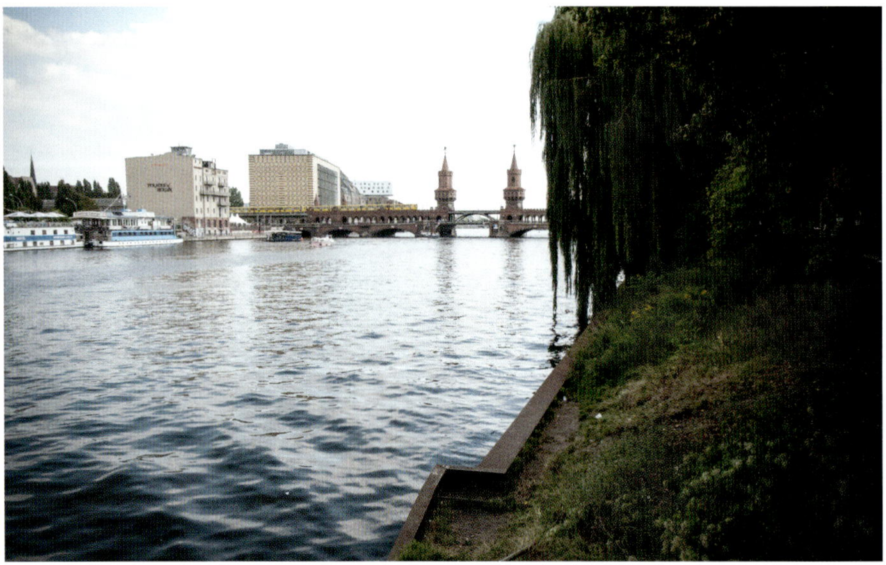

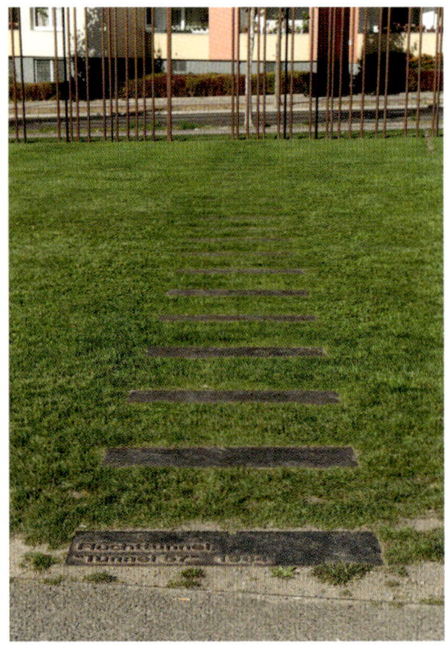

Die erste Einstellung blickt vom Kreuzberg Ufer zur Oberbaumbrücke (links), näher kamen die Filmemacher Ost-Berlin nicht. Als Teil der Gedenkstätte Berliner Mauer erinnern Wegplatten an mehrere Fluchttunnel an der Bernauer Straße (rechts).

Günther Becker, ausgehend vom Keller ihres Familienhauses. Nach neun Tagen Arbeit flüchteten 28 Personen, vom Kleinkind bis zur Rentnerin. Es war einer der ersten von insgesamt 75 Fluchttunneln. Das Ereignis fand viel Resonanz in der Presse. Kurz darauf ließen die DDR-Behörden, wie zuvor geplant, verbliebene Nachbarn aussiedeln und die mauernahe Häuserzeile abreißen.

Die Filmbearbeitung hielt sich an die Ausmaße und Schwierigkeiten des Tunnelbaus. So brachte ein freigelegter Stützpfeiler tatsächlich kurz die Grenzzäune ins Schwanken, unbemerkt von den Grenzern. Eine Lichtleitung im Tunnel wurde als Warnsignal von Mutter oder Schwester benutzt, die oben am Fenster Schmiere standen. Dass die Tunnelbauer überrascht waren, am Tag X zwei Dutzend fluchtbereite Menschen in ihrer dunklen Küche vorzufinden, stimmt ebenfalls mit den Tatsachen überein. Der zum Thriller zugespitzte Ablauf der Ereignisse ist hinzugedichtet. Zu Beginn des Films wird ein junger Mann, der mit einem Baufahrzeug wörtlich durch die Mauer bricht, noch auf dem Grenzstreifen erschossen. Seine Schwester landet auf der Suche nach ihm selbst fast in den Fängen der Grenzer, findet aber bei einem Freund ihres Bruders Schutz in unmittelbarer Mauernähe. Dieser, der Chauffeur eines NVA-Majors, beschließt, entgegen seiner politischen Einstellung, für seine Familie und die neue Freundin einen Fluchtweg zu graben. Die Eltern des Mädchens denunzieren den Plan und in letzter Minute kriechen alle Flüchtlinge samt bekehrtem Kraftfahrer in den Westen, wo der Film abrupt endet.

Außer dem als Helden besetzten Amerikaner Don Murray war mit Werner Klemperer ein ebenfalls im US-Fernsehen erfolgreicher Schauspieler dabei. Daneben traten junge Deutsche auf: Horst Janson, Ingrid van Bergen und Christine Kaufmann (*Mädchen in Uniform*, S. 36). Der schwarz-weiße Film beginnt mit Wochenschaubildern des Mauerstreifens am Brandenburger Tor und einer Einleitung, die in propagandistisch gefärbter Sprache den Mauerbau erläutert. Mit »Ost-Berlin« überschrieben, zeigt die erste Spielszene den Blick auf die Oberbaumbrücke vom Kreuzberger Ufer. Im weiteren Verlauf sind entsprechend der Geschichte keine markanten

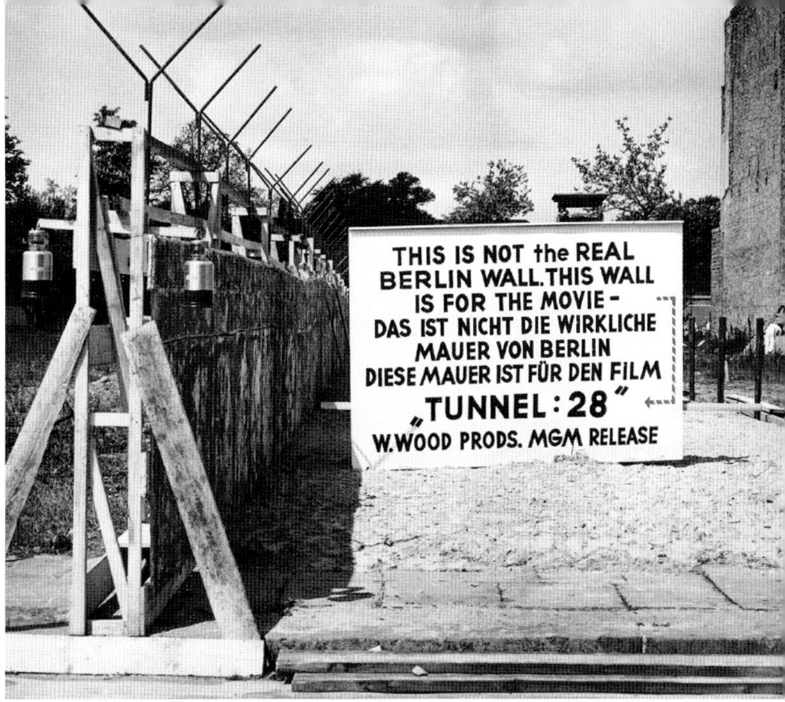

Stadtaufnahmen mehr zu sehen. Spektakulär waren dafür die Nachbauten, der kostspieligste Teil der Produktion. Eine Mauer-Replik ließ Siodmak an der Graf-Spee-Straße in Tiergarten errichten – ein Schild warnte Touristen vor der Verwechslung mit der echten Grenze (und warb wohl auch für die Produktion). Weitere Szenen entstanden in der Kreuzberger Friesenstraße und den Tempelhofer UFA-Studios (S. 67).

Tunnel 28, so der deutsche Titel, bekam in den USA die deutlich besseren Kritiken für seinen »vivid visual style« (New York Times). Hierzulande wurden die gekünstelten Dialoge mokiert (Spiegel). Nach der Uraufführung im heutigen Haus der Kulturen der Welt lobte Ernst Lemmer, Bundesminister für gesamtdeutsche Fragen, den MGM-Produzenten Walter Wood: »Ich danke Ihnen im Namen des deutschen Volkes für diese Aussage gegen die Unmenschlichkeit.« Andere übten von politischer Seite aus Kritik an der Vermarktung der »Menschenschmuggler« und der Missachtung diplomatischer Beziehungen. Noch 1962 entstanden weitere Fluchtfilme: die NBC-Dokumentation *The Tunnel* oder das italienische Drama *Oggi a Berlino* mit Helmut Griem. Das Thema ist bis heute ein Favorit von Fernsehproduzenten.

Anstelle der üblichen Warnschilder vor Grenzübertritt entwarnt dieses Schild: Die Mauer ist nur Filmkulisse.

DIE ENDLOSE NACHT

NEBEL ÜBER TEMPELHOF

1963 **Regie: Will Tremper**

Bald nach seiner Eröffnung wurde der Flughafen Tempelhof ein beliebter Filmdrehort. Er ist es bis heute, Jahre nach seiner Stillegung, geblieben. Hier landen Filmdiven (Heike Makatsch als *Hilde*, 2009), Industrielle (*One, Two, Three*, S. 38, Rollfeldszenen im Studio gedreht) und Spione (zuletzt Tom Hanks in Steven Spielbergs *Bridge of Spies*, S. 49). Oder der riesige Bau wird zum Teil einer düsteren Zukunftsstadt (*The Hunger Games – Mockingjay*, S. 88). In den frühen 1960ern ließ Will Tremper sogar einen ganzen Film im Flughafengebäude spielen. Er drehte die meisten Szenen vor Ort und feierte in einer nächtlichen Vorführung schließlich die Filmpremiere in der Abfertigungshalle des Flughafens.

Der Clou bei *Die endlose Nacht – Nebel über Tempelhof* ist allerdings, dass dort gar kein Flieger startet oder landet. Wegen extremer Wetterlage sitzen alle Reisende eine Winternacht lang im »schönsten Flughafen der Welt« (Volker Schlöndorff) fest. Während die ausweglose Lage auf Handlungsebene den Anstoß für kleinere und größere private Dramen liefert, wird symbolisch durchaus die Situation von ganz West-Berlin thematisiert.

Die Erinnerung an die Berlin-Blockade war am historischen Ort der Luftbrücke noch relativ frisch, zudem hatte erst kürzlich der Mauerbau den Westteil der Stadt unerbittlich zur Insel gemacht. Bei ausfallenden Flügen unkompliziert auf eine der wenigen Bahnverbindungen umzusteigen, war hier kaum eine Option. Der andere Flughafen, Tegel im französischen Sektor, wurde damals erst von einer Linienflug-Gesellschaft, Air France, angeflogen; PanAm folgte 1964.

Will Tremper hatte als erfolgreicher Journalist, unter anderem für den *Stern*, und Drehbuchschreiber von *Die Halbstarken* (S. 32) und *Nasser Asphalt* (1958) bereits einen Ruf als Autor. Auch sein Regiedebüt *Flucht nach Berlin* (1961) war gut angekom-

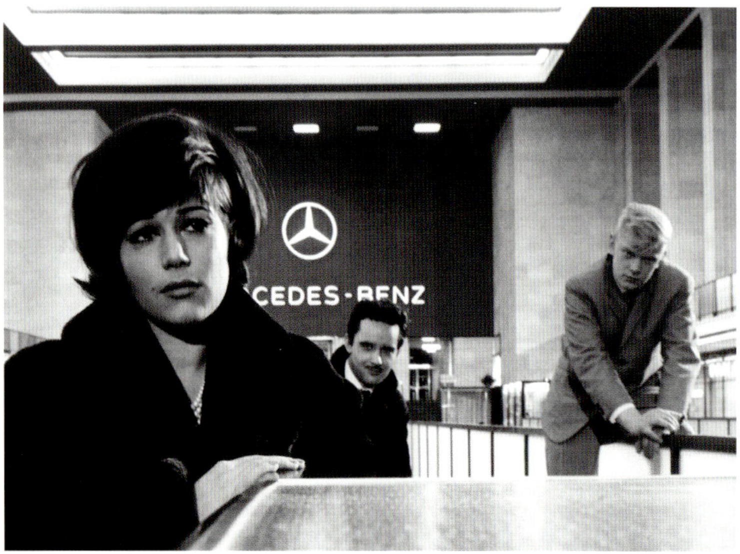

Die junge Hannelore Elsner steht als Starlett verloren in der Abfertigungshalle.

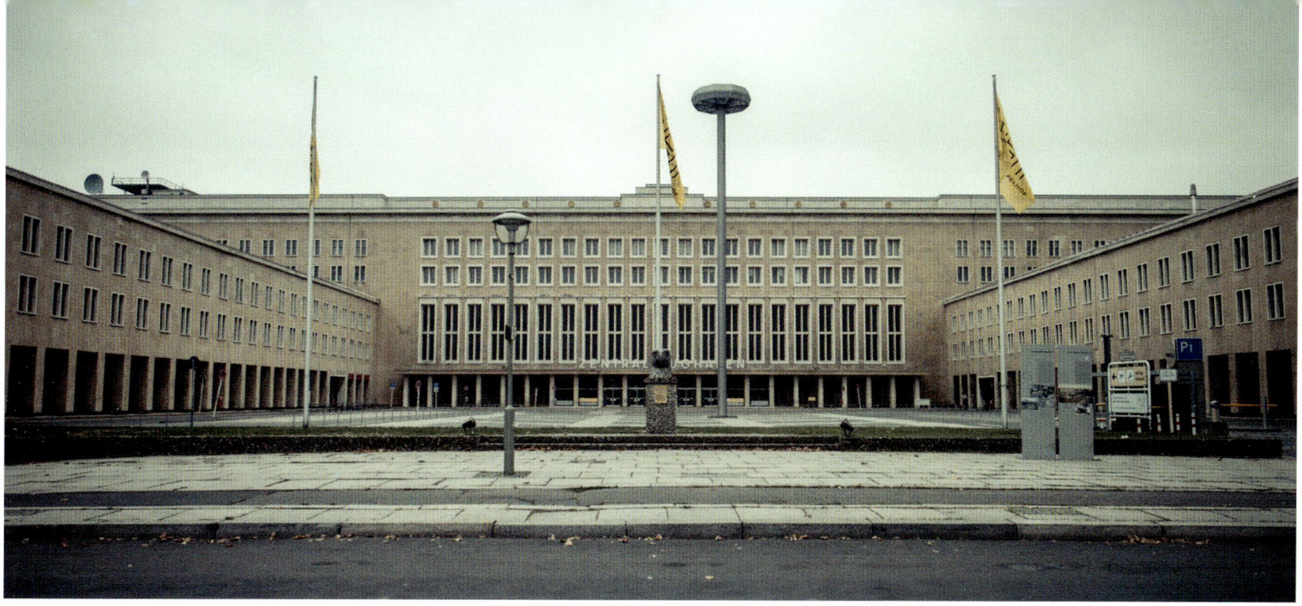

men. Nachdem er für *Die endlose Nacht* mit Preisen und Förderprämien geehrt wurde, drehte Tremper noch drei weitere Filme, darunter den freizügigen Berlin-Film *Playgirl* (1966) mit Eva Renzi und Harald Leipnitz, bevor er sich wieder ganz dem Schreiben widmete.

Aus einem eigenen Erlebnis heraus entwickelte Will Tremper die Plot-Idee und begann unverzüglich mit der Arbeit am Film, bei dem er Regie, Buch und Produktion übernahm. Allerdings begann er ganz ohne Skript und entwickelte die Dialoge im Laufe der Produktion. Nacht für Nacht, jeweils nach Betriebsschluss, zogen sich die Dreharbeiten vom 18. November 1962 bis 31. Januar 1963 hin. Es soll in keiner dieser Nächte bemerkenswerten Nebel über Berlin gegeben haben – nur den künstlichen Filmnebel. Zwischenzeitlich war das private Budget aufgebraucht. Freunde wie Rolf Eden halfen aus. Letztlich fand sich mit Hanns Eckelkamp (Atlas-Film) dann ein Verleiher, der hier einen Vorboten des neuen deutschen Films erkannte.

Auch vor der Kamera hatte Tremper prominente Unterstützer: Mario Adorf, der zufällig am Flughafen war, erklärte sich zu einem wortlosen Cameo bereit – ein Gefallen, der sich beim Marketing auszahlte. Die rund 20 tragenden Figuren waren mit sehr verschiedenen Darstellern besetzt. Die 20-jährige Hannelore Elsner spielt eine Möchtegern-Diva, die ihr letztes Geld für den Friseur hingeblättert hat und nun nicht einmal ins Hotel kann. Ihr Auftreten ist dennoch so selbstbewusst, dass man sie als Starlett wahrnimmt – und auch Elsners eigene Karriere einen Schub bekam.

Eine größere Rolle übernahm Harald Leipnitz, der täglich vom Münchner Theater quasi direkt ins Set eingeflogen wurde. Als erfolgloser Geschäftsmann zum Betrüger geworden, versucht er sich in wenigen Stunden den Hals zu retten. Dabei verliert er seine verzweifelte Freundin (Karin Huebner) an einem Millionär (Paul Esser).

Walter Buschhoff spielte derweil ein ganzes Ehedrama, wofür er den Ernst-Lubitsch-Preis erhielt. Fritz Remond trat als alternder Schauspieler auf, der mit einem Vorsprechen in Berlin seinen großen Auftritt als King Lear riskiert. Die Kanadierin Alexandra Stewart und der Südamerikaner Bruce Low inszenierten das knapp verpasste große Glück, beendet vom ersten morgendlichen Flug.

Durch die kontrastierenden Geschichten kommt keine Kammerspielstimmung auf und es entsteht ein unterhaltsamer Film. Für die Spannung sorgt maßgebend die Musik. Komponist Peter Thomas, zu dessen bekannten Soundtracks viele Krimis und Western gehören, liefert modernen Jazz und das von Esther Ofarim gesungene Lied für die kleine Konzertszene mit einer polnischen Band. Auf der Premierenfeier erklang die Livemusik aus seiner Feder in der Eingangshalle des Flughafens.

Von der Nachkriegszeit bis heute ist das monumentale Gebäude des ehemaligen Flughafens Tempelhof ein beliebter Drehort geblieben und dient auch für Messen, Festivals und nun als Flüchtlingsunterkunft.

DAS KANINCHEN BIN ICH

1964 **Regie: Kurt Maetzig**

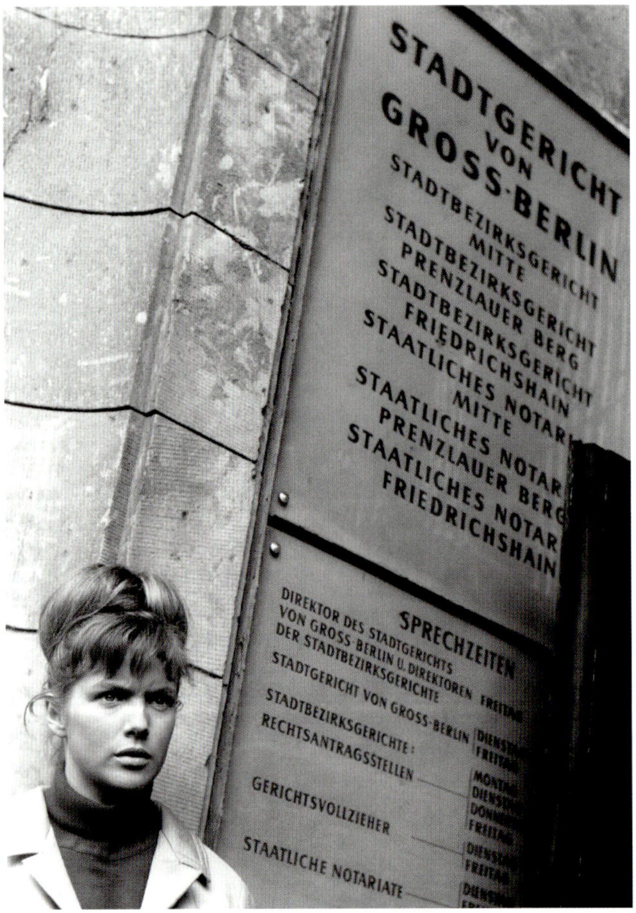

Das Mädchen und die Justiz: Maria Morzeck (Angelika Waller) lässt sich so leicht nicht unterkriegen.

Manche Filme sind so sehr von den Bedingungen ihrer Entstehung und Rezeption überlagert, dass es kaum möglich ist, sie für sich wirken zu lassen. *Das Kaninchen bin ich*, die stark gespielte Geschichte einer jungen Frau in Ost-Berlin, ist zum Synonym für die Schrankfilme und damit die repressive Kulturpolitik der DDR geworden. Dabei hatten die Beteiligten voller Optimismus einen ermutigenden Film machen wollen.

Kurt Maetzig war ein Mitbegründer der DEFA (S. 116), der erste Rektor der Potsdamer Filmhochschule und der Regisseur des zweiteiligen Propaganda-Epos über Ernst Thälmann nach sowjetischem Vorbild gewesen. Nun traute er sich angesichts einer gewissen Liberalisierung an einen systemkritischen Film, der auf dem verbotenen Roman *Maria Morzeck* von Manfred Bieler basierte. Kaum war die Arbeit daran abgeschlossen, sogar die Premierenfeier schon geplant, folgte der politische Backlash.

Mit dem 11. Plenum des ZK der SED Ende 1965, dem berüchtigten »Kahlschlag-Plenum«, begann eine Welle von Verboten und Entlassungen im Kulturbereich. Dabei wurde *Das Kaninchen bin ich* als besonders abschreckendes Beispiel für den »Skeptizismus« unter DDR-Künstlern angeführt. Maetzig distanzierte sich daraufhin öffentlich von dem Film, der neben *Spur der Steine* (Frank Beyers), *Berlin um die Ecke* (Wolfgang Kohlhaase, Gerhard Klein) und einigen anderen ein Vierteljahrhundert im Sperrarchiv lagerte. Der Regisseur arbeitete

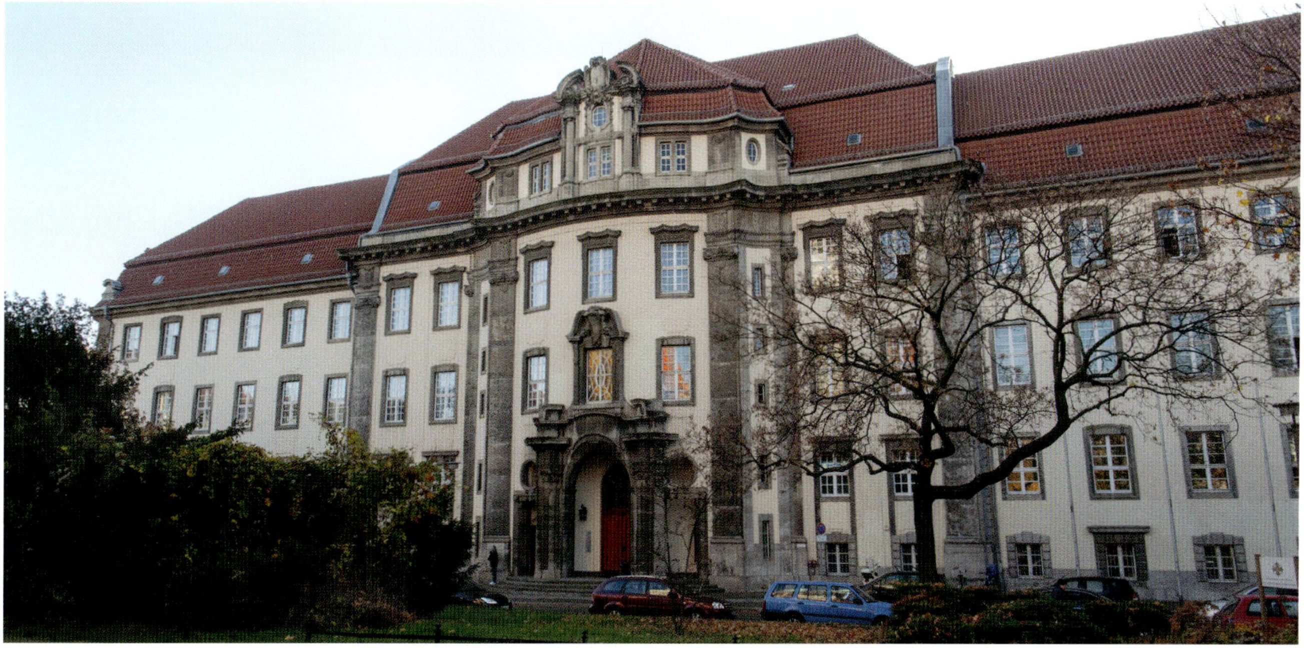

noch zehn Jahre lang mehr schlecht als recht weiter (lebte allerdings noch bis 2012). Die Schubladenfilme – oder auch »Kaninchenfilme« – wurden erst im Herbst 1989 rehabilitiert und in einer viel beachteten Retrospektive auf der Berlinale im Februar 1990 gezeigt.

Der fatale Kern des Films ist seine eindeutige Positionierung gegen die herrschende Justizwillkür und die empörende Sippenhaft. Die 19-jährige Maria (Angelika Waller) kann nach ihrem Abitur nicht ihr Slawistik-Studium antreten, weil ihr Bruder unter dubiosen Umständen wegen »staatsgefährdender Hetze« zur dreijährigen Haft verurteilt wurde. Frustriert arbeitet sie als Kellnerin und lebt mit ihrer Tante Hete ein perspektivloses Leben. Bei den Bemühungen um Aufklärung trifft sie auf Paul Deister (Alfred Müller), dem sie allmählich vertraut und in den sie sich schließlich verliebt. Auch nachdem sie erfährt, dass Paul es war, der als Exempel ihren Bruder unter Ausschluss der Öffentlichkeit verurteilte, hofft sie auf eine Zukunft mit dem verheirateten Mann. Erst als er zunehmend sein opportunistisches, egozentrisches Wesen offenbart, wendet sie sich ab. Da erfährt ihr vorzeitig entlassener Bruder von der beendeten Beziehung und verprügelt Maria. Umgehend packt sie ihre sieben Sachen.

Trotz aller expliziter Gesellschaftskritik zeigt Maetzig ein attraktives Ost-Berlin: beindruckende Bauten wie den Berliner Dom oder den Blick über die Klosterruine zum Roten Rathaus, dazu leuchtende Werbung am Bahnhof Friedrichstraße und das beschwingte Nachtleben im Lokal »Alt-Bayern« (Friedrichstraße 94). Die Szenen in und vor dem Gerichtsgebäude haben mit dem Lichtenberger Amtsgericht eine stilvolle Kulisse. Hinzu kommen Fahrten zum Brandenburger Gefängnis und ein langer Sommer im idyllischen Umland.

Bei *Die Legende von Paul und Paula* (S. 52) liegt die Provokation in der bedingungslosen Liebe, gegenüber der alles andere zurücksteht. Hier gelingt das private Glück nicht. Maria kann ihre politischen Differenzen und ihre persönlichen Ziele nicht länger unterordnen. Auch von ihrer Familie wendet sie sich ab. Sie will für ihr Studium kämpfen – und nicht länger das Kaninchen sein. Mit ihrem Entschluss zur Emanzipation steht am Ende eine universelle Botschaft, die den politisch-historischen Hintergrund überflügelt.

Ein ebenso authentischer wie symbolischer Drehort: Im Gebäude des damaligen Stadtgerichts in Lichtenberg befindet sich heute das Amtsgericht des Berzirks.

AGENTENFILME

THE MAN BETWEEN / FUNERAL IN BERLIN / OCTOPUSSY / BRIDGE OF SPIES

Kein Genre gehört so sehr zu Berlin wie der Agenten Thriller – und das gilt seit über 70 Jahren. Nachdem schon in den frühen 1950er-Jahren hier Spione aus Ost und West aufeinandertrafen, wurde der Mythos um die Frontstadt des Kalten Krieges mit dem Bau der Mauer endgültig gefestigt. Unzählige Romanautoren und Filmemacher schickten ihre spitzelnden Helden von nun an in die geteilte Stadt. Jede große Agenten-Reihe von Harry Palmer über James Bond bis Jason Bourne hatte hier ein Gastspiel. Ein Vierteljahrhundert nach dem Mauerfall ist Spionage noch immer für internationale Produzenten das mindestens zweitwichtigste Berlin-Thema neben dem Zweiten Weltkrieg. Die hiesigen Drehbedingungen haben sich inzwischen deutlich verbessert. 1965 wurde beispielsweise die britische John-Le-Carré-Verfilmung *The Spy Who Came in from the Cold / Der Spion, der aus der Kälte kam* (Martin Ritt) mit Szenen in Ost- und West-Berlin in Dublin gedreht. Heute ist es quasi selbstverständlich, dass jemand wie Steven Spielberg einen Großteil seines *Bridge of Spies* an historischen Orten filmt.

Als Vorreiter kam Carol Reed mit seinem Krimi *The Man Between / Gefährlicher Urlaub* (1953) nach Berlin. Reed hatte zuvor mit *The Third Man / Der dritte Mann* (1949) einen er-

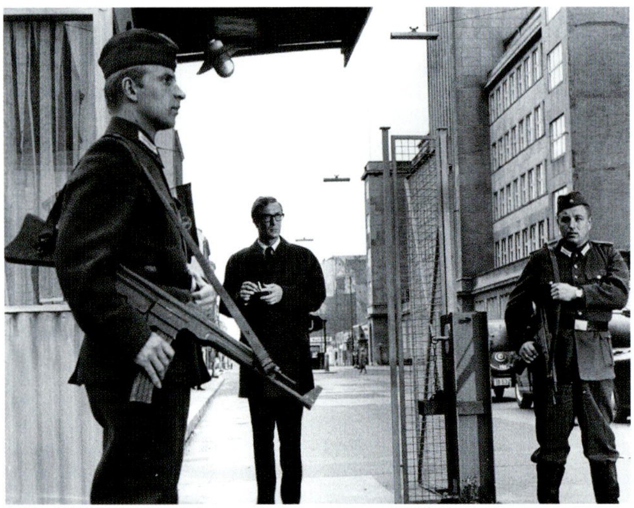

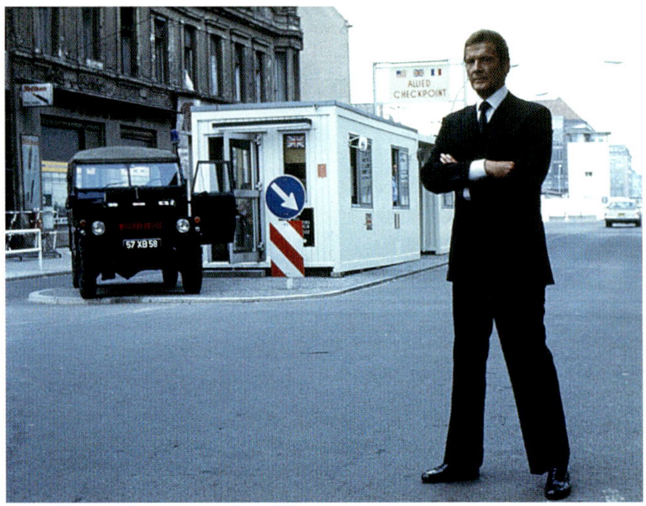

»Remember, 007, you're on your own ... «: Harry Palmer alias Michael Caine (linkes Bild Mitte) und Roger Moore als James Bond (rechts) durchschreiten den Eisernen Vorhang am Checkpoint Charlie.

folgreichen Nachkriegsthriller über das besetzte Wien an Originalschauplätzen gedreht. Für die Adaption eines Zeitungsromans suchte er unter dem Arbeitstitel *The Berlin Story* nun ergänzend zu englischen Studioaufnahmen West-Berliner Drehorte auf. So zeigt *The Man Between* den zerbombten Reichstag und Trümmerstraßen in Ost-Berlin. Szenen, die am Potsdamer Platz spielen, wurde am Nollendorfplatz in Schöneberg gedreht. Neben den britischen Hauptdarstellern Claire Bloom und James Mason besetzte man Hildegard Knef im tragischen Thriller um einen Agentenring, Liebe, Entführung und Flucht über die Sektorengrenze.

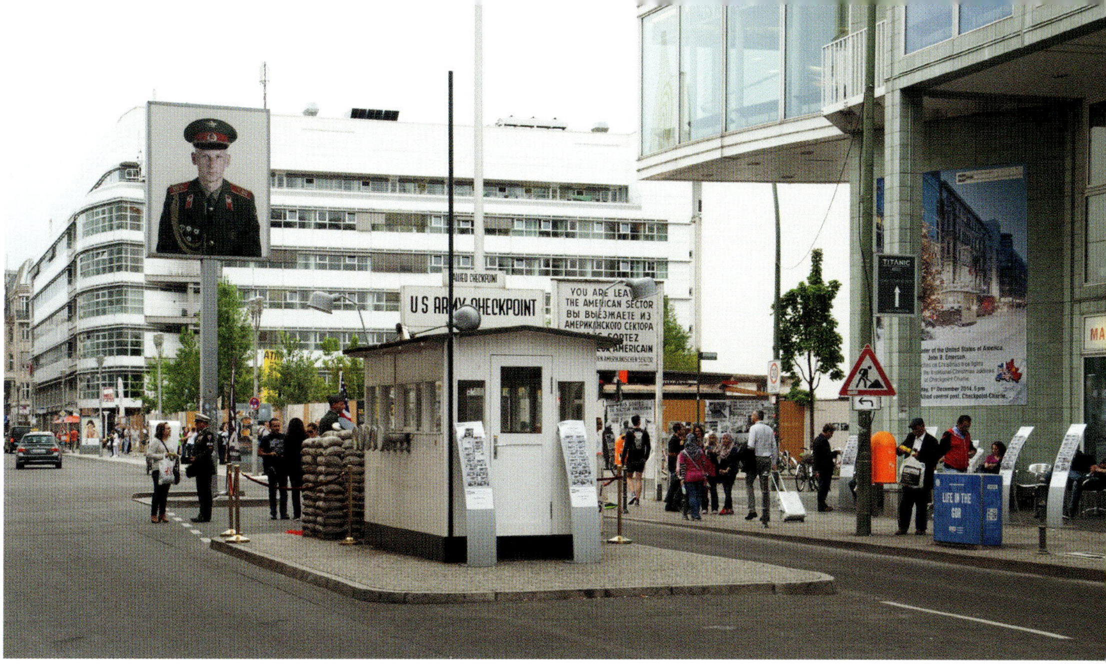

Von einem Doppelagenten erzählte André de Toth in *Man on a String/Geheimakte M* (1960). Ein russisch-amerikanischer Filmproduzent (Ernest Borgnine) wird zunächst vom KGB angeworben, dann vom CIA. Als er versucht, Informationen an die USA zu liefern, wird er entdeckt und flüchtet zurück in den Westen. Die amerikanische Produktion entstand in Hollywood, New York, Moskau und Berlin. Die Bilder der »city on a string«, vom Brandenburger Tor, Hotel am Zoo und dem Tiergarten, wurden in der Werbung für den Film besonders herausgehoben.

Nach *The Spy Who Came in from the Cold* folgte der erste Farbfilm unter den Berlin-Agentenfilmen: *Funeral in Berlin/Finale in Berlin* (1966) von Guy Hamilton ist der Mittelteil einer Trilogie um Harry Palmer (Michael Caine). Der erste Film *The Ipcress File* (1965) konzentrierte sich noch ganz auf London; in den Fortsetzungen wird Agent Palmer nach Finnland (*Billion Dollar Brain*, 1967) und zuvor nach Deutschland geschickt. Die titelgebende Beerdigung ist der Trick, mit dem Palmer hier einen sowjetischen Oberst (Oskar Homolka) von Ost- nach West-Berlin schleusen will. Bevor die geplante Aktion an der Swinemünder Brücke im Wedding stattfindet, sind einige Vorbereitungen auf beiden Seiten notwendig. Palmer landet am Flughafen Tempelhof und überquert zunächst am Checkpoint Charlie (Friedrichstraße) die Grenze. Die Kamera musste hier aus einiger Entfernung filmen, weil die sowjetischen Grenzer versuchten, die Aufnahmen mit Spiegeln zu stören. Palmers konspirative Treffen finden im nagelneuen Europa-Center (Tauentzienstraße) statt. Auch das Brandenburger Tor und die Mauer der ersten Generation sind zu sehen. Der alte Görlitzer Bahnhof (1975 abgerissen) als »Marx-Engels-Platz« und die Kreuzberger Seite der Oberbaumbrücke halten als Ost-Berlin her.

Gerade im Vergleich zur Bond-Serie überzeugen die Palmer-Filme dank Michael Caines unaufgesetztem Charisma und einer gewissen Selbstironie. Sogar in seinem edlen Cabrio misstraut er dem Interesse der attraktiven Gegenspielerin (Eva Renzi) sofort. Renzi hatte zuvor als umworbenes Model in Will Trempers *Playgirl* viel Aufmerksamkeit bekommen. Hier wie dort spielte sie an der Seite ihres späteren Ehemanns Paul Hubschmid. Das »Playgirl« besuchte neugierig den Checkpoint Charlie und posierte vor der Mauer im Fe-

Das nachgebaute US-Kontrollhäuschen am Checkpoint Charlie ist zum Pflicht-Fotomotiv aller Touristen geworden.

dermantel. Als Agentin in *Funeral in Berlin*, die am Lietzenseeufer in Charlottenburg wohnt, bewegte Renzi sich unbeeindruckt und zielsicher durch die geteilte Stadt.

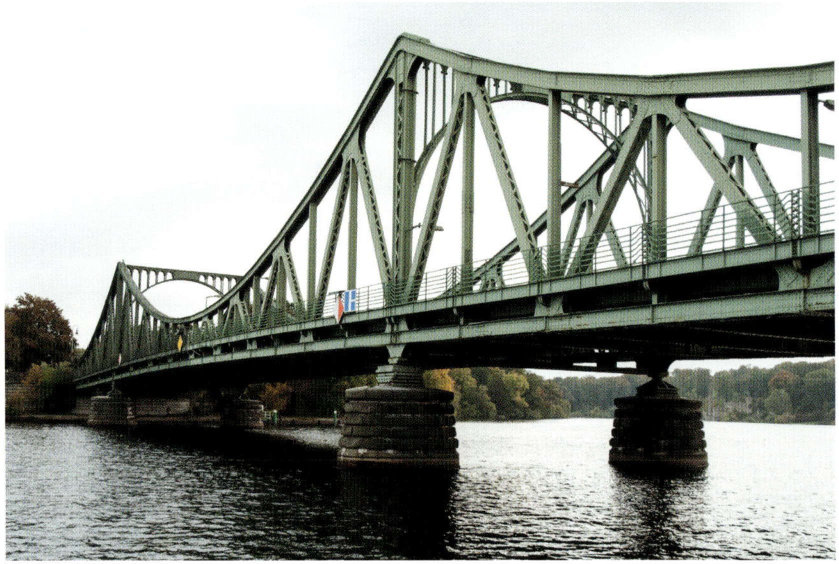

Der Protagonist in *A Dandy in Aspic/ Der Todestanz eines Killers* (1968) erhielt einen Namen mit doppelter Referenz an die Stadt: Alexander Eberlin. Da der Regisseur Anthony Mann während der Dreharbeiten verstarb und sein Hauptdarsteller Laurence Harvey den Film zu Ende führte, blieb die britische Produktion etwas unter ihren Möglichkeiten. Doch immerhin beinhaltet er alle relevanten Spionage-Stadt-Zutaten: Doppelagenten, Identitätsverwirrung, den Checkpoint Charlie, die Avus, das Europa-Center und ein It-Girl (Mia Farrow).

Im Geist solcher Agententhriller aus den 1960er-Jahren kam James Bond (Roger Moore) 1983 erstmals nach Berlin. In *Octopussy* von John Glen jagt Bond um die halbe Welt bis nach Indien auf den Spuren von Juwelenschmugglern. Ausgangspunkt ist Ost-Berlin, wo im Prolog Bonds Kollege 009 tödlich verletzt wird. 007 übernimmt und ist neben dem verschwundenen Edelstein bald mit einer versteckten Atombombe, einem Wanderzirkus und einer verführerischen Gegnerin (Maud Adams) beschäftigt. Bevor Bond durch den Eisernen Vorhang tritt, spricht sein Vorgesetzter M (Robert Brown) die bezeichnenden Worte: »Remember, 007, you're on your own.« Weltberühmt sind die Promotion-Fotos vom August 1962 mit Moore vor dem Checkpoint Charlie. Im Übrigen sieht man die Berliner Straßen, den Tauentzien, den Ku'damm und die Avus, nur im Vorbeirauschen. Die Verfolgungsjagd auf der Autobahn kam dabei ohne den Hauptdarsteller aus. Die restlichen Deutschlandszenen, in Karl-Marx-Stadt (Chemnitz) und dem fiktiven US-Stützpunkt Feldstadt, wurden in England inszeniert.

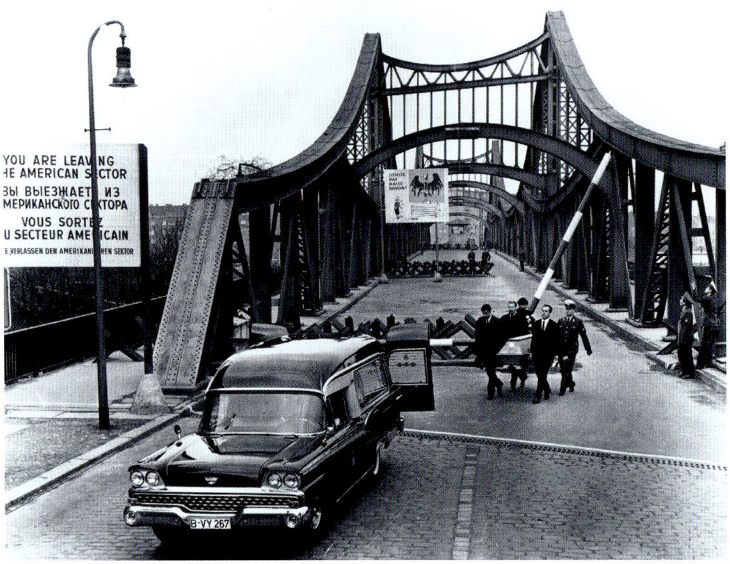

Obwohl der Checkpoint Charlie den Alliierten sowie DDR-Funktionären und Ausländern vorbehalten war, ist er der bekannteste innerdeutsche Grenzübergang. Durch die Konfrontation vom 27. Oktober 1961, als sich sowjetische und US-Panzer direkt gegenüberstanden, wurde er zum Symbol des Kalten Kriegs. Nach der Wende ging die Authentizität

Die Brücken der Spione: Die Glienicker Brücke (oben) war als Schauplatz legendärer Agentenaustausche Drehort von Bridge of Spies. *Die Swinemünder Brücke (unten), auch »Millionenbrücke«, lieferte die Titelszene für* Funeral in Berlin.

des Ortes in einer Schwemme von touristischen Angeboten unter. Was zu Mauerzeiten ein heikler, aber beliebter Drehort war, lässt man heute als Studiokulisse oder Computeranimation auferstehen. Für *Codename U.N.C.L.E* (2015), das Remake einer Krimi-Serie von 1964, ließ Guy Ritchie Ost- und West-Berliner Szenen im Retro-Stil des Films digital visualisieren, darunter eben den Checkpoint Charlie und das Kranzler-Eck am Ku'damm. Gedreht wurde in England und Italien.

In Steven Spielbergs *Bridge of Spies* (2015) ist der Checkpoint samt Mauer eine Breslauer Filmkulisse, die mehr oder weniger der Attrappe in der Friedrichstraße ähnelt. Für viele andere Szenen suchte Spielberg Berliner Orte auf. Einige wurden umfunktioniert, so wie das Gebäude der Humboldt-Universität in der Dorotheenstraße 26, das mit der tatsächlichen russischen Botschaft Unter den Linden keinerlei Ähnlichkeit hat. Für Botschaftsinnenszenen nutzte man das Palais am Festungsgraben. Daneben wurde ein abrissbereites Bahnviadukt am Gleisdreieck zum Grenzgebiet und das Kino International (Karl-Marx-Allee) nach West-Berlin versetzt. Andere Bauten wie der Ex-Flughafen Tempelhof oder das ehemalige Stasi-Gefängnis Hohenschönhausen hatten authentische Auftritte. Vor allem wurde die Brücke, wo der hier erzählte historische Agentenaustausch und weitere solcher Aktionen erfolgten, aufwendig inszeniert: Die Glienicker Brücke zwischen Potsdam und dem Berliner Stadtteil Wannsee wurde dafür im November 2014 tagelang gesperrt und mit dem DDR-Emblem, einem fiktiven U-Bahnhof sowie reichlich Kunstschnee dekoriert. Zum Abschluss posierte Bundeskanzlerin Angela Merkel am Brücken-Set der Babelsberger Koproduktion mit Spielberg und dem Hauptdarsteller Tom Hanks.

Hanks spielt einen New Yorker Anwalt, der sich in der ersten Hälfte des Films als Pflichtverteidiger eines KGB-Spitzels stur gegen alle Widerstände (Staatsanwalt, Richter, Ehefrau) durchsetzt und seinen Klienten vor dem elektrischen Stuhl bewahrt. Jahre später soll er im Tausch gegen den Russen einen jungen GI aus sowjetischer Gefangenschaft befreien und wird zu inoffiziellen Verhandlungen in das schon im Herbst eisige Berlin geschickt. Nebenbei rettet er einen Studenten aus der DDR-Haft und sein eigenes familiäres Gleichgewicht. Der legendäre Agentenaustausch ist in eine gekonnte Spielberg-Parabel auf Rechtsstaatlichkeit und Engagement gebettet.

Zeitgemäße Agentenfilme zeigen statt der Schauplätze des Kalten Kriegs die Zentren des pulsierenden Hauptstadtlebens. So kreist die Verschwörung um den Ex-CIA-Agenten Jason Bourne (Matt Damon) in *The Bourne Supremacy* (2004) rund um den Alexanderplatz, über- und unterirdisch. Auch die Moskauer Szenen entstanden unter anderem in der Karl-Marx-Allee (mehr zu Bourne unter: Berlin inkognito, S. 88). Sehr beliebt ist auch die Ecke Friedrichstraße/Unter den Linden, wo nicht nur Bournes Verfolger im noblen Westin Grand einchecken. Der koreanische Action-Thriller *The Berlin File* (Ryoo Seung-wan, 2013) schickte beispielsweise gegnerische Spione aus Nord und Süd auf das Dach des Hotels, damit sie mit Blick auf Fernsehturm, Brandenburger Tor und Reichstagskuppel routiniert inszenierte Zweikämpfe austragen. Berlin bietet also weiterhin für globale Konflikte die passende Kulisse.

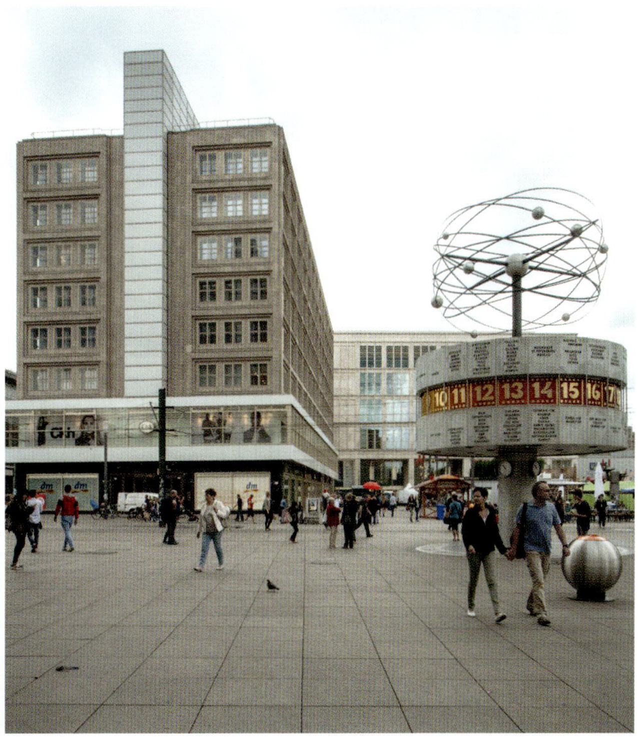

Jason Bourne wählt in The Bourne Supremacy *den bekanntesten Treffpunkt Berlins: die Weltzeituhr auf dem Alexanderplatz.*

CABARET

1972 **Regie: Bob Fosse**

Angefangen hat alles mit Sally Bowles, einer exzentrischen Berliner Varieté-Sängerin anno 1930, die eigentlich Jean Ross hieß und vom Briten Christopher Isherwood literarisch verewigt wurde. Als seine semi-autobiografische Erzählung gleichen Namens 1937 erschien, war die beschriebene Subkultur längst vom Nazi-Terror überrollt worden. Zur Zeit der Veröffentlichung mit fünf weiteren Kapiteln als *Goodbye to Berlin* befand sich Deutschland bereits im Krieg und Isherwood in Amerika. »Even now I can't altogether believe that any of this happened«, schließt sein Buch. Seine *Berlin Stories* verselbstständigten sich ab den 1950er-Jahren. In John van Drutens Theaterfassung *I Am a Camera* triumphierte Sally (Julie Harris) am Broadway und bald im Kino. 1966 folgte die musikalische Bearbeitung zum Musical *Cabaret* (John Kander, Fred Ebb, Joe Masteroff), mit dessen Verfilmung von Bob Fosse Miss Bowles (Liza Minelli) endgültig Weltruhm erlangte – besiegelt von acht Oscars.

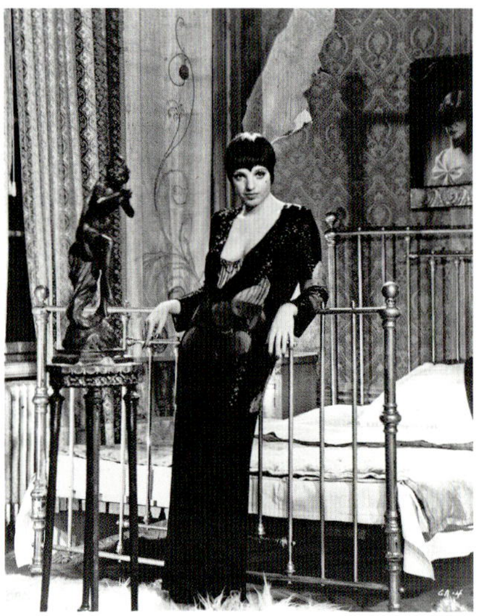

»Do I shock you?« Die vielen Inkarnationen haben Sally verändert. Von der Britin wurde sie zur Amerikanerin, von der mäßig talentierten Halbweltdame zum Star des »Kit Kat Klubs«, vom schillerndsten Teil eines Ensembles zur zentralen Figur und Geliebten des Erzählers. Isherwoods Alter Ego trägt nun den Namen Brian (Michael York), treibt sich nicht mehr in schwulen Kaschemmen herum, wird trotzdem wie Sally eine Affäre mit dem Baron Maximilian (Helmut Griem) haben. Das deutsch-jüdische Traumpaar (Marissa Berenson und Fritz Wepper) wurde aus den Roman-Porträts übernommen. Die Reflektionen des Autors werden von kabarettistischen Auftritten des Conférenciers Emcee (Joel Grey) ersetzt.

Dieser Film, der ebenso stark vom Ruf Berlins zehrt, wie er den Mythos seiner Weimarer Zeit international geprägt hat, zeigt eher wenige Originalschauplätze. Am prominentesten ist die Szene unter der S-Bahn-Brücke am Savignyplatz, in der Sally Brian animiert, seinen Frust im Verkehrslärm herauszuschreien – bis ein abrupter Cut anstelle des Schreis einen exemplarischen Naziüberfall zeigt. Ein Stück weiter kann man den Eingang der Pension in der Bleibtreustraße 48 wiedererkennen. Bei einem Spaziergang von Brian und Sally ist die Friedhofsmauer in Tempelhof (Züllichauer Straße) mit Nazi-Plakaten gepflastert. Romantischer ist es im Park des Schlosses Charlottenburg, in dem die beiden Paare gemein-

Sally Bowles (Liza Minelli) verbringt ihre Tage im Charlottenburger Pensionszimmer (oben) und mit Brian (Michael York), hier unter der S-Bahnbrücke (echte Seite oben). Am Savignyplatz geht es heute eher ruhig und bürgerlich zu (unten).

sam radeln. Dahlem hat einen Auftritt als Wohngegend der reichen jüdischen Familie Landauer; in der Villa (Koserstraße 8-12) befinden sich heute sanierte Luxuswohnungen. Den Gegenpol bildet eine Straßenschlacht in Kreuzberg (Fidicin-/Kloedenstraße). Von der verruchten Gegend um den Nollendorfplatz, in der Isherwood selbst lebte, sieht man nichts. Viele Orte wie der Anhalter Bahnhof, wo Brian ankommt und abfährt, konnten nach Krieg und Teilung natürlich nicht mehr gezeigt werden. Man wich bundesweit auf andere Orte aus: den Lübecker Bahnhof, das Schloss Eutins und die Bibliothek des Neuen Rathauses München. Die Biergartenszene entstand im oberbayrischen Straßlach-Großdingharting. Große Teile entstanden zudem in den Münchner Bavaria-Studios. Rolf Zehetbauer, der als Set-Designer einen der Oscars entgegennahm, legte Wert auf Kulissen mit Plafond. So erschuf er authentische Lichtverhältnisse und real erlebbare Räume für den Cast. Die dunklen Bilder erinnern an das Nachtleben der Goldenen Zwanziger und auch an die Filmkunst der Zeit.

Cabaret wurde als »divinely decadent experience« beworben und war gleichzeitig ein provokant politischer Film, der neben persönlicher Selbstbestimmung (zum Beispiel Abtreibung) vor allem die Auseinandersetzung mit der NS-Geschichte kabarettistisch anging. Ungewöhnlich für ein Musical werden Spielhandlung und Musiknummern strikt getrennt; Lieder gibt es nur auf der Bühne. Hier werden die großen Probleme der Zeit thematisiert. Emcee besingt Armut, Gewalt, Militarismus und Antisemitismus, dazu treten Tänzerinnen in Uniform oder Affenkostüm auf. Die tabulosen Bühnenstücke werden im Parallelschnitt mit brodelnden Straßenszenen gemixt. Der letzte Song verklingt, indem die Kamera über Hakenkreuzarmbinden im Publikum fährt. Wie brisant die deutsche Zeitgeschichte Anfang der 1970er-Jahre noch immer war, beweist die geschnittene *Cabaret*-Fassung für den westdeutschen

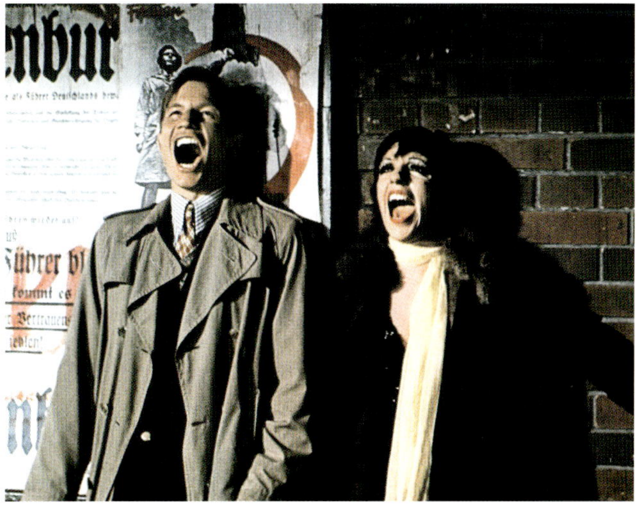

Markt. Erst nach Protesten wurde unter anderem das kollektiv im Biergarten gesungene Nazi-Lied *Tomorrow Belongs to Me* freigegeben. Derweil wurde von der DEFA (S. 116) eine separate Synchronfassung aufgenommen. Der Film war wie die Bühnenfassung auf beiden Seiten der Mauer ein Hit. Für Minelli, die damals 25-jährige Tochter von Judy Garland, blieb Sally Bowles die Rolle ihres Lebens. Und Sally Bowles blieb die Personifizierung des wilden Berlins um 1930.

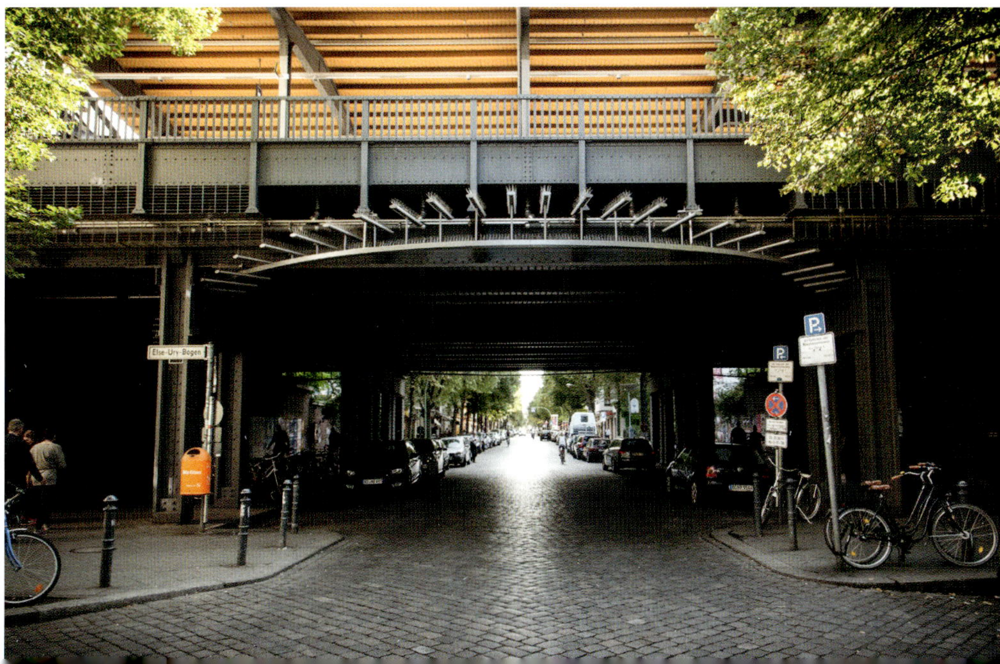

DIE LEGENDE VON PAUL UND PAULA

1973 **Regie: Heiner Carow**

Friedrichshain im Wandel. Was derzeit Gentrifizierung geschimpft wird, prägte schon vor 40 Jahren (nicht nur) das Viertel zwischen heutigem Ostbahnhof und Karl-Marx-Allee. Wo erst die Bomben Lücken gerissen hatten, wurde nun mit rigoroser Kahlschlag-Politik Platz gemacht für reihenweise Neubauten. Der Ost-Berliner Plattenbau gilt heute bestenfalls als bezahlbare Alternative auf dem wieder zunehmend umkämpften Wohnungsmarkt. In den 1970er-Jahren dagegen war die heißbegehrte Platte ein Statussymbol. In *Die Legende von Paul und Paula* dokumentiert Heiner Carow nicht nur den Kontrast von prekären Altbauten und modernen Hochhäusern, sondern nutzt ihn, um von der Diskrepanz zwischen Individualismus und Angepasstheit, zwischen Einzelnem und Gesellschaft zu erzählen.

Als Paul (Winfried Glatzeder), studiert, linientreu, verheiratet mit Kind, in die Singerstraße 51 zieht, kann er Zentralheizung und Fernseher genießen. Die alleinerziehende zweifache Mutter Paula (Angelika Domröse) von gegenüber muss derweil nach ihrer Schicht in der Kaufhalle noch stundenlang ihre Kohlen am Hinterhof-Kino vorbeischleppen. Im real exis-

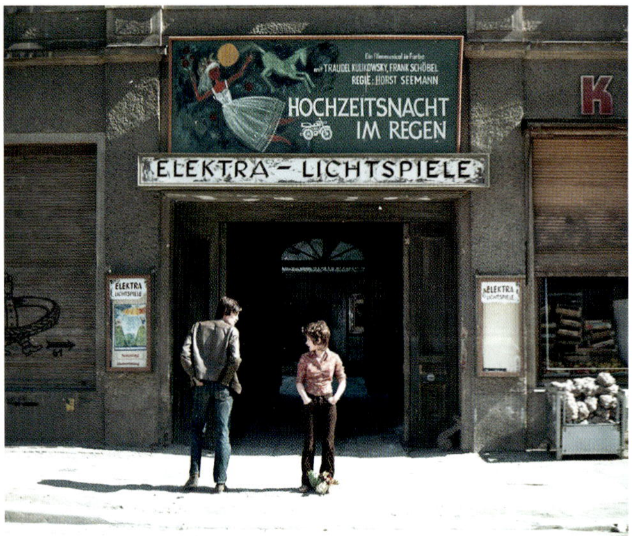

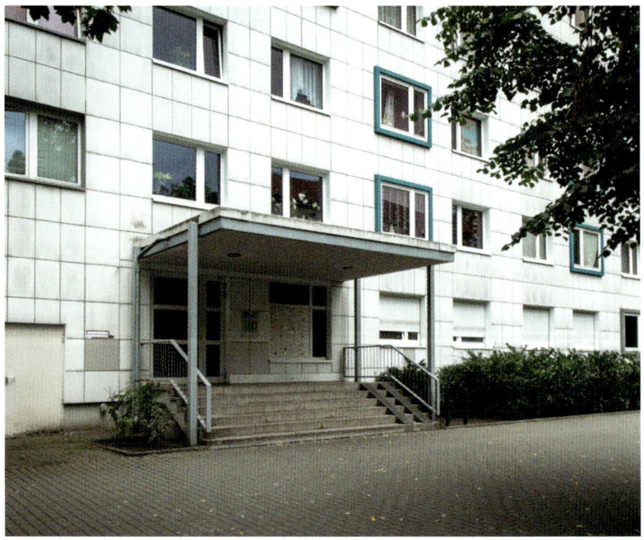

Erst eine flüchtige Begegnung: Paul und Paula vor dem Altbau mit Hinterhof-Kino in der Singerstraße 51 (links). Das Gebäude wurde bald abgerissen; der Plattenbau gegenüber (rechts) steht bis heute in Friedrichshain.

tierenden Sozialismus sind solche Klassenunterschiede vor allem Ausdruck dessen, wie gut man sich in die Strukturen einfügt. Paul richtet sich, nicht immer glücklich, nach den Zielen seiner untreuen hübschen Frau (Heidemarie Wenzel) und wird zum Rädchen des Staatsapparats. Paula weiß genau, was sie will oder eben nicht, und boxt sich lieber selbst durch, als den Antrag eines netten älteren Kleinunternehmers (Fred Delmare) anzunehmen.

Dann stürzen sich die beiden nach einer Clubnacht (Littenstraße) in eine Affäre, deren Ort oder eher Unort der instabile Schuppen ist, in dem Paul an einem alten Auto schraubt (Rüdersdorfer Straße). Trotz der denkbar schlechten Ausgangslage ist Paula von der Liebe überzeugt und baut eine gemeinsame Traumwelt. Auch diese bekommt ihre Friedrichshainer Topografie: Kaum hat Paula im mit Blumen geschmückten Bett von ihren Schiffersvorfahren erzählt – sie selbst wurde nach einem Kahn benannt –, schippert das Paar plötzlich auf der Rummelsburger Bucht. Die märchenhafte Traum-Hochzeitsszene wurde so berühmt, dass auf der bis 1990 industriell geprägten Halbinsel Stralau von 1998 bis 2012 eine »Paul-und-Paula-Bank« am gleichnamigen Ufer stand. Der Pilgerort für Ostalgiker wird inzwischen wiederum urbanisiert.

Auf die schöne Weltflucht folgt die Katastrophe: Paula verliert ihren Sohn und wendet sich abrupt von Paul ab, der erst jetzt lernt, gegen die Konventionen für sein persönliches Glück zu kämpfen. So gewinnt er Paula zurück – und am Ende ist er es, der drei Kinder im Arm liegen hat. Den Rahmen für all die schicksalshaften Wendungen bilden mehrere Originalfilmaufnahmen von Miethaussprengungen rund um die Straße der Pariser Kommune. Gedreht wurde außerdem an Schauplätzen in angrenzenden Bezirken, zum Beispiel der Rummel im Prater-Garten oder das Freiluftkonzert im Volkspark Prenzlauer Berg. Der Badeausflug spielt an der Havel im Strandbad Babelsberg.

Regisseur Heiner Carow war Nationalpreisträger und später Vize-Präsident der Akademie der Künste, also durchaus kein dem System entgegenstehender Filmschaffender, übte aber allein schon durch sein Menschenbild Systemkritik: In

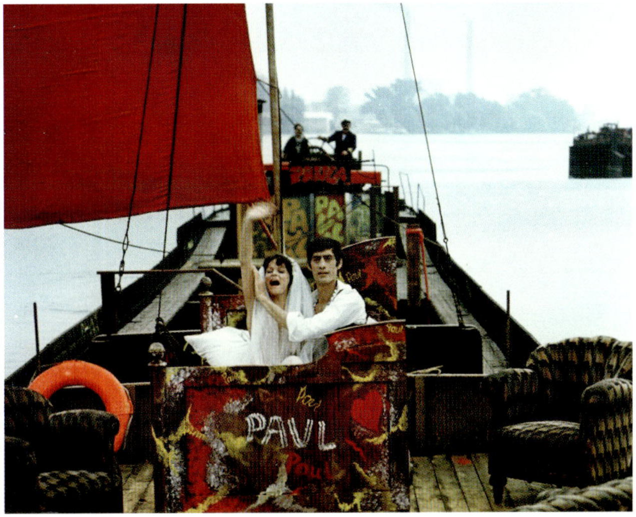

Die Legende von Paul und Paula geht es um kompromisslose Individualität. Das missfiel den Funktionären. Beim offiziellen Teil der Uraufführung im Friedrichshainer »Kosmos« schwiegen alle politischen Gäste demonstrativ, während sie das Filmteam und seine Freunde, die lediglich ein Drittel des Saals füllten, mit einem 20-Minuten-Applaus »festhielten«.

Die Reaktionen der zahlenden Gäste in der zweiten Vorführung waren umso stürmischer. Die *Legende vom Glück ohne Ende* (so Plenzdorfs Romantitel von 1979) sprach mit Witz und großen Gefühlen das breite Publikum an. Die markantesten Szenen werden begleitet von Klassikern des DDR-Rock: »Wenn ein Mensch lebt« oder »Geh zu ihr«. Ulrich Plenzdorf, der mit *Die Leiden des jungen W.* zudem einen Klassiker der Schullektüre verfasste, lieferte neben dem Drehbuch auch die Soundtrack-Texte für die Puhdys, Bibel-Zitate inklusive.

Der Kult-Film wird seit damals immer wieder vorgeführt und etwa in Leander Haußmanns Studiofilm *Sonnenallee* (S. 69) zitiert. Neben der starken Liebesgeschichte, die auf vordergründige DDR-Ideologie verzichtet, reizt in *Paul und Paula* die Ost-Berliner Szenerie, die eben bis heute ständigen Umbrüchen unterliegt. Der Supermarkt, der dem unweigerlichen Abriss von Paulas Altbau folgte, steht längst wieder leer.

An der Rummelsburger Bucht erinnert das Paul-und-Paula-Ufer an das berühmteste Liebespaar der DEFA-Geschichte und seine Traum-Hochzeit auf dem Kahn (Angelika Domröse und Winfried Glatzeder).

SOLO SUNNY

1980 **Regie: Konrad Wolf**

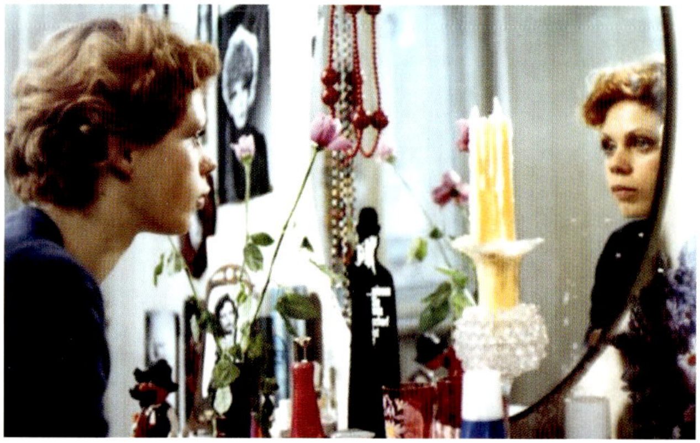

Die Eröffnungsszene zeigt eine bunte Bühnenshow mit Gesang und Varieté, gefolgt vom Schnitt auf einen verfallenen Hinterhof. *Solo Sunny* hat den Mythos vom Künstler- und Dissidentenviertel Prenzlauer Berg absichtslos mitgeprägt. Der angesehenste Regisseur der DDR, Konrad Wolf, ließ sich für sein letztes Projekt von einer Bemerkung seines Sohnes anregen, doch endlich über das gegenwärtige Leben zu erzählen. Kiezkenner Wolfgang Kohlhaase (Porträt S. 34) schrieb ihm dafür ein präzises Drehbuch und übernahm erstmalig auch die Ko-Regie. Zum Thema wählten sie die Unvereinbarkeit von Individuum und Gesellschaft anhand des Lebens einer jungen Sängerin: Ingrid Sommer, genannt Sunny – als versteckte Hommage an ihr Vorbild Sanije Torka, deren Geschichte Alexandra Czoks Dokumentation *Solo für Sanije* erzählt.

Wie Sanije ist Sunny (Renate Krößner) in Heimen aufgewachsen und verdient als tourende Sängerin im Unterhaltungsbetrieb nicht schlecht. Unabhängig lebt sie in einer heruntergekommenen Altbauwohnung in der Kopenhagener Straße. Sunny sagt den Männern am Morgen danach nur knapp: »Is' ohne Frühstück.« Schikanen ihrer Nachbarin entwindet sie sich genauso geschickt wie den Avancen des spießigen Taxifahrers Harry (Dieter Montag). Doch Sunny erlebt zunehmend Anfeindungen und Übergriffe ihrer Bandkollegen, bis sie schließlich die Gruppe »Tornados« verlassen muss. Auch privat hat sie kein Glück. Sie beginnt eine Romanze mit dem Diplom-Philosophen Ralph (Alexander Lang), der lieber über den Tod schreibt, als eine Karriere anzustreben. Von Treue hält er leider auch nichts. Mit dem Rückhalt einer Freundin versucht Sunny, in ihren alten Fabrikjob zurückzufinden und wird dort erst recht unglücklich. Als auch ihr Versuch, endlich Solokünstlerin zu werden, misslingt, begeht sie einen Selbstmordversuch. Beschwerlich rafft sie sich wieder auf und stellt sich in einer verschneiten Backsteinfabrik einer jungen Band selbstbewusst als Sängerin vor.

Szenograf Alfred Hirschmeier recherchierte ausgiebig an Orten in Berlin und auf dem Land. Detailliert achtete er auf Einrichtung und Farben, so dass die Szenen gleichzeitig alltäglich und ästhetisch arrangiert wurden. Einmal greift Sunny selbst zum Pinsel, mit dem sie Türrahmen und Kachelofen hellblau bemalt – fröhlicher Altbaucharme. Wei-

Sunny (Renate Krößner, oben) lebt in ihrer fröhlich-bunten Wohnung in der Kopenhagener Straße (rechte Seite, von der Fußgängerbrücke aus gesehen, mit Blick Richtung Bahnhof Schönhauser Allee).

testgehend wurde in realen Räumen oder auf Straßen und Plätzen gedreht. Sunny lebt in der damaligen Wohnung von Einar Schleef. Ein Spaziergang zeigt den Friedhofspark in der Pappelallee, ein anderer die Fußgängerbrücke hinter dem Bahnhof Schönhauser Allee, unweit der Mauer. Nur Ralphs besonders enge, funktionale Wohnung musste im Babelsberger Studio nachgebaut werden, da das Original dem Kameramann Eberhard Geig, eigentlich Dokumentarfilmer, keine Bewegungsfreiheit ließ. Die authentisch eingefangene Welt zeigt durchaus Kontraste. Sunnys Kollegin und Harry leben im halbfertigen Neubaugebiet in Marzahn: ein Zeichen für Zeitgeist und Angepasstheit. Besonders einprägsam ist die Altbausprengung in der Dänenstraße, die Sunny von Ralphs Fenster über die S-Bahn-Schlucht hinweg beobachtet. Reiner Zufall sei diese Aufnahme gewesen und eben kein kalkuliertes Gestaltungsmittel wie bei *Paul und Paula*. Doch auch als Dokument hat der Moment Symbolkraft für Sunnys instabiles Leben.

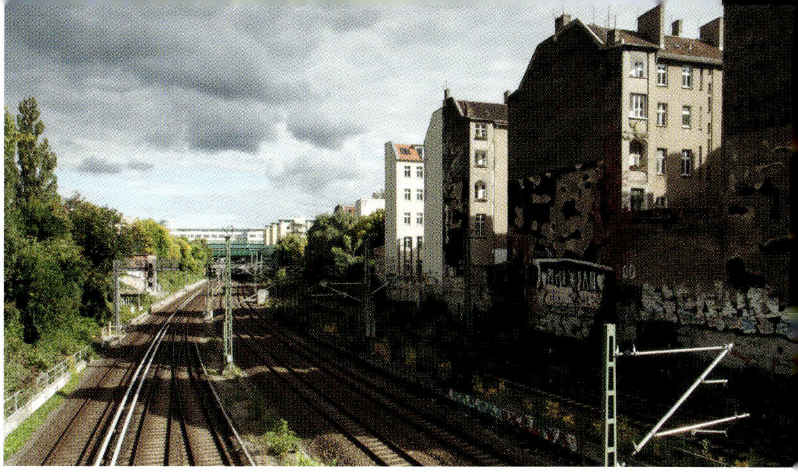

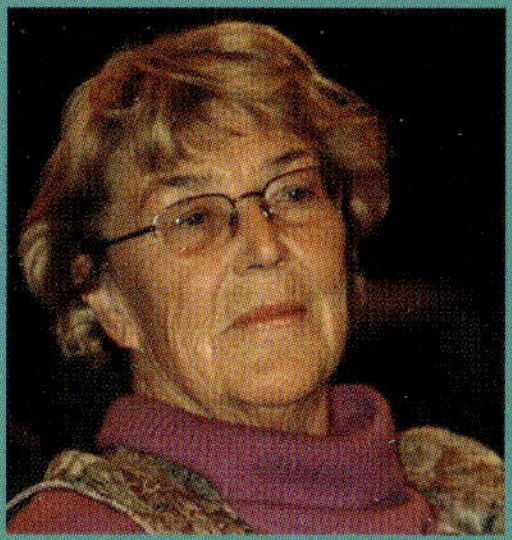

EVELYN CAROW

Schnittmeisterin (*1931, Berlin, geb. Thieme)

Viele der besten DEFA-Filme sind auch Evelyn Carow zu verdanken. 1980 gab es gleich eine dreifache Auszeichnung für den Schnitt der Filme *Solo Sunny, Sabine Wulff* und *Bis daß der Tod euch scheidet* auf dem Nationalen Spielfilmfestival der DDR. Angefangen hatte sie schon 1949 mit der Filmkopienfertigung. Nach einer Zeit bei der Farblichtbestimmung kam sie zum Schnitt, wo sie zunächst an populärwissenschaftlichen Dokumentationen beteiligt war. Bald ging sie nicht mehr strikt nach Drehbuch, sondern entwickelte eine experimentelle Arbeitsweise. Eine rhythmische Modenschau-Montage weckte die Aufmerksamkeit von Gerhard Klein, der sie für ihren ersten Spielfilm engagierte: *Berlin – Ecke Schönhauser* (S. 34). Zu ihren Arbeiten gehörten neben *Ich war neunzehn* und *Der Fall Gleiwitz* die Filme ihres Mannes Heiner Carow wie *Die Legende von Paul und Paula* (S. 52) und *Coming Out* (S. 62). Kurz vor der Digitalisierung zog sie sich 1993 aus dem Schneideraum zurück.

Sunny »lebt inmitten der DDR-Gesellschaft«, betonte Konrad Wolf zum Filmstart im Magazin Spiegel. Dennoch erscheint die Figur als Außenseiterin, für die es im geordneten Realsozialismus keinen Platz gibt, die trotz Willensstärke (fast) scheitert. Die Hauptdarstellerin war von der Rolle auf Anhieb begeistert, hielt es aber für unwahrscheinlich, dass die Partei diese Perspektive durchgehen lässt. Tatsächlich wurde der Film heftig diskutiert und letztlich bei seiner Uraufführung am 17. Januar 1980 nur verhalten gefeiert. Doch spätestens nach dem Silbernen Bären für die beste Darstellerin auf der Berlinale und dem darauf folgenden Regiepreis des Nationalen Spielfilmfestivals der DDR war der Siegeszug des Films nicht mehr aufzuhalten. Allein im Premierenhaus International lief er 15 Wochen lang ausverkauft; in der DDR erreichte er eine Million Zuschauer. Renate Krößner reiste für Vorführungen nach West-Berlin, Hamburg und München. Fünf Jahre später verließen sie und ihr Partner Bernd Stegemann endgültig den Osten. Unterdessen galt *Solo Sunny* als Beweis, dass subversive Kunst in der DDR möglich war, und verbreitete in Ost wie West das Bild des alternativen Stadtteils Prenzlauer Berg.

CHRISTIANE F.

WIR KINDER VOM BAHNHOF ZOO

1981 **Regie: Ulrich Edel**

Der Bahnhof Zoologischer Garten war als Hauptbahnhof der City West viele Jahrzehnte lang das Tor zur pulsierenden Großstadt. Nach dem Erfolg von Christiane Felscherinows Geschichte war sein Image dauerhaft angeschlagen. »Bahnhof Zoo« bzw. »Zoo Station« weckt seitdem weltweit Assoziationen von Drogen, Prostitution und verwahrlosten Jugendlichen. Noch heute warnen Mütter ihre Töchter davor, hier auszusteigen. Gleichzeitig lockte der Verkehrsknotenpunkt Touristen und ganze Schulklassen, die nun auch einen Blick auf den Straßenstrich werfen wollten.

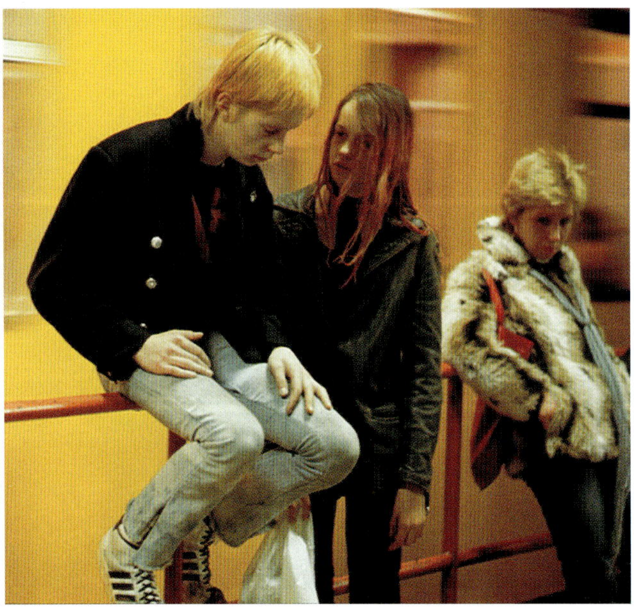

1978 interviewten die Stern-Reporter Kai Hermann und Horst Rieck die Zeugin eines Drogenprozesses über ihre Erfahrungen auf dem »Babystrich«. Christiane erzählte ihre detaillierte Lebensgeschichte: Umzug nach Berlin, zerbrochene Familie, erste Verliebtheit, Haschisch mit zwölf Jahren, Heroin mit 13, Beschaffungsprostitution, Entzüge und Rückfälle. Die Protokolle des Gesprächs erschienen unter dem Titel *Wir Kinder vom Bahnhof Zoo* und verkauften sich massenhaft. Schnell wurde Bernd Eichinger auf den Stoff aufmerksam und bereitete mit seiner Produktionsfirma Neue Constantin die Verfilmung vor. Er beauftragte seine ehemaligen Kommilitonen Ulrich Edel und Herman Weigel mit der Regie bzw. dem Drehbuch, wobei Edel kurz vor Drehbeginn dazukam.

Im Kino wurde Christiane F. endgültig zum Mythos. Wo das Buchcover gar nicht das Mädchen, sondern einen älteren Freier ins Zentrum setzte, streckt die Christiane auf dem Filmplakat ihren zum Schuss bereiten Arm nach vorn. Denn während die beiden Journalisten sich dem Thema von ihrer Recherche zur Kinderprostitution her genähert hatten, legten die Filmemacher ganz klar den Fokus auf den Drogenabstieg. Weder hielten sie sich bei der Vorgeschichte auf, noch zeigten sie das erstaunlich lang durchgehaltene Doppelleben der Schülerin oder den Einfluss von Scientology. Von schweren Klaviertönen begleitet, versinkt die Protagonistin Schritt für

Christane F. (Natja Brunckhorst, Mitte) sucht im U-Bahnhof Zoologischer Garten nach Axel (Jens Kuphal, links).

Schritt im Heroinsumpf. Der Film endet mit ihrem »Goldenen Schuss«. Erst der Epilog lässt Christiane aus dem Off berichten, dass sie den Selbstmordversuch überlebte und nun auf dem Land lebt. Die Provinz lockt als heilsame Gegenwelt zum Moloch Berlin.

Trotz der plakativen Inszenierung erntete das Drama gute Kritiken und internationalen Erfolg: zum einen wegen der glaubhaften Besetzung. Neben der 13-jährigen Natja Brunckhorst als herausragende Hauptdarstellerin wurden weitere Laiendarsteller engagiert. Zum anderen fanden die Dreharbeiten 1980 an vielen authentischen Schauplätzen statt, angefangen bei den Hochhäusern der Neuköllner Gropiusstadt. Der Bahnhof Zoo und der benachbarte U-Bahnhof Kurfürstendamm sind aus allen Winkeln als reales Fixer-Zentrum gefilmt. Ignorante Reisende passieren die Straßenkinder. Die blassen Kacheln spiegeln irgendwann die von Gelbsucht verfärbten Gesichter der Kids. Zum trostlosen Dasein gehört der Strich an der einschlägigen Kurfürstenstraße beziehungsweise für die Jungs die Jebensstraße direkt hinterm Bahnhof Zoo.

Anfangs wird dagegen das Berliner Nachtleben in faszinierenden Bildern gezeichnet. Die schon lange berüchtigte Disko »Sound« befand sich in einer umgebauten Tiefgarage in der Genthiner Straße 26 am Magdeburger Platz. In verschiedenen Szenen sind ihre Markenzeichen, die Schwarzlichtstempel, das integrierte kleine Kino oder die halbhoch abgesägten Klotüren erkennbar. David Bowie selbst soll im »Sound« gefeiert haben. Für Christiane ist er ein Idol; in ihrem Film hat er einen Gastauftritt. Sein Konzert in der Deutschlandhalle (Bau 1935, Abriss 2011) markiert den Wendepunkt der Erzählung: Auf dem Parkplatz schnieft Christiane nach der Veranstaltung zum ersten Mal »H« [eɪtʃ]. Zuvor hat Bowies Hymne *Heroes* eine euphorische Szenenfolge untermalt, in der die Teenies übermütig durchs Europa-Center (Tauentzienstraße 9-12) rennen, ein Lottohäuschen plündern und aufs Dach flüchten. Unterm beleuchteten Mercedes-Stern lachen sie dort über die Polizei und blicken über die nächtliche Stadt.

Zwar wurde der Bestseller unter anderem zum beliebtesten Jugendbuch gekürt, doch der Film über die 13- bis 15-Jährige ist als nicht jugendfrei eingestuft und in Deutschland ab 16 Jahren freigegeben, in den USA sogar erst ab 18. Noch heute wird gestritten, ob die klare Abschreckungsstrategie der Kinofassung wirkungsvoll sei oder das fesselnde Schicksal den Drogenkonsum romantisiere.

Christiane Felscherinow hat nach vielen Ups und Downs – ein dankbares Thema für die gierige Presse – 2013 ihre Memoiren veröffentlicht. Derweil war die Darstellerin Natja Brunckhorst ebenfalls autobiografisch tätig und verfasste das Drehbuch zum Jugendfilm *Wie Feuer und Flamme* (Connie Walther, 2001): ein Rückblick auf das Berlin der 1980er-Jahre als Liebesgeschichte zwischen einer bürgerlichen Westberlinerin und einem Punk aus der Zionskirche in Prenzlauer Berg.

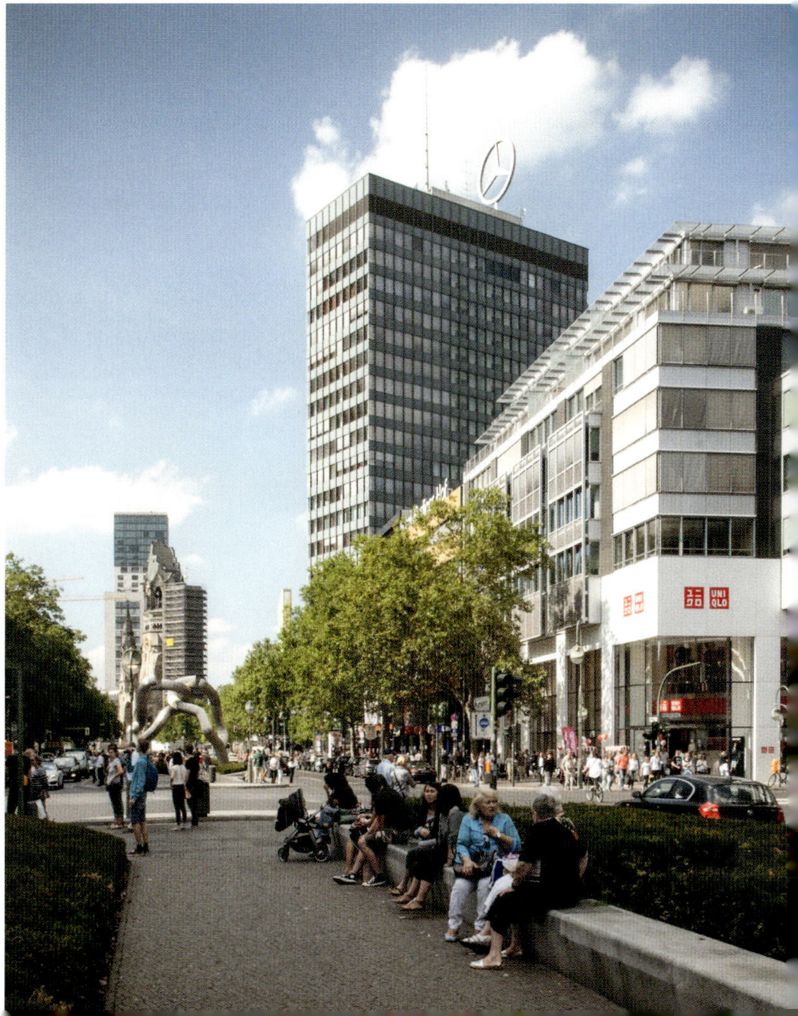

Treffpunkt Europa-Center: Unter dem Mercedesstern saßen einst Christiane F. und ihre Clique.

DER HIMMEL ÜBER BERLIN

1987 **Regie: Wim Wenders**

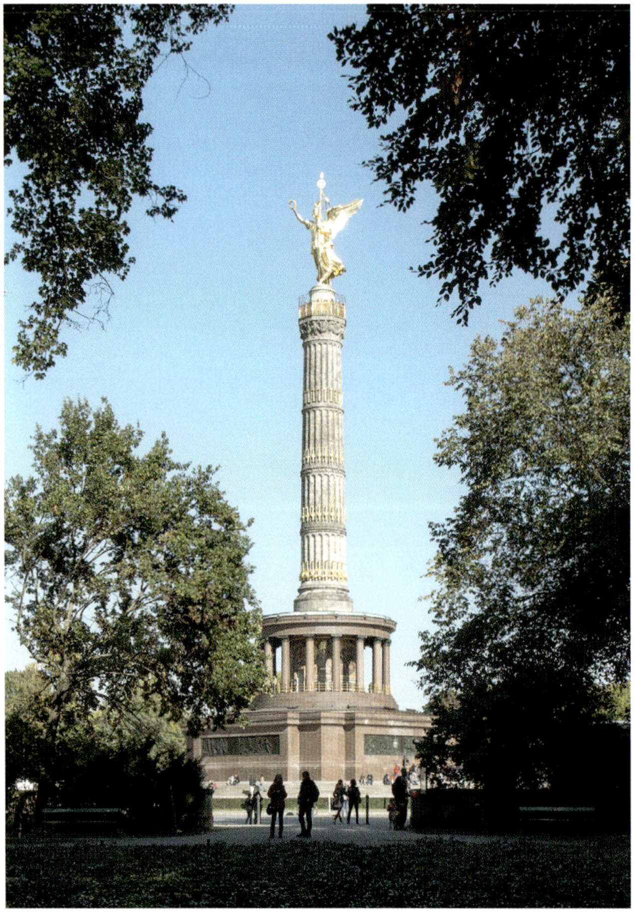

Der poetischste unter allen Berlin-Klassikern ist das »Filmgedicht« von Wim Wenders mit Texten des österreichischen Schriftstellers Peter Handke. Wenders wollte das Besondere der Insel West-Berlin einfangen, die ihn nach acht Jahren Amerika zurück nach Deutschland gelockt und zu einem neuen Projekt inspiriert hatte. Ausgehend vom Schauplatz, dem »planet of its own«, konzipierte er seinen Film. Um wortwörtlich einen Gesamtüberblick liefern zu können, wählte er die Perspektive von Engeln im *Himmel über Berlin.* Von Kirchtürmen und Monumenten schweben sie herab, erforschen die geteilte Stadt, versuchen Menschen unbemerkt beizustehen. Lediglich die Kinder können sie sehen. Erwachsene spüren nur das wohlige Gefühl, wenn ein Schutzengel in ihrer Nähe ist. Einer von ihnen (Bruno Ganz) verliebt sich in die Akrobatin Marion (Solveig Dommartin). Er wird zum Mensch und verabschiedet sich vom Dasein jenseits von Physik und Zeit. Diesen minimalen Handlungsrahmen füllen Handkes Monologe und improvisierte Szenen. Die Engel können Gedanken lauschen und Wände durchqueren. So entsteht ein vielstimmiges, intimes Porträt der Stadtbewohner.

Vor allem widmete sich Wenders aber dem Lebensumfeld, das seine Figuren formt. Die Wichtigkeit der (Stadt-)Landschaften beim Filmemachen betonte er immer wieder: »Eine Straße oder eine Häuserfront oder ein Berg oder eine Brücke oder ein Fluss sind mehr als ein Hintergrund. Auch sie besitzen eine Geschichte, eine Persönlichkeit, eine Identität, die es ernst zu

Der bekannteste Engel der Stadt ist die »Goldelse« auf der Siegessäule, auf dessen Schulter Damiel anfangs sitzt.

nehmen gilt. Sie beeinflussen die menschlichen Charaktere, die vor diesem Hintergrund leben, sie rufen eine Stimmung hervor, ein Gefühl für Zeit, eine bestimmte Emotion.« Folgerichtig sind Wenders' Filme geprägt von ihren Originaldrehorten. Schon sein erster Kurzfilm hieß *Schauplätze* und seine unabhängige Produktionsfirma nannte er »Road Movies« (heute »Neue Road Movies«). So verschieden die Szenerien sind, ob die texanische Wüste, der New Yorker Flughafen oder Wuppertal, sie bleiben nach dem Kinobesuch im Kopf.

Das Berlin vom Winter 1986/87 bot noch überall Brandmauern, Ruinen und Niemandsland. Es zeigte deutlich die Narben seiner Geschichte und als große Wunde die Mauer im Zentrum. Um all das in eine mystische Bildsprache durch die Augen der Engel zu übertragen, engagierte Wenders den Kamera-Altmeister Henri Alekan. Berühmt geworden war dieser 1946 mit Jean Cocteaus *La Belle et la Bête*. Wenders hatte schon einmal mit ihm gearbeitet und überredete den 77-Jährigen zu seinem letzten Werk. Mit expressivem Lichteinsatz und aufwendigen Kamerafahrten nutzte er alle Möglichkeiten der Schwarz-Weiß-Filmkunst. Die wenigen farbigen Szenen (jene aus Menschen-Perspektive) ordnen sich eher unter. Interessanterweise montierte Wenders gerade in den schwarz-weißen Teil des Films historische US-Farbfilmaufnahmen von 1945. So illustrieren ausgebombte Häuser und bunt gekleidete Trümmerfrauen die Erinnerungen alter Berliner.

Ein zweiter Filmveteran am Set war der Berliner Curt Bois, der seit 1907 (!) vor der Kamera stand. Der 85-Jährige konnte als Homer eigene Erinnerungen an das Vorkriegsberlin einbringen und improvisierte Texte sowie kleine Späße. Auf Spaziergängen am Mauerstreifen – »Ich kann den Potsdamer Platz nicht finden! Das kann er doch nicht sein.« – oder beim Schmökern in der Staatsbibliothek wird seine Figur vom Engel Cassiel (Otto Sander) begleitet.

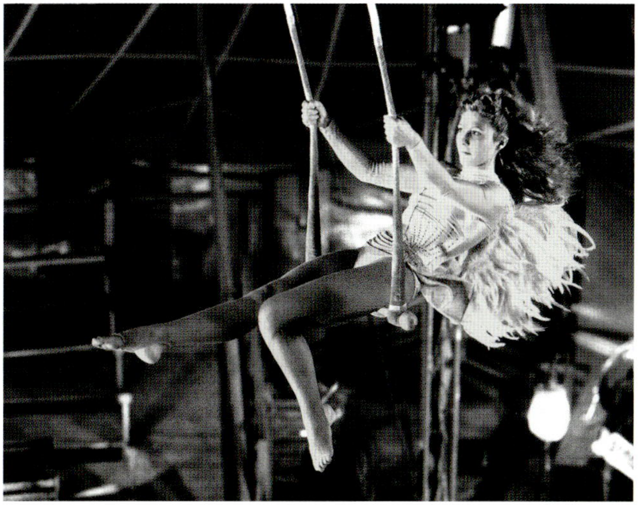

Damiel (Ganz) folgt derweil dem Schauspieler Peter Falk (Peter »Columbo« Falk selbst), der einen amerikanischen Nazi-Film in einem halb gesprengten Bunker (Pallasstraße) dreht. An einer Imbissbude zwischen einem weiteren Bunker und der Ruine des Anhalter Bahnhofs spürt Falk den Unsicht-

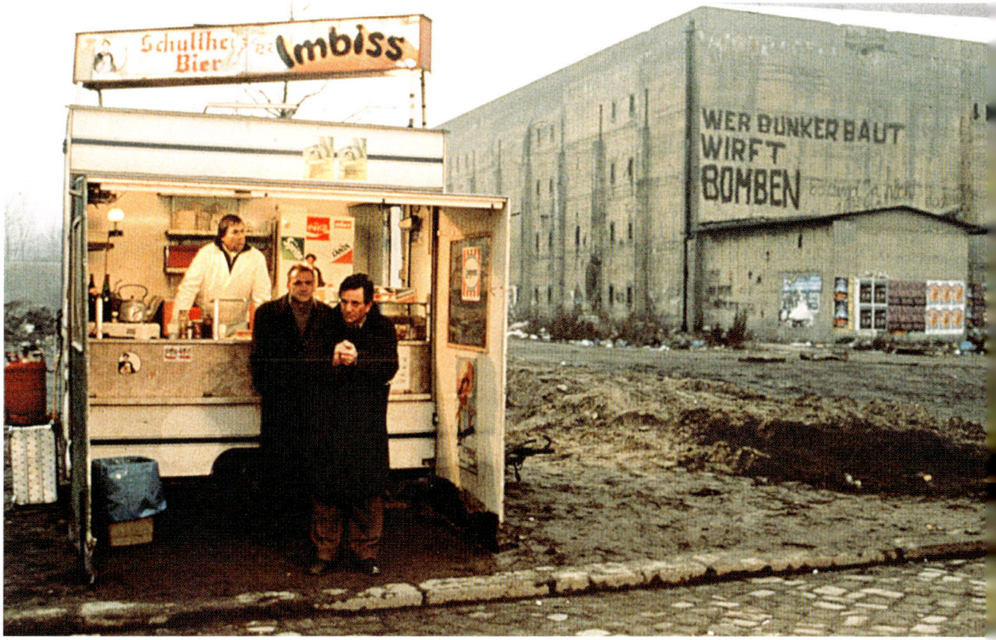

Durch das Zirkuszelt fliegt die Akrobatin als Engel (Solveig Dommartin, oben). Die menschgewordenen Himmelswesen (Bruno Ganz und Peter Falk, unten) genießen vor dem heutigen Berlin Story Bunker am Anhalter Bahnhof Filterkaffee und Zigaretten.

baren. Fröhlich erzählt er ihm, dass er selbst ein Engel war und wie sehr er das physische Leben genießt.

Auch Marion, die »fliegende« Artistin, kann die Anwesenheit Damiels spüren. Er steht neben ihr beim Konzert von Crime & the City Solution im (später abgerissenen) ehemaligen Hotel »Esplanade« am Potsdamer Platz. Er begleitet sie vom Zirkuszelt in ihren Wohnwagen. Dieser wurde für die Dreharbeiten in der Mitte durchgesägt. Die Pariserin Solveig Dommartin, damals Wenders' Lebensgefährtin, spielte hier ihre erste Rolle überhaupt und lernte in drei Monaten ihre Trapezkünste, ganz ohne Netz oder Sicherheitsgurt. Am Ende des Films trifft sie den Menschgewordenen wieder im »Esplanade«, diesmal beim Auftritt der Bad Seeds von Nick Cave und Blixa Bargeld. Beide Musiker waren Kultfiguren der 1980er und tauchen in nahezu jedem Berlin-Film über diese Zeit auf, wie in Oskar Roehlers *Tod den Hippies!! Es lebe der Punk* (S. 69). Eine weitere (zufällige?) musikalische Referenz ist der Mauerschriftzug über den Köpfen der beiden Engel, als sie die Grenze in den Osten durchschreiten: »We can be heroes« (David Bowie).

Viele Aufnahmen zeigen die echte Mauer; besonders auffallend sind die knalligen Wandbilder von Thierry Noir hinter dem soeben verwandelten Damiel. Aber für die Szene auf dem Mauerstreifen samt DDR-Grenzern und wilden Kaninchen mussten 200 Meter Open-Air-Kulisse an der Kreuzberger Waldemarstraße gebaut werden. Auch die andere Seite der Mauer durfte nicht gezeigt werden. Alle Bemühungen um eine Drehgenehmigung in Ost-Berlin schlugen fehl. Heimlich gefilmte Straßenaufnahmen (ohne Schauspieler) haben es dennoch in den Film geschafft. In der Fortsetzung *In weiter Ferne, so nah* drehte Wenders sechs Jahre später dafür ausgiebig im Ostteil und nutzte das Brandenburger Tor. Zudem besetzte er neben den Stars des ersten Teils auch Horst Buchholz, Nastassja Kinski, Lou Reed und Michail Gorbatschow.

Mindestens so zentral wie die Mauer ist in *Himmel über Berlin* die Staatsbibliothek (Potsdamer Straße 33), gefilmt ausschließlich an Sonntagen und aus allen Winkeln. Der von Hans Scharoun entworfene Bau ist eine Art Wohnort für die Engel, wo sie einander treffen und den Lesenden zuhören. Das Gebäude, gegenüber der Philharmonie vom gleichen Architekten, ist einer der wenigen Drehorte, die heute fast unverändert wiederzufinden sind. Brachen wie der Zirkusplatz sind mittlerweile verbaut. Sogar der Bunker in der Pal-

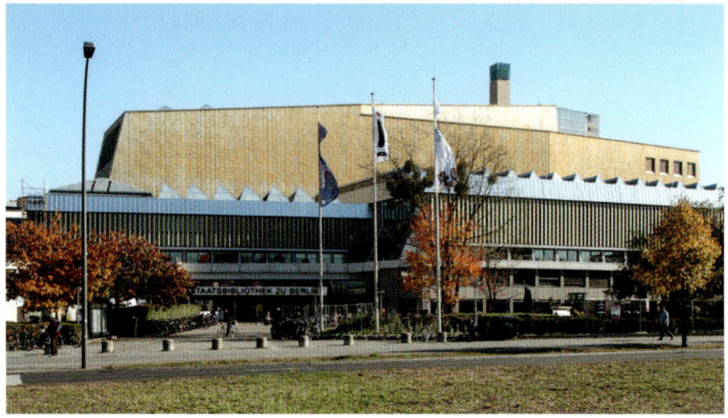

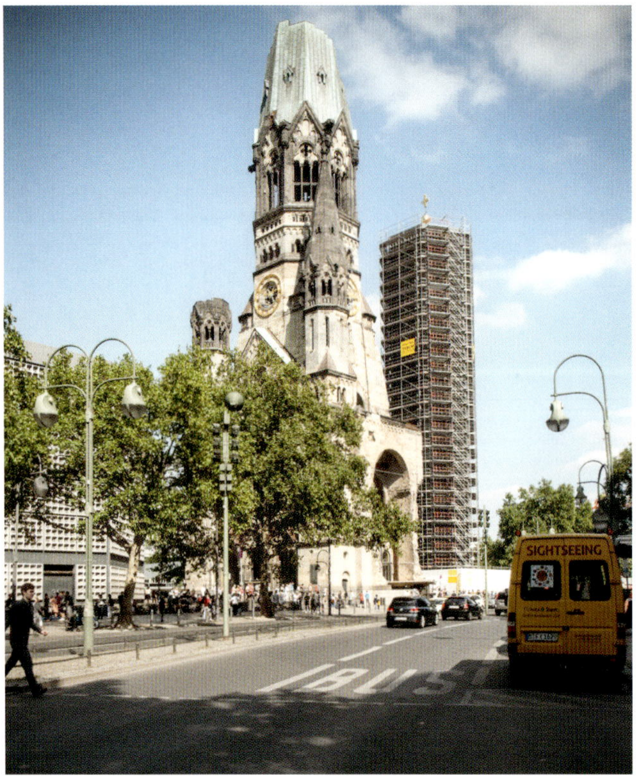

Zwei Lieblingsorte der Engel: Von der Kaiser-Wilhelm-Gedächtniskirche blicken sie auf den Breitscheidplatz (unten) und in der Staatsbibliothek am Potsdamer Platz (oben) lauschen sie den Lesenden.

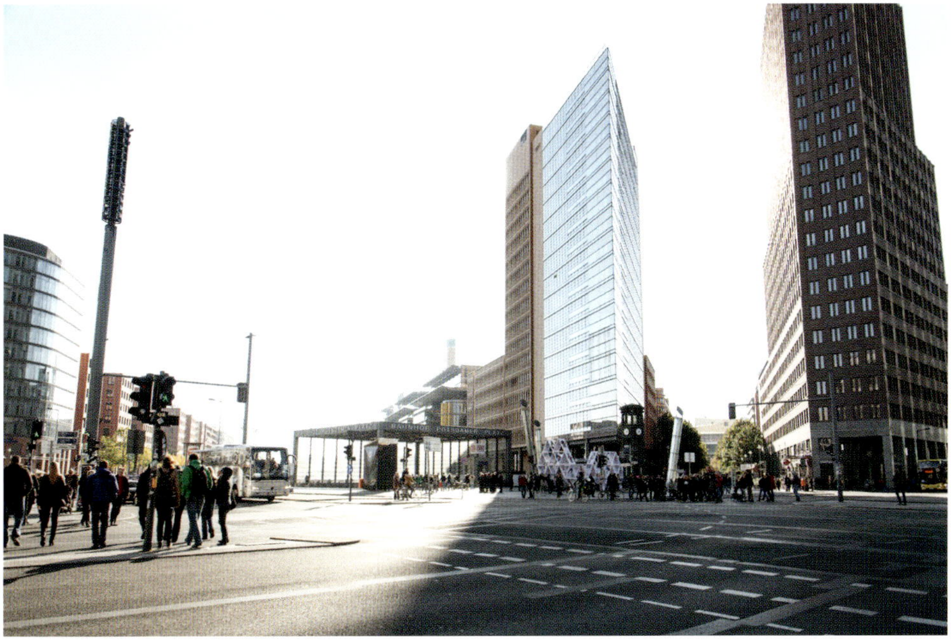

Straßen sind schnell zu historischen Dokumenten geworden. Erkennbar sind noch der ehemalige Laden in der Goebenstraße 6 (Schöneberg), wo Damiel sich im Tausch gegen seine Rüstung und den Mantel gebrauchte Menschenkleidung holt, oder der Blick vom Autohaus zum Institut français inklusive Cinema Paris am Ku'damm. Auch der Engel auf der Friedenssäule am Mehringplatz markiert noch immer das Kreuzberger Ende der Friedrichstraße. Schließlich ist und bleibt die Viktoria der Siegessäule auf dem großen Stern der berühmteste Engel

lasstraße wurde mit Wohnungen überbaut. Kurz nach den Dreharbeiten (Sterbeszene) enstand die Langenscheidtbrücke in Schöneberg komplett neu. Die Kamerafahrten und -flüge über den Breitscheidplatz am Zoo oder durch Kreuzberger

Berlins. Von ihrer Schulter aus – oder für Sterbliche von der Aussichtsplattform – reichte der Blick weit in den Osten, so dass schon damals Brandenburger Tor und Fernsehturm das Berlin-Bild komplettierten.

WIM WENDERS

Regisseur (*1945, Düsseldorf)

Der weltberühmte Regisseur hat eine Filmografie mit rund 60 Titeln vorzuweisen. Auszeichnungen bekam er auf allen großen Filmfestivals, dazu mehrere Oscar-Nominierungen. 2015 war anlässlich seines 70. Geburtstags ein regelrechtes Wenders-Jahr, in dem er unter anderem auf der Berlinale mit einem Goldenen Ehrenbären (Foto) gefeiert wurde. Sein Anfang als Filmemacher war holprig. Nach Ausflügen ins Medizin- und Philosophiestudium drehte Wenders ab 1966 Kurzfilme und bewarb sich an Filmhochschulen, bis es in München klappte. Jahrzehnte nach seinem Abschluss an der HFF wurde er dort zum Professor. 1971 arbeitete er erstmals mit Peter Handke bei *Die Angst des Tormanns beim Elfmeter*. Erfolge feierte er mit Road Movies wie *Alice in den Städten* oder *Paris, Texas* sowie Dokumentarfilmen über Pina Bausch, Sebastião Salgado und verschiedene Musiker.

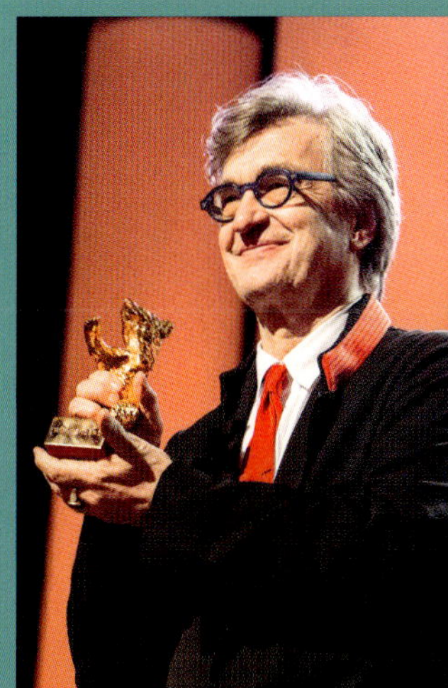

COMING OUT

1989 **Regie: Heiner Carow**

Während sich das Premierenpublikum im repräsentativen Kino International zur Uraufführung von Heiner Carows *Coming Out* einfand, sprach zeitgleich Günter Schabowski überraschend auf der SED-Pressekonferenz die sofortige Reisegenehmigung für alle Privatpersonen aus. Noch am selben Abend bat Berlinale-Leiter Moritz de Hadeln in einem Brief an Horst Pehnert vom DDR-Kulturministerium, die Zusammenarbeit zu stärken und endlich auch Berlinale-Vorführungen in Ost-Berlin stattfinden zu lassen. Tatsächlich war eben jener Filmpalast nur ein Vierteljahr später einer der neuen Veranstaltungsorte der 40. Internationalen Filmfestspiele, neben den Kinos Kosmos und Colosseum.

Coming Out wurde, nachdem er allein im International zwölf Wochen lang für ein ausverkauftes Haus gesorgt hatte, mit einem Silbernen Bären »für die einfühlsame Behandlung des Dilemmas, in dem sich Minderheiten – alle Minderheiten – befinden, und für die tiefe Achtung für Menschenrechte, Humanität und Toleranz« geehrt, außerdem mit dem Teddy Award als bester schwul-lesbischer Spielfilm. Der letzte offizielle DDR-Wettbewerbsbeitrag ging somit als einziger Homosexuellenfilm in die DEFA-Geschichte ein. So schnell ändern sich die Zeiten: Noch 1985 hatte Wieland Speck für seinen ZDF-Film *Westler*, der Liebesgeschichte zwischen einem West- und einem Ost-Berliner, zum Teil mit versteckter Kamera arbeiten müssen, um Straßen in Mitte und Prenzlauer Berg sowie Szene-Lokale zu zeigen. Nach jahrelangen Bemühungen, Vorarbeiten und wissenschaftlichen Gutachten drehte nun Heiner Carow, einer der angesehensten Regisseure der DDR und Vize-Präsident der Akademie der Künste, ganz offiziell in der Schoppenstube (bis 2013 in der Schönhauser Allee 44) und vor allem nächtelang im Burgfrieden (bis 2000 in der Wichertstraße 69) – mitsamt

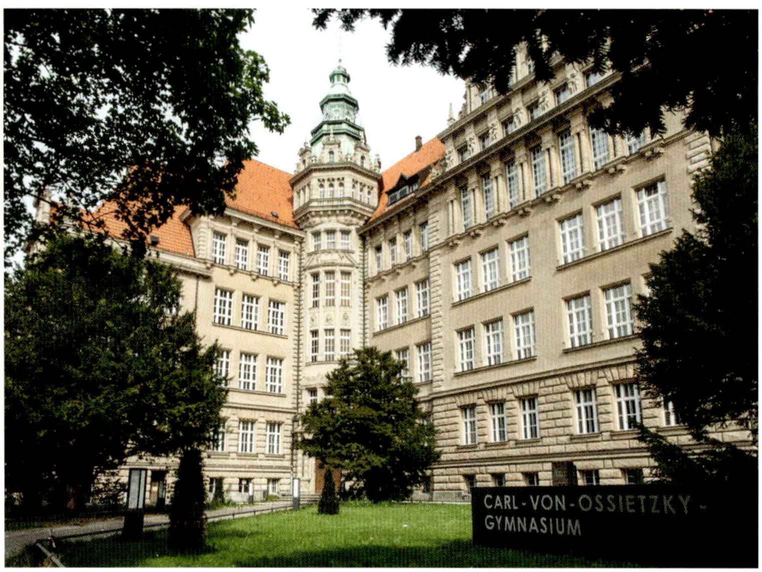

In der damaligen Carl-von Ossietzky-Oberschule in Pankow wurden kurze Zeit vor den Dreharbeiten protestierende Schüler der Schule verwiesen. Die »Ossietzky-Affäre« sorgte für Solidaritätsbekundungen aus Ost und West.

Stammgästen voller Einsatzfreude. Charlotte von Mahlsdorf tritt als Kneipenwirtin auf. Bekannte Nebendarsteller wie Michael Gwisdek und Gudrun Okras sind ebenfalls dabei.

Die Protagonisten lernen wir in einer völlig anderen Umgebung kennen. In der Silvesternacht (Feuerwerk auf der Schönhauser Allee) wacht der jugendliche Matthias (Dirk Kummer, gleichzeitig Regieassistent) nach einem Selbstmordversuch im Krankenhaus auf. An einem Wintermorgen radelt Philipp (Matthias Freihoff) von der Holzmarktstraße (Nr. 75) an Alexanderplatz, Volksbühne und Konnopke vorbei bis nach Pankow. Dort rennen er und Tanja (Dagmar Manzel) im Treppenhaus ihrer Schule (Carl-von-Ossietzky-Gymnasium, Görschstraße 42/44) ineinander. Sie werden zum idealistischen Lehrerduo, bald auch Liebespaar. Doch durch das Wiedersehen mit seinem Jugendfreund erwachen in Philipp unterdrückte Sehnsüchte, die ihn mitten in die Faschingsparty der Szenekneipe treiben. Dort verliebt er sich in Matthias. Im Verlauf eines beschwerlichen Coming-outs wird der junge Lehrer zwar kein Liebes-Happy-End, dafür aber zu sich selbst finden.

Für den großen Erfolg des Films sorgte, dass er nicht nur ein »Plädoyer für Toleranz in der Liebe« (Aushang-Slogan) ist, sondern vor einer authentisch gezeigten Berliner Kulisse eine ganze Reihe Themen verknüpft. So schreitet Philipp in einen rassistischen Übergriff mehrerer Männer auf einen S-Bahn-Gast ein (ausgerechnet am Marx-Engels-Platz, heute Hackescher Markt), wohingegen er später eine homophobe Attacke im U-Bahnhof Alexanderplatz ängstlich ignoriert. Eine Kneipenbekanntschaft berichtet Philipp von der Verfolgung Homosexueller im »Dritten Reich« und der fehlenden Rehabilitierung danach (»… bloß die Schwulen, die haben wir vergessen«). Auch 30 Jahre nach der Abschaffung des §175 in der DDR erlebt Philipp verständnislose Kollegen und eine sich kalt abwendende Mutter (Walfriede Schmitt). Die verbreitete Einsamkeit und das gegenseitige Misstrauen in der Subkultur werden genauso gezeigt wie das Cruising am Märchenbrunnen (Volkspark Friedrichshain) oder die schöne Konzertwelt im Schauspielhaus (Gendarmenmarkt), der allerdings ewige Warteschlangen vorausgehen.

Als die Premiere im International vorbei war, feierten im Burgfrieden wieder alle Kneipengäste mit. Diesmal das Kino-Coming-out der bislang offiziell totgeschwiegenen Schwulenszene – und nebenbei die Grenzöffnung an der Bornholmer Straße direkt um die Ecke.

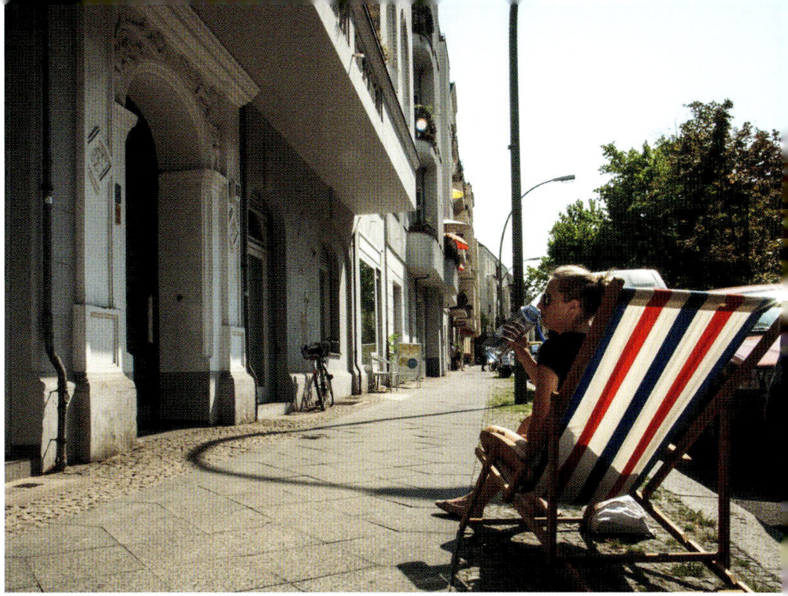

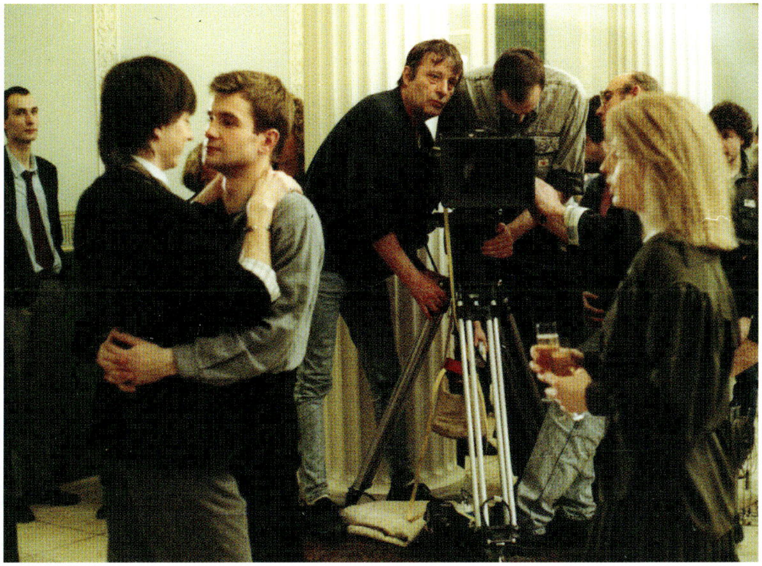

Die Party ist vorbei, vorm ehemaligen Burgfrieden in der Wichertstraße (oben) ist Ruhezone. Belebt war es am Set mit Heiner Carow (Mitte) und den Hauptdarstellern (Dirk Kummer, Matthias Freihoff, Dagmar Manzel) im Schauspielhaus (unten).

OSTKREUZ

1991 **Regie: Michael Klier**

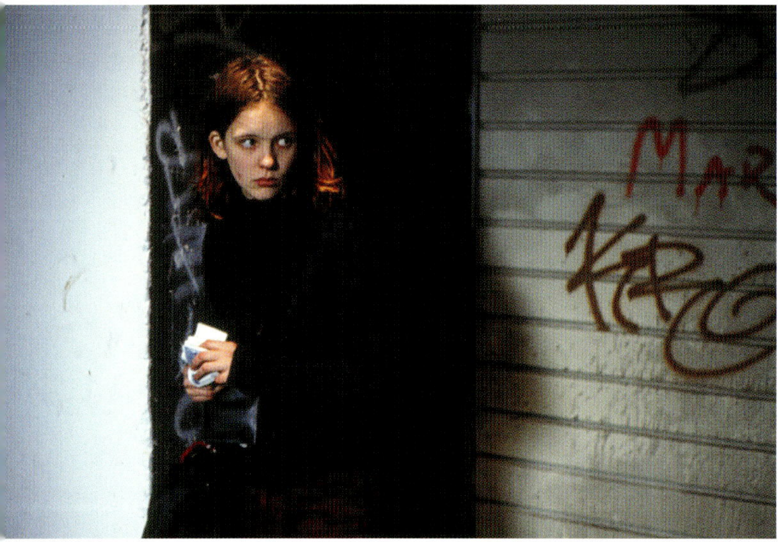

Effie (Laura Tonke) schlägt sich durch, vom schnell verlorenen ersten Diebesgut ...

Die Stichworte Mauerfall und Wiedervereinigung der geteilten Stadt rufen heute zuerst allzu bekannte Bilder von jubelnden oder weinenden Menschen, von Emotionalität und Gemeinschaftsgefühl hervor. Ein ganz anderes Bild vermittelt der allererste Wendefilm, der im Winter 1990/91 entstand. In *Ostkreuz* wirkt die Stadt völlig verlassen. Michael Klier drehte in Ost-Berlin, bevor es mit der ungewohnten Freiheit zu Neuem aufbrach, vor den »wilden Neunzigern«. Seine Figuren sind isolierte Gestalten in einer eisigen Trümmerwüste.

Die Mauer ist weg, um die letzten verlassenen Wachtürme herum klafft gähnende Leere. Die Trostlosigkeit der reingrauen Ost-Straßen spiegelt sich in den Baracken in Westkreuz wider, die als Übergangslager für geflüchtete DDR-Bürger errichtet wurden. Seit ihrer Flucht wohnt hier die 15-jährige Effie (Laura Tonke beeindruckt in ihrer ersten Rolle) mit ihrer Mutter (Susanne von Borzody). Nichts deutet mehr darauf hin, welche Hoffnungen die beiden in den »goldenen Westen« lockten. Auch viele Monate nach der Grenzöffnung haben sie keine Perspektive, weder Aussicht auf Jobs noch eine Wohnung. Ähnlich wie ihnen geht es vielen in der vom Umbruch gezeichneten Stadt. »Scheiß Treuhand« steht in großen Lettern an einer Hauswand.

Während sich die Mutter mit einem Liebhaber ablenkt, streift Effie durch das Niemandsland. Verzweifelt versucht sie, an Geld für eine Mietkaution zu kommen. Mangels legaler Möglichkeiten hängt sie sich an die krummen Geschäfte des Polen Darius (Miroslaw Baka). Nach vielen Misserfolgen kommt das Mädchen bei einem Deal im U-Bahnhof Alexanderplatz tatsächlich an Geld und verrät Darius an die Polizei. Doch statt mit der abweisenden Mutter und deren Freund aus Berlin wegzuziehen, tut sich Effie geschwisterlich mit dem Straßenjungen Edmund zusammen. Gemeinsam haben die vorzeitig erwachsenen »Zonenkinder« vielleicht eine Chance.

Als Edmund spielte Steffan Cammann seine eigene Geschichte: Seine Eltern verließen über Ungarn die DDR, ließen ihn zurück und meldeten sich nie wieder. Nach den Dreharbeiten zog er wieder einsam weiter. Nicht zufällig trägt seine Figur den Namen des trostlosen Helden aus Roberto Rossellinis Trümmerfilm *Germania anno zero* (1947). Ein direktes Zitat ist auch Edmunds Blick aus der offenen Wand einer Bauruine hinunter auf die Leipziger Straße, den Effie im Schlussbild wiederholt. Michael Klier und die Kamerafrau Sophie Maintigneux bedienten sich der Mittel und Themen des Neorealismus, um Deutschland in einem zweiten Jahre Null zu zeigen. Stilistisch noch reduzierter als das Vorbild endet die Erzählung, nach einigen Ellipsen, aber leise zuversichtlich.

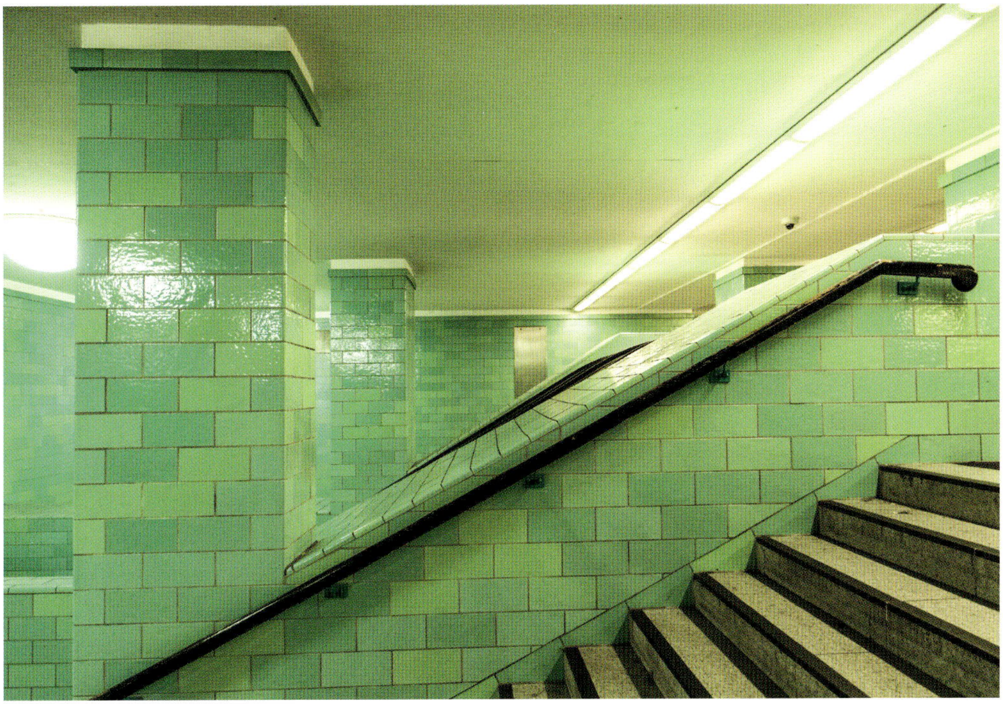

»*Ostkreuz* ist ein Film, der in einem Dekor der Vergangenheit von der Zukunft handelt«, so Klier. Die verschneiten Brachflächen im Herzen der Stadt wecken bei Alteingesessenen schaurige Déjà-vus. Vielleicht erkennen einige noch das Kino Vorwärts in Karlshorst oder die farblose Kastanienallee wieder. Nur der U-Bahnhof Alexanderplatz präsentierte sich schon damals in markant schwimmbad-türkisen Kacheln. Den (vermeintlich) titelgebenden Bahnhof sucht man allerdings vergebens. Der Name wird hier symbolisch gebraucht.

Der Regisseur, der das Skript zusammen mit Karin Aström verfasste, hat selbst eine bewegte Jugend hinter sich. Seine Familie, Sudetendeutsche, floh nach dem Krieg von Karlsbad nach Ostdeutschland, dann 1961 in den Westen. Nach ersten Filmerfahrungen, unter anderem bei François Truffaut in Paris, zog Klier nach West-Berlin. Neben einigen Filmemacherporträts drehte er seit seinem Spielfilmdebüt *Überall ist besser, wo wir nicht sind* (1989) mehrfach in Berlin. Doch inzwischen ist es ihm hier »zu harmlos, zu spießig« geworden. Die »Banalisierung der Stadtkulisse«, insbesondere im Fernsehen, lehnt er ab. Als Ko-Autor von *Der Rote Kakadu* (Dominik Graf, 2005) kehrte Klier noch einmal nach Ostdeutschland zurück, diesmal nicht ohne Ostalgie.

Die ZDF-Koproduktion *Ostkreuz* (aus der Nachwuchsreihe *Das kleine Fernsehspiel*) fand als zeitgeschichtliches Dokument – und Antithese zu Helmut Kohls Wahlversprechen der »blühenden Landschaften« – gelegentlich den Weg auf die Leinwand sowie in den Berlin-Film-Kanon. Sie setzt den kollektiven Einheitserinnerungen eine still beobachtete Momentaufnahme entgegen.

... zum erfolgreichen Coup im Bahnhof Alexanderplatz, dessen Markenzeichen noch heute blaugrüne Kacheln sind.

SPANDAU / TEMPELHOF/ WEISSENSEE / BABELSBERG / KÖLN

BERLIN IM STUDIO

M / LINIE 1 / SONNENALLEE / AIMÉE & JAGUAR / ... ES LEBE DER PUNK

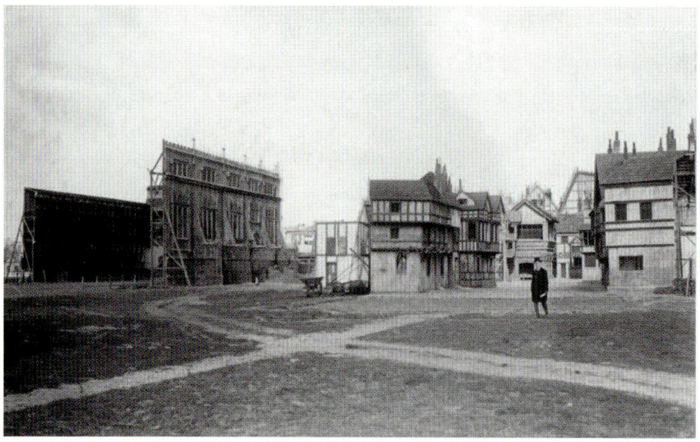

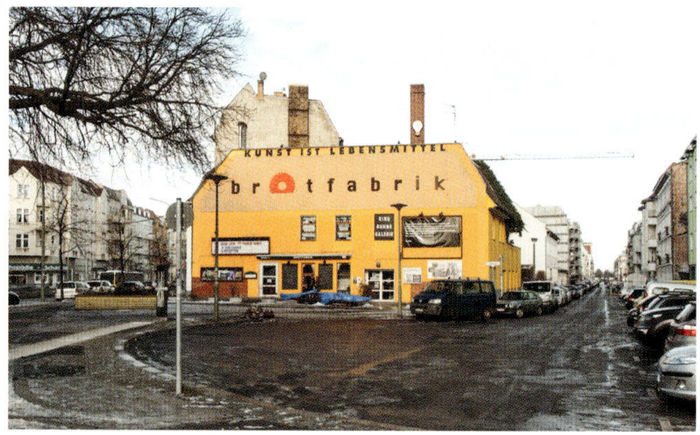

Angefangen mit dem ganz frühen Kino der Wilhelminischen Zeit waren und sind Ateliers das Zentrum der Filmproduktion. Fast alle der in diesem Buch beschriebenen Kinofilme entstanden zum Teil im Studio. Dort kann ohne knifflige Drehgenehmigungen und ohne Zaungäste gedreht werden; weder muss man auf Anwohner Rücksicht nehmen noch mit störendem Straßenlärm rechnen. Zudem stehen Technik und Know-How direkt bereit. Wer bisher den einen oder anderen Berlin-Klassiker vermisst, sucht vielleicht nach einem jener Filme, deren Dreh komplett oder weitestgehend ohne Originalschauplätze auskam. Um ihnen auf die Spur zu kommen, ist der kurze Weg nach Spandau, Tempelhof, Potsdam-Babelsberg oder ein weiterer Richtung Köln oder sogar Hollywood nötig.

Seit Langem sind die Anlagen des Studios Babelsberg (neben den Bavaria Studios, München) die legendärsten der deutschen Filmwirtschaft (siehe: Potsdam, S. 116). Schon 1925/26 setzte hier Fritz Lang mit *Metropolis* Maßstäbe für Großstadtinszenierungen. Dennoch gab es in den vergangenen 120 Jahren im Raum Berlin unzählige andere Filmateliers. Ein frühes Zentrum bildete sich am südlichen Teil der Friedrichstraße, wo zum Beispiel Oskar Messter filmte (S. 10). Noch zuvor begann die Produktion in Weißensee an der Franz-Joseph-Straße (heute Liebermannstraße). An die schöpferischen Jahre zwischen 1913 und 1928 erinnert heute der Caligariplatz an der Weißenseer Spitze, benannt nach der berühmtesten Produktion des Lixie-Film-Ateliers: Robert Wienes Horror-Meisterwerk *Das Cabinet des Dr. Caligari* (1920).

Auf dem ehemaligen UFA-Gelände in Tempelhof (links, 1920) werden noch immer Filme gedreht; in Weißensee erinnert der Caligariplatz vor dem Kino in der »Brotfabrik« (rechts) an die Filmgeschichte des Stadtteils.

Ein anderer viel diskutierter Berlin-Klassiker entstand am nordwestlichen Ende der Stadt. In *M* (1931), geläufig mit Untertiteln wie *Eine Stadt sucht einen Mörder* oder *Dein Mörder sieht dich an*, erzählte Fritz Lang die Jagd nach einem sadistischen Kindermörder (Peter Lorre, 1933 emigriert, später Film-Noir-Ikone). Weil die Polizeiuntersuchungen die kriminelle Unterwelt durchkreuzen, lässt ein Gangsterboss (Gustaf Gründgens) seine Leute die Suche aufnehmen und stellt schließlich den Mörder vor sein eigenes Tribunal. Lang realisierte seinen provokanten Krimi, basierend auf Presseberichten über den Massenmörder Fritz Haarmann, als Produktion der Nero-Film AG, die ihm künstlerische Freiheit gestattete. Für die Dreharbeiten von Januar bis März 1931 baute der Bühnenbildner Emil Hasler großstädtische Kulissen in einem Zeppelin-Hangar des Flugplatzes in Staaken (Bezirk Spandau). Lang ergänzte einige Nachtaufnahmen von Berliner Straßen sowie dokumentarisches Material und setzte auf einen avantgardistischen Tonschnitt ohne Musik (von einer gepfiffenen Melodie abgesehen).

Im südlichen Berlin trägt Tempelhof seit über 100 Jahren mit seinen Filmateliers und Werkstätten zur Kinogeschichte bei. 1913 wurden die ersten Glashäuser gebaut, die ab 1918 zur Produktionsstätte der UFA (S. 116) wurden, zum Beispiel für Paul Wegeners expressionistisches Werk *Der Golem, wie er in die Welt kam* (1920). Unermüdlich wurde hier gefilmt, bis zum Ende des Zweiten Weltkriegs. Selbst während der Berlin-Blockade 1948 ging es mit der satirischen *Berliner Ballade* (R. A. Stemmle) weiter – mit Gert Fröbe in der Rolle eines Kriegsheimkehrers namens Otto Normalverbraucher. Weitere Berlin-Filme, auch amerikanische Produktionen, folgten, darunter *Escape from East Berlin* (S. 40) und *Cabaret* (S. 50).

Manch ein Berlin-Film wurde direkt in Übersee produziert. 1932 sprach Greta Garbo in der Vicki-Baum-Verfilmung *Grand Hotel / Menschen im Hotel* den berühmten Satz »I want to be alone« gar nicht im Vorbild Adlon, sondern in einer Hollywood-Kulisse – in akzentfreiem Englisch. Edmund Goldings Ensemblefilm lieferte zwar einige Referenzen an Berlin, konzentrierte sich aber auf seine Stars, neben Garbo unter anderem Joan Crawford und John Barrymore. In der

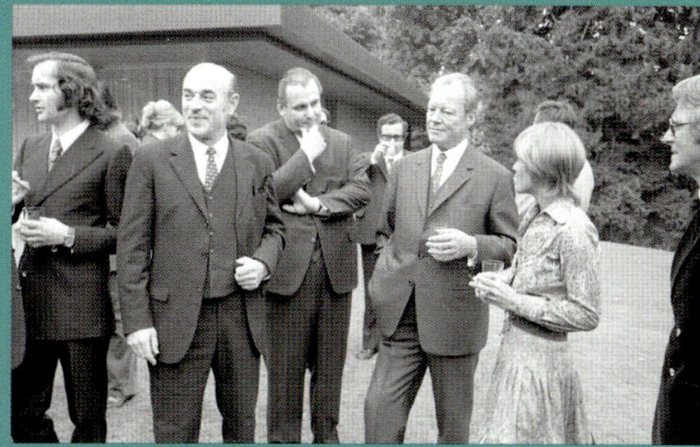

ARTUR BRAUNER & DIE CCC

Produzent (*1918, Łódz, als Abraham Brauner)

Nach Jahren im sowjetischen Exil kam Artur Brauner, studierter Sohn eines jüdischen Holzgroßhändlers, 1946 nach Berlin. Schon im selben Jahr gründete er die Central Cinema Company, kurz: CCC. Bis 1949 entstanden zudem die CCC-Studios, in denen seitdem hunderte Filme gedreht wurden. In seiner Glanzzeit während der 1950er-Jahre hatte das Unternehmen bis zu 500 Angestellte. Kommerziell erfolgreich war Brauner mit Unterhaltungsfilmen wie Western und Krimis (z. B. nach Edgar Wallace). Durchgehend wurden auch anspruchsvolle Filme gedreht. Allein zum Themenkomplex Holocaust produzierte Brauner 21 Filme, darunter *La Passante du Sans-Souci* (1982) mit Romy Schneider (S. 37) und *Hitlerjunge Salomon* (1990) mit Marco Hofschneider und Julie Delpy. Nicht nur seine Filme wurden vielfach ausgezeichnet. Brauner selbst erhielt 1993 das Bundesverdienstkreuz und auf der Berlinale 2003 die Goldene Kamera für sein Filmschaffen.

(Foto: Artur Brauner (2. v. l.) zu Besuch bei Bundeskanzler Willy Brandt (3. v. r.), mit Romy Schneider (2. v. r.) , Harry Meyen (r.), Michael Verhoeven (l.))

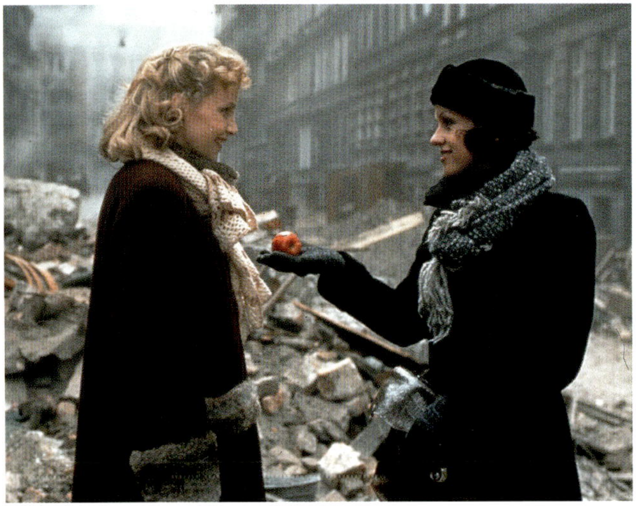

Tradition von *A Foreign Affair* (S. 28) schnitt Steven Soderbergh für seinen schwarz-weißen Trümmer-Krimi *The Good German* (2006) Archivmaterial der Potsdamer Konferenz in die Studioszenen mit George Clooney und Cate Blanchett. Immerhin soll er authentische Requisiten importiert haben.

»Verrücktbleiben!« 1988 eröffnete die Berlinale mit einem bereits etablierten Berlin-Kult: Das Musical *Linie 1* hatte im Grips-Theater und weit über die Stadtgrenzen hinaus Erfolge gefeiert. Dass Reinhard Hauffs Verfilmung mit Hits wie »Wilmersdorfer Witwen« oder »Fahr mal wieder U-Bahn« eine reine Studioproduktion war, erkennt man in jeder Szene. Hauff ließ einen komplexen Bahnhof (gleichzeitig Zoologischer Garten/Charlottenburg, Schlesisches Tor/Kreuzberg und Nollendorfplatz/Schöneberg) in der Studiohalle nachbauen und darin Darsteller wie Dieter Landuris in gleich mehreren kuriosen Rollen auftreten. Als Neuankömmling in der Großstadt sang und tanzte Inka Victoria Groetschel. Statt Preisen gab es zur Premiere vor dem Zoo Palast Proteste gegen die Vereinnahmung der Kiezkultur und ihre gleichzeitige Unterdrückung durch den Senat.

Elf Jahre später starteten die Filmfestspiele mit *Aimée & Jaguar* (1999), dessen Berliner Szenen im Kölner Everest Studio produziert wurden (ergänzt durch einige Außenaufnahmen aus Breslau/Wrocław). Die mitunter kammerspielartige Inszenierung passt zur Geschichte einer versteckten lesbischen Liebe im Berlin von 1943/44. Basierend auf dem dokumentarischen Roman von Erica Fischer, verfilmte Max Färberbock die Erinnerungen von Lilly Wust, Mutterkreuzträgerin, an ihre Geliebte Felice Schragenheim, eine jüdische Widerstandskämpferin. Das einfühlsame Drama wurde stürmisch gefeiert, die glänzenden Hauptdarstellerinnen Maria Schrader und Juliane Köhler erhielten gemeinsam den Silbernen Bären. Bei den Golden Globes war *Aimée & Jaguar* als bester fremdsprachiger Film nominiert. Mit *Anonyma – Eine Frau in Berlin* (2008) widmete sich Färberbock ein weiteres Mal den (Nach-)Kriegserinnerungen einer Berlinerin, gespielt von Nina Hoss (S. 103). Diesmal thematisierte er die Massenvergewaltigungen durch die sowjetischen Besatzer – als melodramatische Unterhaltung statt als historische Aufarbeitung, wie viele Kritiker urteilten. Den Trümmerfilm drehte man in Hürth (MMC Studios), Köln und Breslau.

Maria Schrader kehrte 2003 zum Thema Widerstand im »Dritten Reich« zurück. Neben Katja Riemann spielte sie in Margarethe von Trottas *Rosenstraße* über den Frauenaufstand 1943 vor dem NS-Gefängnis in der titelgebenden Straße (nahe dem Hackeschen Markt). Zwar gab es für die in der Gegenwart angesiedelte Rahmenerzählung einzelne Ori-

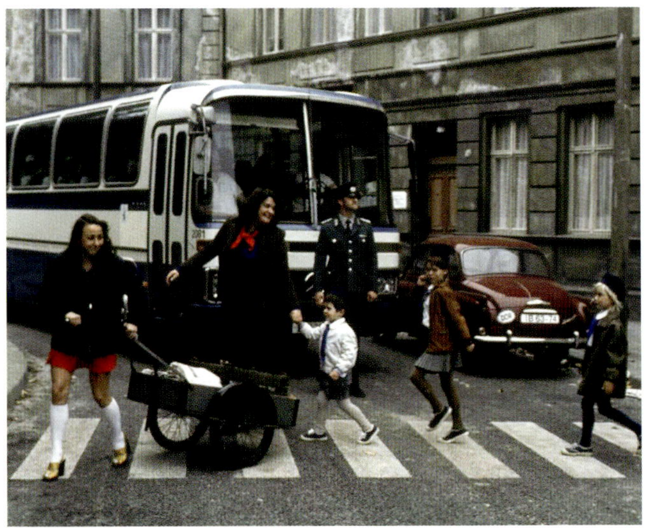

Der in Köln gedrehte Aimée & Jaguar *(oben, Juliane Köhler und Maria Schrader) ist ein Beispiel für Studio-Trümmerfilme. Die berühmte Babelsberger »Berliner Straße« (unten, als Sonnenallee im gleichnamigen Film) wurde 2015 abgebaut.*

ginaldrehorte, das historische Setting der später zerbombten Rosenstraße wurde aber im Film von der wandelbaren »Berliner Straße« der Architektin Gisela Schultze dargestellt. Diese wurde insgesamt in mehr als 200 Babelsberg-Produktionen eingesetzt. Angefangen hatte alles 1998 mit *Sonnenallee* von Leander Haußmann, der auch für *Herr Lehmann* (S. 76) hier drehte. In den Kulissen entstanden nicht nur Berlin-Szenen wie in Matti Geschonnecks *Boxhagener Platz* (2010), sie wurden auch zum Warschauer Ghetto (Roman Polanskis *The Pianist*), zu Paris (Quentin Tarantinos *Inglourious Basterds*) oder zu Manhattan (Kevin Spaceys *Beyond the Sea*). An der Wetzlarer Straße in Potsdam, auf nunmehr 8.000 Quadratmetern, sind ab Mai 2016 modernere Straßenzüge mit integrierten Green Screens und beweglichen Modulen noch viel flexibler zu nutzen. Zunächst lässt man hier einmal mehr das alte Berlin auferstehen. Regisseur Tom Tykwer und Produzent Stefan Arndt (X Filme, S. 73) drehen die TV-Serie *Babylon Berlin*, die auf den historischen Krimis von Volker Kutscher aus dem Berlin der frühen 1930er-Jahre basiert. Obwohl in Kooperation mit ARD, Sky Deutschland und Beta Film der internationale Markt angepeilt wird, dreht man auf Deutsch.

Während Historienfilme die Studiokulissen meist nutzen, um ein längst vergangenes Stadtbild möglichst wahrheitsgetreu nachzubilden, setzen manche Filmemacher die Künstlichkeit dieser Welt gezielt ein. Das gilt für Theaterfilme wie das Musical *Linie 1* oder aber verschmitzte Komödien wie die erwähnte Babelsberg-Produktion *Sonnenallee* (1998). Leander Haußmann und Thomas Brussig, der parallel den Roman *Am kürzeren Ende der Sonnenallee* herausbrachte, entwarfen schon im Drehbuch eine betont fiktive Welt. Dass die letzten 400 Meter der Neuköllner Sonnenallee tatsächlich hinter der Mauer in Ost-Berlin lagen, war ihnen nur der Anlass für eine um 1980 angesiedelte ostalgische Klamotte über ein paar Teenager (u. a. Alexander Scheer, Robert Stadlober), für die sich alles um Mädchen, Party und Musik dreht. Die Grenzer am lächerlich harmlosen Mauerstreifen sind ebenso leicht auszutricksen wie der Vopo (Detlev Buck). Nach einzelnen Originalorten wie der Aula des Carl-von-Ossietzky-Gymnasiums in Pankow (siehe: *Coming Out*, S. 62) zeigt der

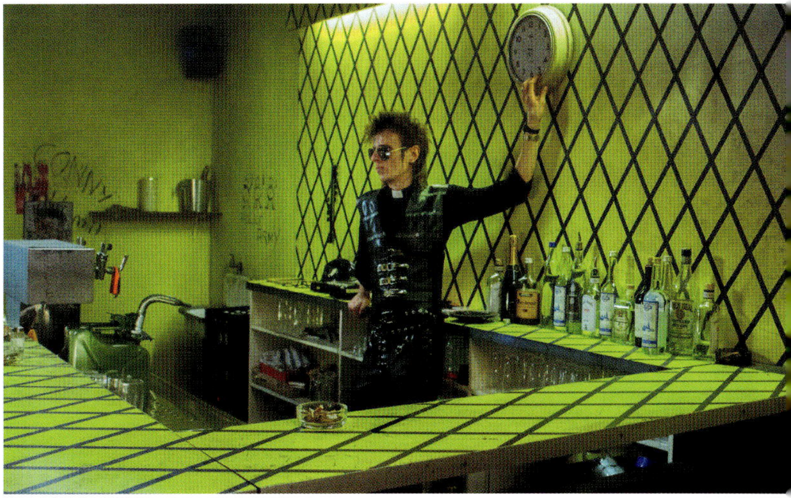

Film im letzten Bild, ohne Darsteller und Farben, die Kulissenstraße pur.

Ähnlich spielerisch arbeitete Oskar Roehler in seiner Satire *Tod den Hippies!! Es lebe der Punk* (2015) über die West-Berliner Subkultur der frühen 1980er-Jahre. Zwar lehnte Roehler sich wie in vielen seiner Filme an autobiografische Hintergründe an, überzeichnete aber sein arrogantes Alter Ego Robert (Tom Schilling) genauso wie alle anderen Figuren: den schwulen Nazi (Frederick Lau), den Peepshow-Betreiber (Wilson Gonzales Ochsenknecht), die fixende Punkerin (Emilia Schüle) und die Eltern mit RAF-Vergangenheit (Hannelore Hoger, Samuel Finzi). Gerade im Kontrast zu den dokumentarisch erzählten Erinnerungen des Briten Mark Reeder in *B-Movie – Lust & Sound in West-Berlin 1979-1989*, der parallel im Kino lief, stach die groteske Verzerrung heraus. Gleichzeitig legte Roehler viel Wert auf das detaillierte Set-Design, zum Beispiel die getreue Nachbildung der legendären Bar »Risiko« (1981 bis 1986 in der Yorckstraße) aus dem Umfeld von Blixa Bargeld (Alexander Scheer) und Nick Cave (Marc Hosemann). Um auch die wenigen Außenszenen zu verfremden, entschied man, (nur) diese in Schwarz-Weiß zu zeigen. Dass dieser »extreme Berlin-Film« im Kölner Studio entstand, erklärte Produzent Stefan Arndt damit, dass die Berliner Filmförderung zurückhaltender sei als der WDR.

Tod den Hippies!! Es lebe der Punk: *Alexander Scheer steht als Blixa Bargeld am Tresen der im Kölner Studio nachgebauten Bar »Risiko« aus dem Schöneberg der 1980er-Jahre.*

JENSEITS DER STILLE

1996 **Regie: Caroline Link**

Der Coming-of-Age-Film *Jenseits der Stille* baut seine Geschichte auf starke Gegensätze. Die hochmusikalische Lara wächst mit gehörlosen Eltern auf, denen sie viel von der Welt vermittelt und ganz praktisch hilft. Ihr Vater bekommt dagegen von seiner Familie wenig Verständnis für seine Lebenssituation. Parallel zum Kontrast von Stille und Musik wird der Kontrast aus süddeutscher Kleinstadt und dem lauten Berlin inszeniert. Lara findet erst durch die Symbiose aus Herkunft und Zukunft Kraft für ihren eigenen Weg.

Schon bei der Arbeit an diesem ersten Drehbuch beschäftigte sich Caroline Link gründlich mit der Realität gehörloser Menschen und besuchte Gebärdentheater. Bei der Regiearbeit legte sie dann großen Wert auf authentischen Umgang mit dem Thema. Sie engagierte mit der Französin Emmanuelle Laborit und dem Amerikaner Howie Seago zwei gehörlose Schauspieler. Diese mussten allerdings die deutsche Gebärdensprache ebenso erlernen wie die beiden Hauptdarstellerinnen Sylvie Testud und Tatjana Trieb. Mehrere Dolmetscher und Coaches waren während des Drehs anwesend.

Für die Rolle des Mädchens im Alter von acht und 18 war zudem Klarinettenunterricht nötig. Laras Entwicklung wird musikalisch gezeichnet. Zu Weihnachten schenkt die Tante (Sibylle Canonica), selbst Klarinettistin, ein Instrument, das Lara ins Schulorchester und schließlich zur Hochschulbewerbung führt. Der ganze Film entfaltet sich in der gleichzeitig

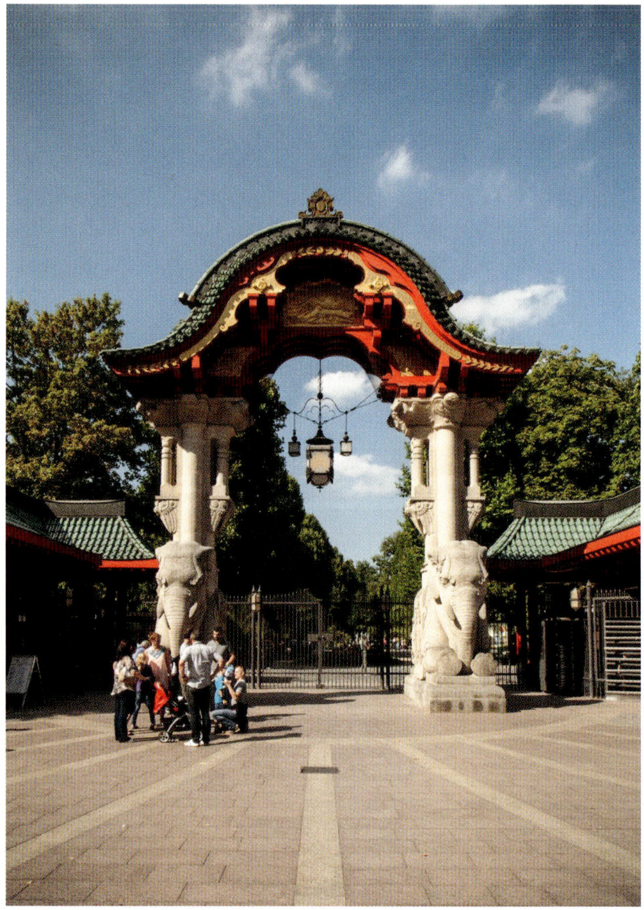

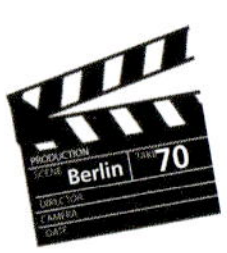

Der erste Berlin-Besuch von Lara (Sylvie Testud, rechte Seite, mit Sibylle Canonica) beginnt am Bahnhof Zoo und mit einer Fahrt über die Spree. Später holt sie ihre Schwester am Treffpunkt Elefantentor am Zoo (oben) zum Ku'damm-Besuch ab.

CAROLINE LINK

Regisseurin, Autorin
(*1964, Bad Nauheim)

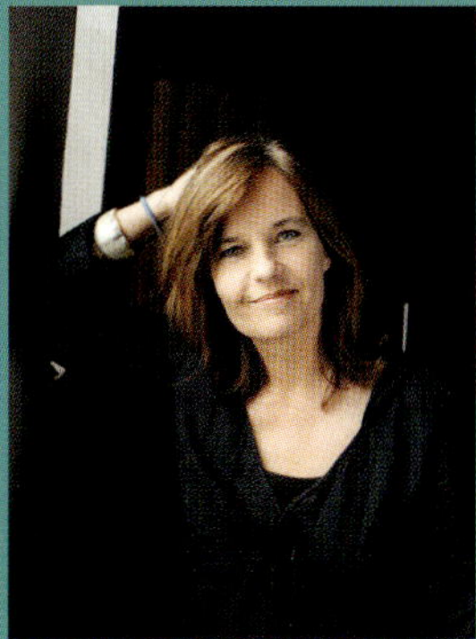

Gleich mit ihrem ersten Kinofilm *Jenseits der Stille* war Caroline Link für einen Academy Award nominiert. 2003 wurde dann ihr Exilanten-Drama *Nirgendwo in Afrika* mit dem Oscar für den besten nicht-englischsprachigen Film ausgezeichnet. Damit ging dieser Preis zum zweiten Mal nach Deutschland (nach Schlöndorffs *Die Blechtrommel*, S. 87); zudem war er erst einmal an eine Frau, die Niederländerin Marleen Gorris, verliehen worden (*Antonias Welt*, 1996).

Nach ihrem Dokumentarfilm-Studium arbeitet Link seit 1990 als Drehbuchautorin. Auch für ihre erfolgreichen Regiearbeiten schrieb sie selbst die Skripte, häufig nach literarischen Vorlagen – neben Stefanie Zweigs Kenia-Roman auch Erich Kästners *Pünktchen und Anton* oder *Im Winter ein Jahr* nach Scott Campbell. Link lebt mit ihrem Partner, dem Regisseur Dominik Graf, in München.

schwungvollen und melancholischen Stimmung der Klezmer-Musik. Deren bekannter Vertreter Giora Feidman tritt als Gast im Gespräch mit Lara und auf der Bühne auf.

Die Kindheitsszenen entstanden in Steinbach in Niederbayern, ergänzt durch Aufnahmen in München und Regensburg. Erst als junge Frau lernt Lara Berlin kennen, nachdem sie der Einladung ihrer lebenslustigen Tante folgt, die am Sophie-Charlotte-Platz wohnt. Der Ankunft am Bahnhof Zoo folgt eine postkartentaugliche Tour entlang einiger Wahrzeichen und ein spontanes Konzert unter Freunden im Roten Salon der Volksbühne. Auch das grüne Berlin wird in idyllischen Badeausflügen an den Schlachtensee gezeigt. Später wird die kleine Schwester stilgerecht von der Gedächtniskirche, dem Elefantentor des Zoos und einem Eisbecher in der obersten Etage des Café Kranzler am Ku'damm begrüßt.

Andere Seiten der Stadt eröffnen sich erst, als Lara den Lehrer einer Schule für gehörlose Kinder kennenlernt, gedreht in der Wilmersdorfer Ernst-Adolf-Eschke-Gehörlosenschule. Tom (Hansa Czypionka) profitiert von seiner ähnlich geprägten Kindheit und erstaunt Lara mit seiner Ausgelassenheit. Der beschwingte Höhepunkt des Films spielt sich bei Gegrilltem und Gloria Gaynors *I will survive* im Hof des Tacheles ab, eingeleitet mit einem Schattentanz vorm benachbarten Wandgemälde. Hier streift der Film kurz das mythisierte »Wonderland« der damaligen Subkultur. Ansonsten präsentiert er das Berlin von 1996 sehr aufgeräumt.

Es folgt der tragische Wendepunkt: Laras Abnabelung von der Familie wird erst durch den Tod der Mutter – nach kurzer Verzögerung – endgültig vollzogen. Das Finale im fiktiven Konservatorium spielt durchaus passend in der Fakultät Musik der Universität der Künste (Bundesallee, Wilmersdorf).

»Man sagt, dass der Schnee alle Geräusche verschluckt. Wenn Schnee liegt, ist alles viel leiser.« Solch poetische Momente, die allgemein verständliche Thematik und die klassische Struktur verhalfen dem deutschen Kinodebüt zu internationaler Anerkennung und einigen Auszeichnungen. Den Berlin-Hype prägte erst *Lola rennt* zwei Jahre später (S. 74).

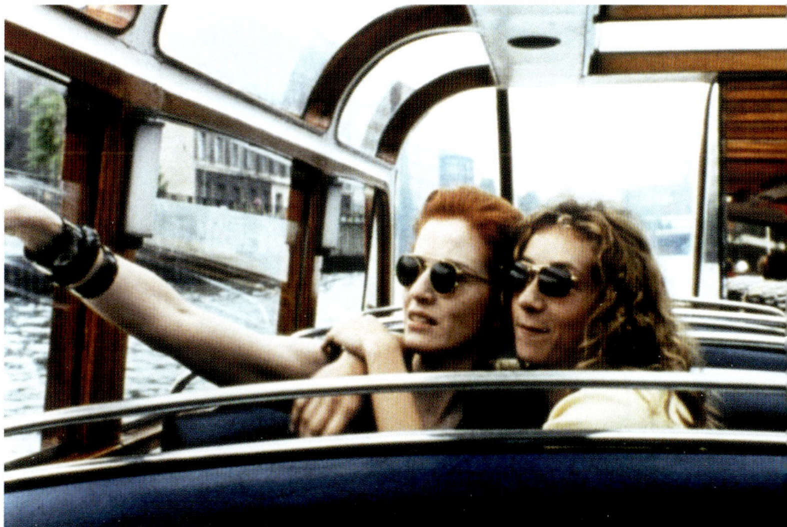

DAS LEBEN IST EINE BAUSTELLE

1997 **Regie: Wolfgang Becker**

In den 1990er-Jahre ließ das deutsche Kino mit einer Welle erfolgreicher Komödien seinen schlechten Ruf hinter sich. Von der vermeintlichen Krise der heterosexuellen Paarbeziehung zehrte ein Boom an Filmen mit neuen Stars vor und hinter der Kamera, rund um Til Schweiger und Sönke Wortmann. Komplexe Figuren oder authentische Lebenswelten suchte man in dem Genre allerdings vergebens. Unterdessen nutzte den Aufschwung eine Gruppe ambitionierter Filmemacher, um Unterhaltung für ein junges, städtisches, gebildetes Publikum zu produzieren. Der Gründung von X-Filme Creative Pool folgte die zweite Produktion mit dem lakonischen Titel *Das Leben ist eine Baustelle*. Das Skript schrieb Wolfgang Becker zusammen mit dem jüngeren Tom Tykwer.

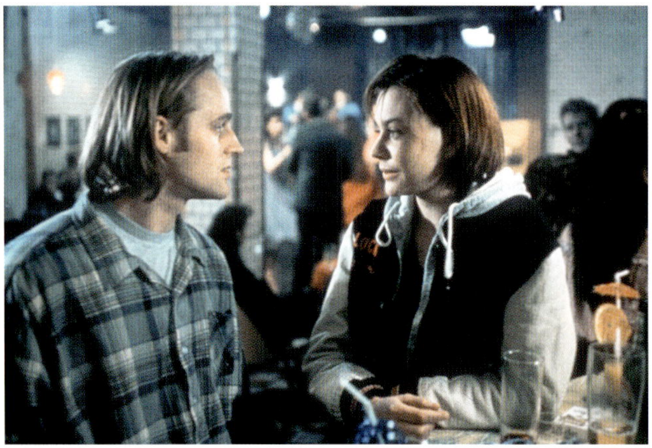

Ihren Protagonisten Jan Nebel (Jürgen Vogel) lassen sie durch ein halbfertiges Berlin stolpern. Durch Zufall gerät er in Konfrontation mit der Polizei, verliert seine Beschäftigung in einer Schlachterei, zieht wegen Streitigkeiten aus der Wohnung seiner Schwester (Martina Gedeck) und verrät damit auch noch das Vertrauen seiner Nichte. Gerade als er sich in Vera (Christiane Paul), eine geheimnisvolle Lebenskünstlerin, verliebt, findet er seinen Vater tot in dessen Wohnung. Zudem gesteht ihm seine Ex-Freundin (Meret Becker) ihre HIV-Infektion. Die Dramen um Leben, Sterben und »Liebe in Zeiten der Kohl-Ära« (so der zeittypische Spruch auf einer Bauwand) würzt Becker mit reichlich Alltagskomik. Mit trostlosem Blick steigt Jan für einen Promotion-Job ins Kükenkostüm und damit in die Tram 23 (Wysbyer/Bornholmer/Osloer Straße, die erste neue Ost-West-Straßenbahnstrecke), zur Verwunderung der realen Fahrgäste. Sein Kumpel (Ricky Tomlinson) will als Buddy-Holly-Double mit dem »Spree Teddy Club« groß rauskommen.

Mit über 400.000 Zuschauern und mehreren deutschen Filmpreisen gelang X-Filme ein Achtungserfolg. Auf der Berlinale wurde die Produktion für ihr authentisches Berlin-Bild anerkannt. Eine lobende Erwähnung der Jury sprach von der »humorvollen und ironischen Darstellung des Wandels im heutigen Berlin«. Gerade im Vergleich zu Filmen, die wenig später eine glorifizierte Hauptstadt inszenierten, machten einige der an etwa 50 Orten gedrehten Stadtszenen dem Titel

Jan und Vera (Jürgen Vogel und Christiane Paul) im »Spree Teddy Club Berlin«, der eigentlich ein Berliner Off-Theater ist. Später küssen sie sich vor dem neu eröffneten Quartier 206 in der Friedrichstraße (rechte Seite).

X-FILME CREATIVE POOL

Mitte der 1990er-Jahre beschlossen in Berlin der Produzent Stefan Arndt und die Regisseure Wolfgang Becker, Dani Levy und Tom Tykwer, eine Produktionsfirma nach dem Vorbild der ursprünglichen »United Artists« zu gründen, um mehr Kreativität durch wirtschaftliche Unabhängigkeit der Filmschaffenden zu erreichen. Ihre Filme sollten gleichzeitig anspruchsvoll und unterhaltsam sein. 1996 debütierte X-Filme mit *Stille Nacht* von Maria Schrader und Dani Levy. Seitdem stehen Berlin-Filme weit vorn in der Erfolgsgeschichte. Besonders *Lola rennt* und *Good bye, Lenin!* brachten internationale Anerkennung. Michael Hanekes *Liebe* wurde mit einem Oscar als bester fremdsprachiger Film ausgezeichnet. Auch Regisseure wie Oskar Roehler, Sebastian Schipper oder Henrik Handloegten finden sich mehrfach im Katalog. Seit 2000 sorgt der X-Verleih für den Vertrieb (nicht nur) aller X-Filme. Mit *Alone in Berlin* wurde 2015 Falladas Wedding-Roman *Jeder stirbt für sich allein* in Berlin und Bochum verfilmt (Set-Foto v. l. n. r.: Brendan Gleesen, Uwe Schott, Regisseur Vincent Perez, Emma Thomson, Stefan Arndt; nicht im Bild: Daniel Brühl).

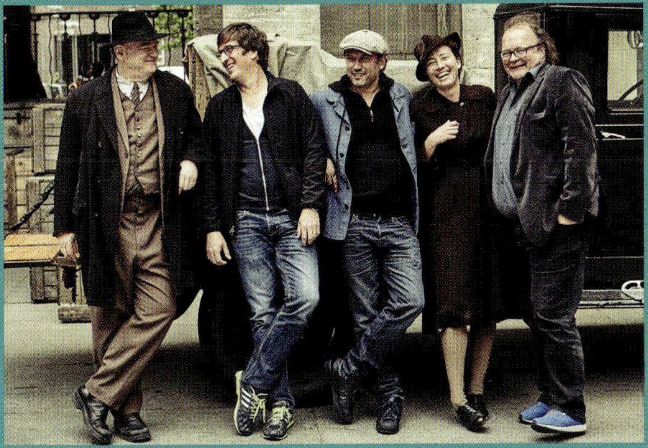

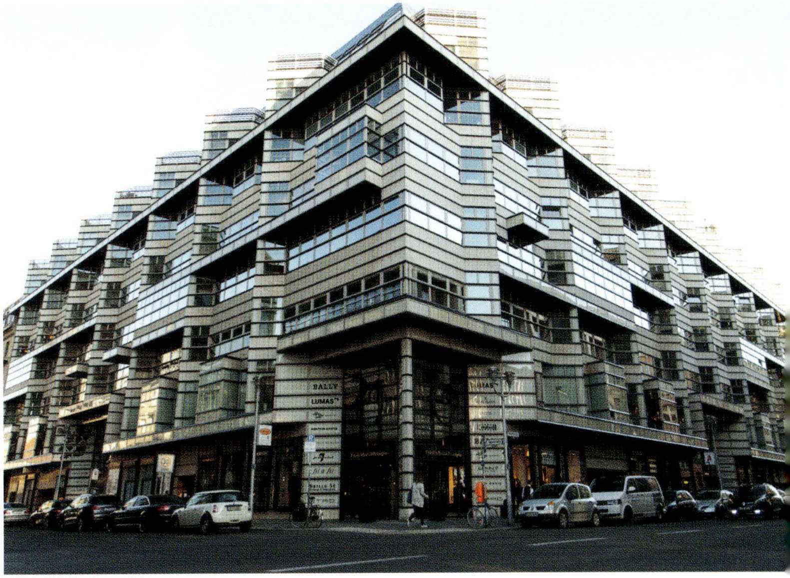

alle Ehre. Da hatte der Blick von der Oberbaumbrücke Richtung Alex noch nichts Abgenutztes. Beim ersten Kuss steht das Paar vis-à-vis vom nagelneu funkelnden Quartier 206 in der Friedrichstraße. Am Treffpunkt auf der Schönhauser Allee kann man erahnen, wo im Hintergrund gerade das Einkaufscenter hochgezogen wird. Die Kreuzberger Seitenstraßen und Hinterhöfe sehen ebenso unaufgeräumt aus wie die Gegend ums Naturkundemuseum (Invalidenstraße), in das sich Jan und Vera auf einen Kongress-Empfang schleichen. Ein Zitat aus der Berlin-Filmgeschichte ist die Imbiss-Szene im Prenzlauer Berg an jener Fußgängerbrücke, die schon *Solo Sunny* (S. 54) von der Kopenhagener zur Malmöer Straße führte.

»Die Berliner bekommen sogar Heimatgefühle, die Münchner empfinden die Bilder dagegen eher als schmuddelig«, amüsierte sich Wolfgang Becker über die Reaktionen auf sein melancholisches Großstadtporträt. Bei seinem nächsten Projekt *Good Bye, Lenin!* sollte die deutsch-deutsche Geschichte im Zentrum stehen. Für Jan und Vera spielt der Ost-West-Gegensatz keine Rolle. Letztlich gewinnen in der Berliner Umbruchstimmung alle Figuren neue Hoffnung oder wenigstens trotzigen Optimismus.

LOLA RENNT

1998 **Regie: Tom Tykwer**

Für den Produzenten war *Lola rennt* nicht weniger als »der absolute Berlin-Film«. Stefan Arndt meinte damit kein wirklichkeitsnahes Abbild des Hauptstadtlebens – wie Tom Tykwer es später in *Drei* (S. 104) erzählte –, sondern die Verdichtung der schnelllebigen Stadt zu einem urbanen Märchen. Tykwer, sein Kameramann Frank Griebe und die Cutterin Mathilde Bonnefoy experimentierten mit allerlei Zeitlupen und -raffern, Video- und Animationselementen sowie Splitscreens. Lolas Lauf schert sich weder um die Berliner Geografie noch um Gesetze der Logik und Physik. Der an Videoclips oder Games orientierte Rhythmus war oberstes Prinzip.

Erzählt werden drei Varianten einer Situation: Lola (Franka Potente) kam zu spät, nun beklagt ihr Freund Manni (Moritz Bleibtreu) am Telefon den Verlust von 100.000 Mark aus einem Hehlergeschäft. Wenn er das Geld nicht in 20 Minuten seinem Boss (Heino Ferch mit falscher Glatze) abliefert, sind sein und ihr Leben bedroht. Entschlossen läuft Lola zu ihrem Vater (Herbert Knaup), einem Bankier am Bebelplatz (im heutigen Hotel de Rome). Als sie ohne Geld verzweifelt am Treffpunkt (Ecke Tauroggener/Osnabrücker Straße in Charlottenburg) ankommt, ist Manni im Begriff den dortigen Supermarkt (damals Bolle, heute Edeka) zu überfallen – was tragisch endet.

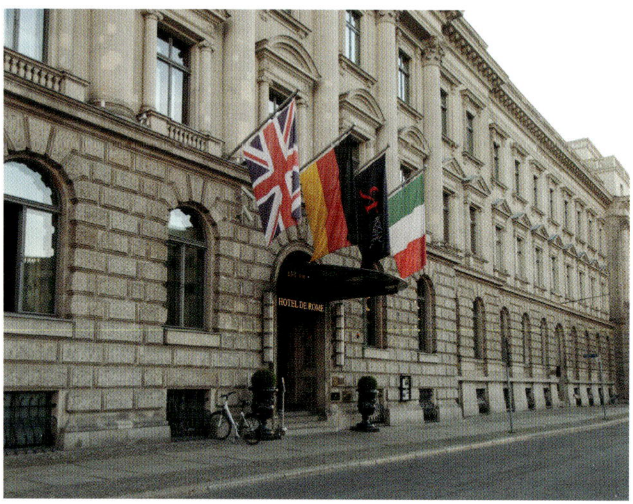

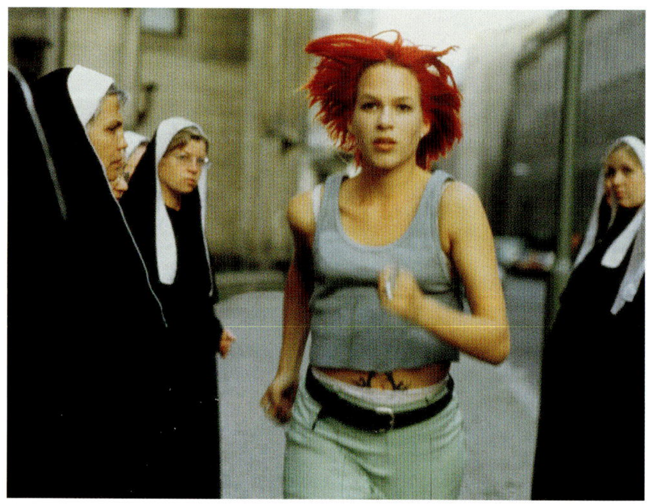

Lola (Franka Potente, rechts) eilt durch die Behrenstraße zum heutigen Hotel de Rome (links), das im Film eine Bank ist.

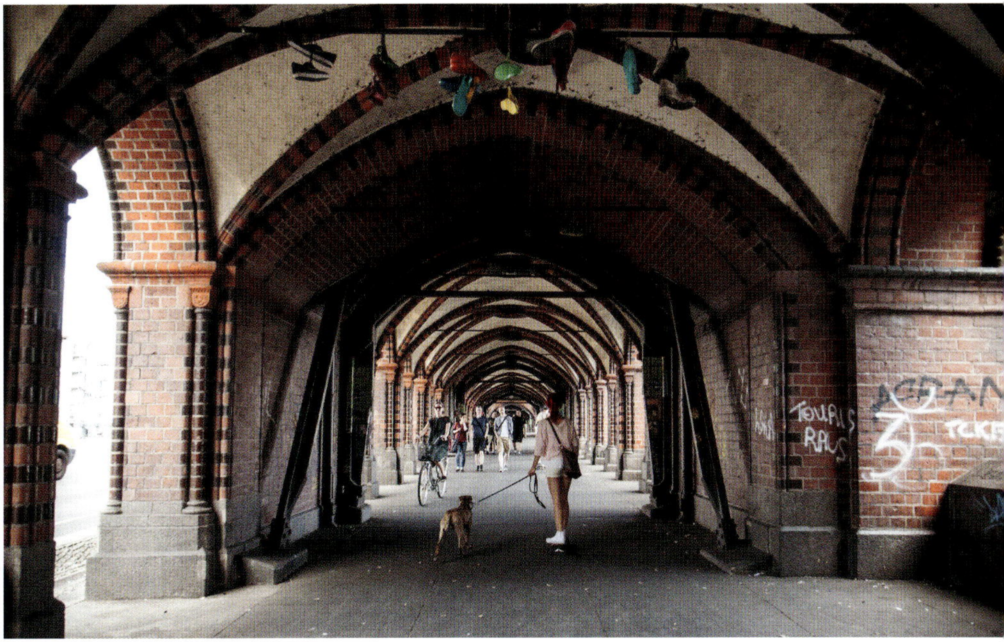

Nach einem Zwischenspiel, vielleicht einer Erinnerung oder doch einer Erfahrung zwischen Leben und Tod, startet Lola von zu Hause (Albrechtstraße 13-14, Mitte) zu einem zweiten Rettungsversuch. Diesmal erpresst sie das Geld, doch Manni wird überfahren. Ein zweites Zwischenspiel führt zur dritten, zur glücklichen Episode, die wieder Elemente des Vorangegangenen aufgreift wie ein Traum. Ob Lolas Anstrengungen nötig oder überhaupt real waren, bleibt am Ende offen.

Lola ist die genuine Berliner Superheldin, ein Schutzengel, der rennt wie der Teufel. Blitzartig ist sie in entfernten Stadtteilen. Nachdem ihr Motorrad geklaut wurde, lässt sie Fortbewegungshilfen wie U-Bahn, Fahrrad oder PKW links liegen. Den Krankenwagen überholt sie zweimal, ehe sie hier das Leben ihres leiblichen Vaters (Armin Rohde) rettet, dessen Herzinfarkt sie in der zweiten Episode ausgelöst hatte. Auf ihrem Weg beeinflusst sie das zukünftige Schicksal der Passanten, das in hastigen Fotogeschichten eingeblendet wird. Ihr Schrei lässt Glas zerspringen, Menschen erstarren und entreißt die Roulette-Kugel dem Zufall. Das Geheimnis ihrer übernatürlichen Kräfte: Liebe kann alles.

Neben anderen filmhistorischen Zitaten erinnert Tykwer an Hitchcocks *Vertigo*: mit den Comic-Szenen im Treppenhaus, der Spirale vorm Supermarkt und dem Frauenporträt im Casino. Strukturell referiert der Film auf Krzysztof Kieślowskis Drama *Przypadek / Der Zufall möglicherweise*, dessen Protagonist ebenfalls drei Varianten seines Schicksals durchlebt.

Die junge Produktionsfirma riskierte alles, um das virtuose Konzept mit bekannten Gesichtern (u. a. Joachim Król, Nina Petri und Bleibtreus Mutter Monika) und durchrauschenden Originalschauplätzen umzusetzen. Fast alle Szenen waren abhängig vom Wetter und die Zeit zwischen Mitte Juni bis Anfang August 1997 knapp. In Berlin sei es schwieriger zu drehen, als in jeder anderen deutschen Stadt – »eine gigantische Baustelle und alle Ämter sind überlastet«, mokierte Arndt damals. Dennoch ergatterte man sogar öffentliche Gebäude als Drehorte, so das Foyer des Schöneberger Rathauses (Casino innen) und das Deutsche Historische Museum im Zeughaus Unter den Linden (Casino-Fassade). Straßenaufnahmen zeigen auch die Friedrichstraße, den Gendarmenmarkt und die kleine Greifenhagener Straße im Prenzlauer Berg (Krankenwagen versus Glasscheibe). Unvergessen bleibt Lolas Sprint über die Oberbaumbrücke, die endgültig zum Film-Hotspot wurde. Der Aufwand lohnte, der Film wurde ein Hit und Exportschlager. Allein 1998 verkauften sich über zwei Millionen deutsche Kinotickets; insgesamt zählte man rund drei Millionen Zuschauer in Europa plus fast anderthalb in den USA. Auf dem Soundtrack sang Franka Potente mit Thomas D. *Wish (Komm zu mir)*, das als Single Goldstatus erhielt. Acht deutsche Filmpreise und diverse andere Auszeichnungen bestätigten auch den Erfolg bei der Kritik. *Lola rennt* sicherte X-Filme auf einen Schlag die Zukunft. Das weltberühmte, oft nachgeahmte Outfit der Superheldin Lola kann im Museum für Film und Fernsehen (S. 122) besucht werden.

Stilecht mit rotgefärbten Haaren überquert eine Skaterin die Oberbaumbrücke zwischen Kreuzberg und Friedrichshain.

HERR LEHMANN

2003 **Regie: Leander Haußmann**

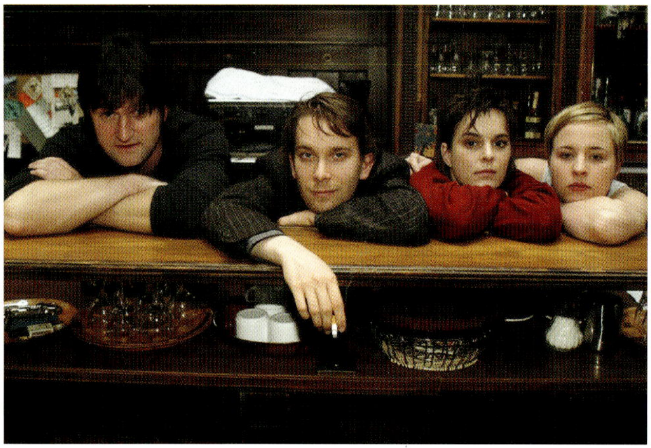

Nachdem die Kreuzberger Markthalle (Pücklerstraße) morgens dicht gemacht hat, taumelt Herr Lehmann (Christian Ulmen) die Wrangelstraße entlang, bis ihn auf der Sebastianstraße ein freilaufender Hund aufhält. Der folgende Machtkampf zwischen Mann und Tier auf dem Bürgersteig vor bröckelnder Hausfassade wird aus einer Perspektive gefilmt, die vor dem November 1989 unmöglich gewesen wäre. Denn was man nicht sieht, ist die Berliner Mauer, die mitten durch diese Straße verlief. In *Possession* filmte Andrzej Zulawski 1981 ebenfalls die Sebastianstraße, auf der Isabelle Adjani direkt die Mauer streift. Leander Haußmann drehte seinen Film *Herr Lehmann* Jahrzehnte später und gibt keinen Hinweis auf die Geschichte der Straße.

Den titelgebenden Barmann aus SO36 – die ehemalige Postleitzahl hat sich als Kiezname bis heute gehalten – interessiert die Mauer auch nicht, denn die Welt dahinter spielt keine Rolle für ihn. Gespräche über »den Osten« blockt Frank, von allen »Herr Lehmann« genannt, ab, nicht einmal von der Weltzeituhr hat er bisher gehört (»Was wollen die im Osten mit der Weltzeit?«). Er verbringt seine Nächte hinter oder vor dem Tresen mit den Stammkunden, Kumpels, der Kellnerin Heidi (Annika Kuhl) und seinem besten Freund Karl (Detlev Buck), der die Markthalle leitet. Nicht die Schlagzeilen und TV-Nachrichten zur sich ankündigenden Wende erschüttern sein Leben, sondern die schöne Köchin Katrin

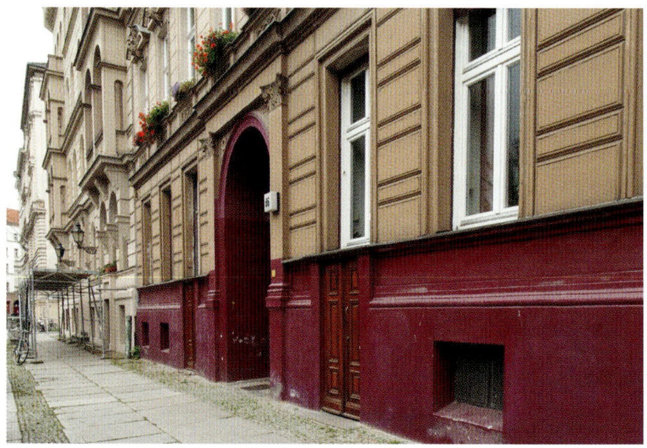

Schauplatz Kreuzberg, Drehort Köln: Detlev Buck, Christian Ulmen, Annika Kuhl und Katja Danowski am Tresen (oben). Einer der Originalschauplätze im Film ist die Sebastianstraße (unten, heute farbenfroh gestrichen).

(Katja Danowski) und der Besuch der Eltern (Margit Bendokat, Adam Oest). Als Letztere ihn zu einer Verwandten nach Ost-Berlin schicken, bleibt er symbolträchtig an der Grenze stecken.

Zu dem selbstgewählten Leben in der kleinstadthaften Nische passt es, dass große Teile des Films in Studiokulissen entstanden. Das Interieur des »Weltrestaurants Markthalle« (1993 unter diesem Namen eröffnet) wurde im Kölner Studio nachgebaut. Vor Herr Lehmanns fiktiver Bar »Einfall« erkennt das geübte Auge die »Berliner Straße« auf dem Babelsberger Filmgelände, wo Haußmann auch sein Debüt *Sonnenallee* filmte (S. 69). Die Figuren laufen diese Straße auf und ab, wie die Kamera während der Kneipengespräche kontinuierlich hin und her fährt. So fühlt sich das Leben im Käfig an, in dem es sich die West-Berliner eingerichtet haben. Auch die realen Treffpunkte wie das Prinzenbad (Prinzenstraße), die Dönerbude Mısır Çarşısı am Kottbusser Tor oder das Kino Filmrauschpalast der Kulturfabrik Moabit sind beschauliche Räume dieses Mikrokosmos.

Dann kollidieren überraschend der private und der politische Wendepunkt. An Herr Lehmanns 30. Geburtstag muss er erst seinen Freund Karl mit einem Nervenzusammenbruch ins Urbankrankenhaus bringen. Einige Biere später erfährt er in der Kneipe »Zum Elefanten« am Heinrichplatz, dass die Mauer offen ist. »Das müssen wir uns ansehen«, stellt sein Freund Sylvio (Tim Fischer) fest. »Erst austrinken«, ist die Antwort. Dann kommt zum ersten Mal die Mauer ins Bild, die nun schon einen Durchbruch hat und von jubelnden Menschen umgeben ist. Lehmanns abgeschottete kleine Welt ist aufgebrochen, er muss sich nun einen neuen Platz suchen.

»Das Wichtigste beim Drehbuch sind die Dialoge«, war die Faustregel des Element of Crime-Sängers Sven Regener, der seinen gleichnamigen Erfolgsroman selbst adaptierte. Der Mangel an Plot und der Reichtum an absurdem Witz waren es gerade, was Haußmann am Skript interessierte: »Nichts ist langweiliger als die Wirklichkeit.« Trotz des spezifischen Kontexts sind die Pointen und Konflikte für ein breites Publikum geschrieben. Allein die Besetzung der Nebenrollen sorgt für einige Lacher: Michael Gwisdek hat einen seiner prägnanten Gastauftritte als blond zerzauster Säufer, der einen Munitionsgürtel über den Tresen reicht, bevor er wie ein Brett zu Boden fällt. Der aus *Traumschiff* und *Ein Kessel Buntes* bekannte Karsten Speck schmeißt als »Lederuschi« die ungeliebten »Heten« aus seiner Schwulenbar. Christoph Waltz, inzwischen doppelter Oscar-Gewinner, analysiert als kauziger Arzt der Notaufnahme treffend Karls Problem und nebenbei die Lebenssituation von Herrn Lehmann.

Der klamaukige Kneipenfilm lebt von seinen sonderlichen Figuren und der verrauchten Atmosphäre, die auch dem melancholischen Pop-Soundtrack zu verdanken ist. Wer sich fragt, ob der ausgiebige Bierkonsum gesponsert sei, dem wird im Abspann versichert, es habe von der Firma Beck's lediglich »geringere Sachleistungen« gegeben.

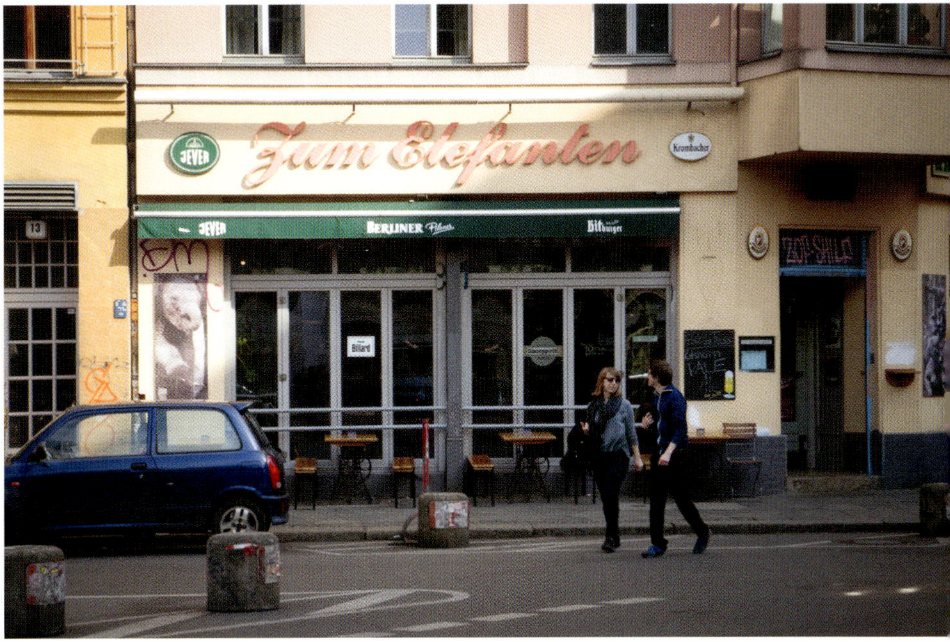

Anders als die in Babelsberg gebaute Bar »Einfall« oder die im Kölner Studio nachgestellte »Markthalle« drehte man die Mauerfallszenen in einer echten Kneipe: »Zum Elefanten« am Heinrichplatz, Pflichtstation jeder Herr Lehmann*-Tour.*

GOOD BYE, LENIN!

2003 **Regie: Wolfgang Becker**

Zwölf Jahre nach dem Mauerfall von der DDR Endzeit zu erzählen, bedeutete einen historischen Film zu drehen – der gleichzeitig den Erinnerungen der Zuschauer standhalten musste. So stellte sich den Ausstattern von *Good Bye, Lenin!* ein ähnliches Problem wie der Hauptfigur: Sie mussten versuchen, alle Motive, sozusagen das ganze Stadtbild, unter ihre Kontrolle zu kriegen. Zudem erschufen sie innerhalb des Wendezeit-Settings eine kleine DDR-Miniatur, die ursprünglich titelgebenden »79 qm DDR«. Mit diesem Kniff schaffte Wolfgang Becker es, die Zeit dem breiten Publikum in Ost, West und Übersee nahezubringen. Nachdem Beckers *Das Leben ist eine Baustelle* (S. 72) vor allem bei einheimischen

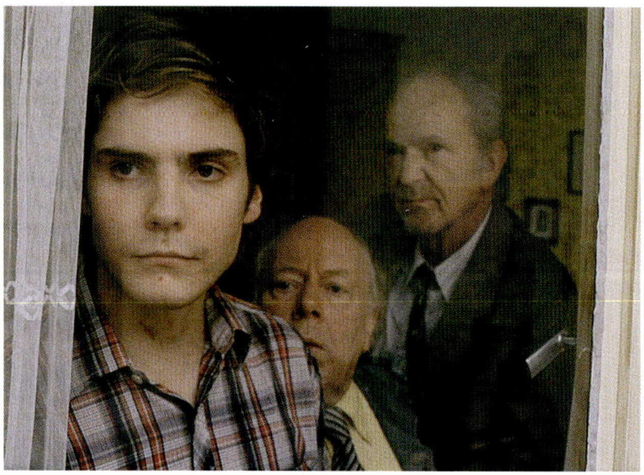

DANIEL BRÜHL

Schauspieler (*1978, Barcelona, als César Martín Brühl González Domingo)

Schon als Kind war Daniel Brühl an Hörspiel- und Synchronproduktionen beteiligt. Anfang der 1990er-Jahre hatte er erste Auftritte in TV-Serien. Nach dem Abitur startete dann seine Kinokarriere: angefangen mit der Jugendkomödie *Schule* (Marco Petry, 2000) über Kritikerlieblinge wie *Das weiße Rauschen* (Hans Weingartner, 2002) oder *2 Tage Paris* (Julie Delpy, 2007) bis zu intenationalen Produktionen à la *Inglourious Basterds* (Quentin Tarantino, 2009). Sein Rollenrepertoire vereint Mönch und Offizier, Freiheitskämpfer Salvador Puig Antich und Rennfahrer Nikki Lauda, Kunstkritiker, Zoodirektor und Supervillain. Seine Berlin-Filmografie erweitert 2016 *Jeder stirbt für sich allein* (Vincent Perez) über Nazi-Widerstandskämpfer in Wedding.

Brühl selbst pendelt zwischen Prenzlauer Berg und Barcelona. 2011 eröffnete er mit drei Freunden die »Bar Raval« am Görlitzer Park und veröffentlichte zu den dort feilgebotenen Tapas gleich noch ein Buch.

Was ist da draußen nur los? Daniel Brühl, Jochen Stern und Michael Gwisdek in der Neubauwohnung, die in der Berolinastraße spielt, aber im Studio maßstabgetreu nachgebaut wurde.

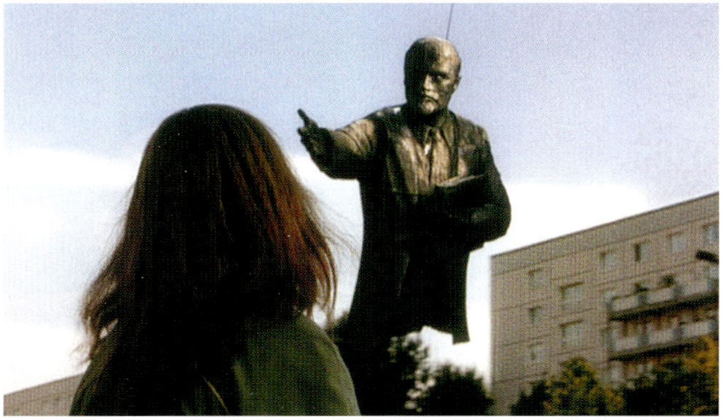

Kinogängern gut ankam, war der Nachfolger plötzlich international erfolgreich.

Good Bye, Lenin! beginnt mit dem kleinen Alexander zwischen Sandmännchen, Pionierpark Wuhlheide (heute FEZ) und 8-mm-Filmchen. 1978 flieht der Vater (Burghart Klaußner) gen Westen und Sigmund Jähn (Stefan Walls) fliegt ins Weltall. Bevor Alex (Daniel Brühl) beide Herren später wiedertrifft, geht es mit der DDR den Bach runter. Bei der Demo am 7. Oktober 1989 ist Alex mittendrin. Nachgestellt wurde sie an der Glinka-, Ecke Mohrenstraße mit 550 Komparsen, darunter einige Zeitzeugen, sowie zuschlagenden Stuntmännern als Vopos. Geschockt von all dem erleidet Alex' linientreue Mutter (Katrin Sass) einen Herzinfarkt. Von nun an liegt sie im Koma, während vor der Tür der Epochenwechsel stattfindet. Gebäude der Krankenhäuser in Buch wurden als Charité inszeniert. Am heimischen Krankenbett versucht Alex, die ruhige Vorwendezeit zu simulieren – mithilfe der Nachbarn und der Ostalgie-Produktpalette. Für die Neubauwohnung Berolinastraße 21 gab es Studiozimmer in Adlershof. Real war die Datsche in Fichtenwalde, hinter Potsdam. Mit seiner sowjetischen Freundin (Chulpan Khamatova) erlebt Alex die Aufbruchstimmung Ost: auf dem Flohmarkt am Nordbahnhof, im 1990 gegründeten, kurz nach den Dreharbeiten geschlossenen Club »Eimer« (Rosenthaler Straße 68), im Puppenstuben-Künstlerhaus, das als »Tacheles«-Ersatz in einer ehemaligen Brauerei inszeniert wurde. Zu den Straßenszenen gehört eine Fahrt entlang der East Side Gallery und ein Blick auf das von Graffiti bereinigte heutige Soho-Haus (Torstraße/Prenzlauer Allee).

Der Vorspann ist eine Collage aus Ansichtskarten der Hauptstadt der DDR, die mit Alexanderplatz, Karl-Marx-Allee, Lenin-Statue usw. die Hauptmotive ankündigt. Eine in Originalmaterial eingefügte Sequenz für die »Aktuelle Kamera« musste im Staatsratsgebäude nachgedreht werden. Der Beitrag über die vermeintliche Coca-Cola-Kooperation entstand vor deren ehemaliger Fabrik in Lichterfelde (Hildburghauser Straße 224-232), die dank Billy Wilders *One, Two, Three* (S. 38) ein Kinostar und bis 1992 in Betrieb war. Nur die Titelfigur ist eine reine Computeranimation, die samt Transporthubschrauber in der Postproduktion eingefügt wurde. Die postume Laufbahn des echten Monuments vom Leninplatz (heute Platz der Vereinten Nationen) ist noch nicht vorbei. Als letzter Rest des 19 Meter hohen Denkmals von 1970 hat Lenins Kopf – abgetrennt, eingegraben, ausgebuddelt – 2015 seine Karriere zum Museumsstück angetreten.

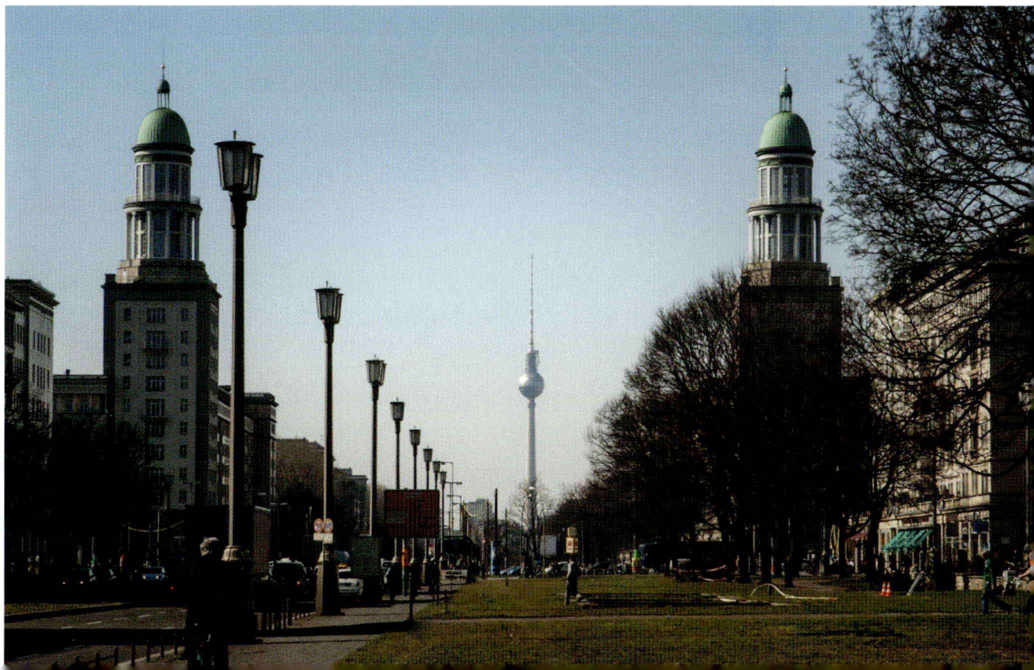

Lenin fliegt über Katrin Sass (oben) und die Karl-Marx-Allee (rechts).

DIE FETTEN JAHRE SIND VORBEI

2004 **Regie: Hans Weingartner**

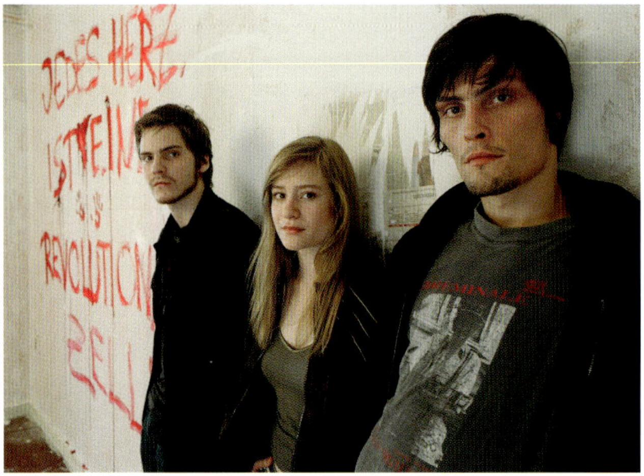

Der Film beginnt und endet mit einem Einbruch in die Privatsphäre. Am Anfang wird durch den verzerrten Blick einer Überwachungskamera eine Familie bei der Heimkehr in ihre verwüstete Villa gezeigt (gedreht in Dahlem): Die Möbel sind übereinandergestapelt, die Stereoanlage ist im Kühlschrank verstaut und ein Brief verkündet: »Die fetten Jahre sind vorbei«. Zum Schluss wird die Wohnung der Einbrecher von einer SEK-Truppe gestürmt. Die längst getürmten Aktivisten behalten das letzte Wort. An der Wand steht: »Manche Menschen ändern sich nie«.

Regisseur Hans Weingartner wurde selbst Mitte der Neunziger mit riesigem Polizeiaufgebot aus der Wohnung getrieben. Damals war er einer der verspäteten Hausbesetzer, die ein Jahr lang mit Freunden, Kindern und Tieren in einem Ost-Berliner Altbau hausten. 2004 präsentierte Weingartner seinen Film auf dem dekadenten Festival in Cannes, als ersten deutschsprachigen Wettbewerbsbeitrag nach 1993. Dabei blieb Weingartner seinen jugendlichen Helden näher als den »Bonzen«, gegen die sie aufbegehren.

Er und seine Ko-Autorin Katharina Held erzählen eine ernste Revolutionskomödie, eine Dreiecksgeschichte, ein Road Movie. Peter (Stipe Erceg) und Jan (Daniel Brühl) kanalisieren ihren Frust am Ausbeuter-System in nächtlichen Aktionen, strategischer Villensabotage. Jule (Julia Jentsch) demonstriert vorm Schuhgeschäft gegen Sweatshops und kellnert hinterher im spießigen Restaurant, um einen Luxuswagen abzustottern, an dem sie unversichert einen Totalschaden verursacht hat. Als sie wegen der hohen Raten aus ihrer Wohnung fliegt, zieht sie in die WG ihres Freunds Peter in der Oderberger Straße 43 – direkt neben das seit den 1990ern erfolgreiche Eis-und-Waffel-Café mit dem kapitalistischen Namen »Kauf dich glücklich« .

Bald erkennen Jan und Jule ihre gemeinsamen Träume und Zweifel: »einfach nur wild und frei leben, aber das will heute doch jeder Zweite«. Es folgt ein Einbruch in die pompöse Neubauvilla von Jules Gläubiger (vom Skript in Steglitz angesiedelt, tatsächlich aber am Werbellinsee). Bei der Rückkehr überrascht sie der Hausherr Hardenberg (Burghart

Als drei »revolutionäre Zellen« verstehen sich Jan, Jule und Peter (Daniel Brühl, Julia Jentsch, Stipe Erceg).

Klaußner), den sie aus Verzweiflung kurzerhand in eine alpine Hütte (Tirol) entführen. In der zweiten Stunde des Films kommt die wackelige Videokamera etwas zur Ruhe und die Dialoge werden länger.

Während sich beiläufig das Beziehungsdreieck entspinnt, wird über Politik diskutiert. Die jungen Aktivisten, selbsternannte »Erziehungsberechtigte«, streben nach Aufklärung, nicht nach Macht. Hardenberg dagegen beweist immer wieder seine Egozentrik. Somit ist die dahingeplauderte Rechtfertigung seiner Karriere leer, vielmehr wird seine 68er-Vergangenheit nachträglich entlarvt – wenn diese nicht gar von ihm spontan erfunden ist.

Das Drehbuch ist gespickt mit Zitaten aus einer Zeit, als Revolution noch Mode war. Jan, Peter und Jule sprechen die geerbten Worte genauso ernst wie reflektiert. Sie sind auf der Suche nach Idealen, angeekelt vom Selbstverrat ihrer Geisel und seinesgleichen. Wohin das führt, ist erst einmal unklar.

Diese Haltung nahm die Presse als Generationsdiagnose auf. So sprach ein wenig Angst vor dem »Gesinnungsterror« (Frankfurter Rundschau) aus den Filmkritiken der bürgerlichen Presse: »Sollte sich diese Jugend ernsthaft radikalisieren, wäre sie unkorrumpierbar und kaum mehr zu beruhigen« (ZEIT). Währenddessen freute sich die taz mit dem Regisseur über eine politische Jugend, die sich der Widersprüche ihres Handels bewusst und trotzdem aktiv sei. Einig waren sich alle über die geglückte Besetzung. Brühl hatte schon in Weingartners Spielfilmdebüt *Das weiße Rauschen* (2002) brilliert.

So gegensätzlich wie die Figuren sind die Berliner Drehorte. Der österreichische Berliner Weingartner zeigt die Stadt in einer Ost-West-Dichotomie, die gut zehn Jahre später verschwunden ist. Damals stehen den Grunewald-Villen, dem Ku'damm und der Wilmersdorfer Shopping-Meile noch unsanierte Straßenzüge im »Dissidenten-Viertel« Prenzlauer Berg gegenüber (außer der Oderberger sind Raumer- und Eberswalder Straße zu erkennen). Das neureiche Stadtzentrum, der Potsdamer Platz, rauscht nur im Hintergrund vorbei. Von Gentrifizierung ist noch wenig spürbar. Heute parken vorm »Kauf dich glücklich« die Edelkarossen.

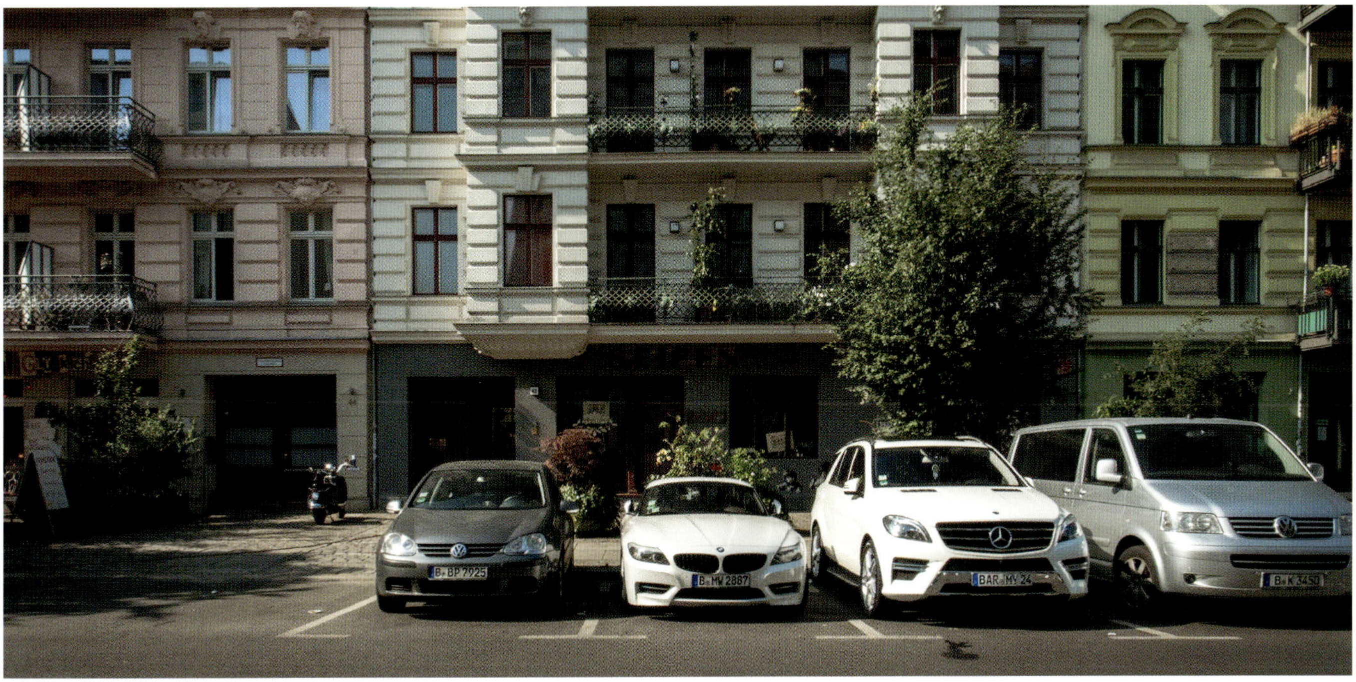

Hier fangen die fetten Jahre gerade erst an: Oderberger Straße 2015, ganz links das Café »Kauf dich glücklich«.

GESPENSTER

2005 **Regie: Christian Petzold**

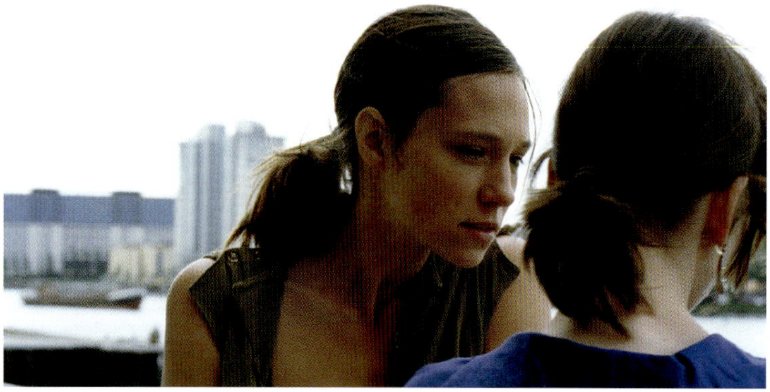

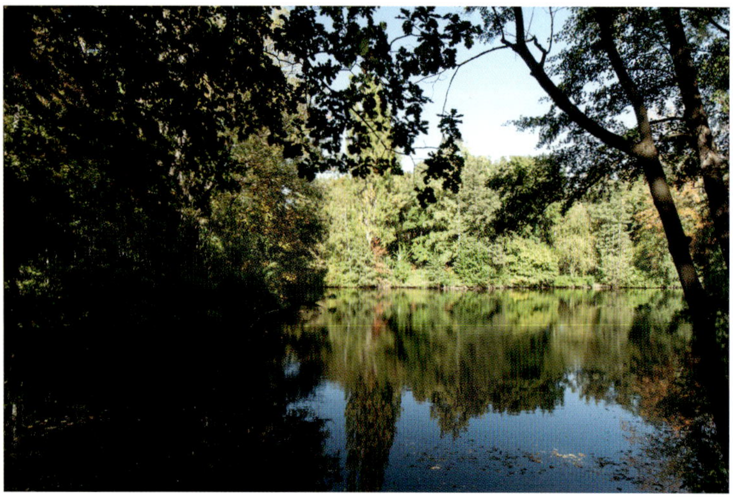

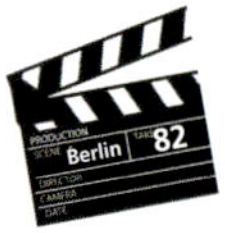

Aus den Orten eine Geschichte gewinnen.« Inspiriert vom Potsdamer Platz und dem angrenzenden Tiergarten bearbeitete Christian Petzold den Mittelteil seiner »Gespenster-Trilogie« (neben *Die innere Sicherheit* und *Yella*). In diesem geschichtsvergessenen neuen Zentrum Berlins, das wenige Jahre zuvor noch Niemandsland war, verortete er seine heimatlosen Figuren. Immer auf der Suche – nach Familie, Liebe, Identität – bewegen sie sich durch die trostlose Stadtlandschaft. Was Petzold über Thomas Arslans *Dealer* sagte, trifft auch auf *Gespenster* zu: »Da ist Sommer und Park und es ist wirklich Berlin.«

Diesen authentisch gefilmten Schauplatz durchstreift die jugendliche Nina (Julia Hummer). Offenbar zu Sozialstunden verurteilt, sammelt sie gerade Müll im Tiergarten, als ihr Toni (Sabine Timoteo) begegnet. Zu der jungen Frau entsteht schnell eine intime Nähe und zögerlich Vertrauen. Gemeinsam frühstücken sie im Café am Großen Stern, stehlen unerkannt Blusen in den Potsdamer Platz Arkaden, bewerben sich bei einem TV-Casting als beste Freundinnen (im Universal-Gebäude am Osthafen) und tanzen auf der Party des Regisseurs (Benno Führmann) stilecht in einer Grunewald-Villa. Dort lässt Toni Nina nach einer gemeinsamen Nacht wortlos zurück.

Im Tiergarten voller Verstecke und Gewässer (unten) begegnen sich Toni (Sabine Timoteo) und Nina (Julia Hummer). Beim Casting im Universal-Gebäude an der Spree (oben) erfinden sie andere Geschichten ihrer Freundschaft.

Parallel sucht die Französin Françoise (Marianne Basler) verzweifelt nach ihrer Tochter, die vor vielen Jahren als Kleinkind in Berlin entführt wurde. In Nina glaubt sie ihr Kind wiedergefunden zu haben und sieht das in einer Narbe bestätigt. Die Waise Nina traut ihrem Glück nicht recht, zudem nimmt Toni sie ganz in Anspruch. Nach der ersten und einer zweiten Begegnung auf dem Parkplatz am Martin-Gropius-Bau gelingt es Françoise schließlich, das Mädchen zum Essen in ihr Hotel einzuladen.

Dieses Hotel Marriott am Inge-Beisheim-Platz liegt direkt zwischen dem Potsdamer Platz und dem Tiergarten. Hier trafen sich bereits der Regisseur und seine Darstellerinnen zur Vorbereitung mit dem Drehbuch sowie mit Filmen und Büchern. Einem kurzen Märchen der Brüder Grimm entnahm Petzold die Grundidee zur Geschichte der Mutter: In *Das Totenhemdchen* kommt ein verstorbenes Kind nicht zur Ruhe, solange seine Mutter um es weint.

Als Gespenster erscheinen auch die computerbearbeiteten Fotos von jahrelang vermissten Kindern, die auf den Polizeibildern nun älter aussehen, als sie vielleicht je geworden sind. Auf einem solchen Phantombild aus der gestohlenen Brieftasche ihrer vermeintlichen Mutter erkennt Nina am Ende ihr Gesicht, was der Konstellation noch einmal eine Wendung gibt, deren Richtung jedoch offen gelassen wird.

Dass aus der leise und elliptisch erzählten Begegnung der drei Frauen eine anziehende Geschichte wächst, ist nicht zuletzt dem Schnitt von Bettina Böhler zu verdanken, die inzwischen mit dem Bremer Filmpreis für langjährige Verdienste im europäischen Film geehrt wurde. Die ruhige Kamera von Hans Fromm, ebenfalls ein treues Team-Mitglied von Petzold, fängt viel Stadtnatur ein. Neben Vogelgezwitscher sind wenige Dialoge, noch seltener Musik zu hören. Die Figuren »geistern« durch den Tiergarten, als wäre er ein verwunschener Wald, und entlang der Rückseiten von Sony Center und Botschaftsviertel wie an Stadträndern. Selbst den Überwachungskameras entgehen sie. So zeichnet Petzold, der sonst in Gegenden fernab der Hauptstadt dreht, mit der deutsch-französischen Koproduktion *Gespenster* ein geheimnisvolles, unkonventionelles Berlin-Bild.

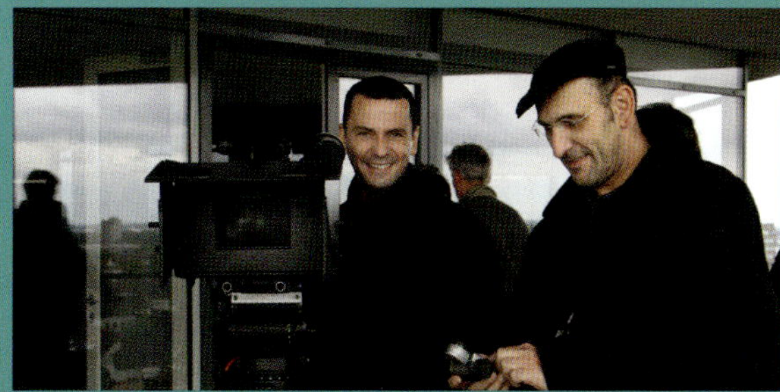

BERLINER SCHULE

Den Begriff »Neue Berliner Schule« prägte 2001 ein Journalist, um die Parallelen der Filme von Christian Petzold (Foto links, neben Hans Fromm), Angela Schanelec und Thomas Arslan zu betonen. Die drei Regisseure studierten gemeinsam an der dffb (S. 123) beim Essayfilmer Harun Farocki, der bis zu seinem Tod 2014 Petzolds Ko-Autor blieb. Derweil wurde das Label, auch als »Nouvelle Vague Allemande«, in der internationalen Diskussion auf jüngere Filmemacher erweitert wie Christoph Hochhäusler, Maria Späth, Valeska Grisebach, Ulrich Köhler, die zum Teil Absolventen der Münchner Filmakademie sind. Sie alle vereint keine Bewegung, kein Manifest oder dergleichen, sondern ihr ruhiges, bildhaftes, offenes Erzählen in Abgrenzung zum kommerziellen Kino. Ihr »Forum für ein Kino der persönlichen Perspektive und des erzählerischen Risikos« ist die 1998 gegründete Zeitschrift *Revolver* (ein Pendant zur *Cahiers du cinéma*).

Bei Petzolds *Die innere Sicherheit* (2000), *Barbara* (2012) und Maren Ades *Alle Anderen* (2009) spiegelte sich der Erfolg bei Kritik und auf Festivals auch in den deutschen Besucherzahlen wider. Viele der Filme werden zudem im Ausland vertrieben. 2013 präsentierte das New Yorker MoMA eine Ausstellung und Filmreihe zur »Berlin School«.

ÆON FLUX

2005 **Regie: Karyn Kusama**

Wo andere die nostalgischen malerischen Plätze der Stadt zur Filmkulisse wählen, war Regisseurin Karyn Kusama auf der Suche nach monumentalen modernen Bauten. Zunächst gab es Pläne, die MTV-Animationsserie *Æon Flux* in Brasília zu verfilmen, was aber an mangelnder Infrastruktur scheiterte. Dann fand Kusama in Berlin und Potsdam sowohl die professionellen Voraussetzungen als auch Architektur, welche die futuristische Inszenierung der Stadt Bregna im Jahr 2415 komplettierte. Obwohl die fiktive mit der realen Welt wenig gemein hat, sind zahlreiche Orte so prominent in Szene gesetzt, dass Bregna durchaus als ein Berlin-Potsdam des 25. Jahrhunderts vorstellbar wird.

Erzählt wird aus der Sicht von Æon Flux (Charlize Theron), die als akrobatisch kämpfende Superheldin im schwarzen Catsuit die Welt rettet. Die Welt sind in diesem Fall die letzten fünf Millionen Menschen, die sich nach einer verheerenden Seuche hinter die hohen Mauern einer Zivilisationsinsel zurückgezogen haben. Über vierhundert Jahre werden sie schon von der totalitären Regierung der Familie Goodchild beherrscht, welche nun die terroristische Organisation der »Monicans« zu stürzen versucht. Als deren Vorzeige-Rebellin Æon beim Attentat auf das Oberhaupt scheitert, kommen Geheimnisse um implantierte Identität, genetische Wissenschaft und tödliche Willkür ans Licht. Nach langen stilvollen Kampfszenen endet der Film mit einer zuversichtlichen Rückkehr zur Natur und zu Fruchtbarkeit.

Zum Inbegriff der in planvolle Ordnung gezwungenen Natur werden die Weinterrassen von Schloss Sanssouci in der

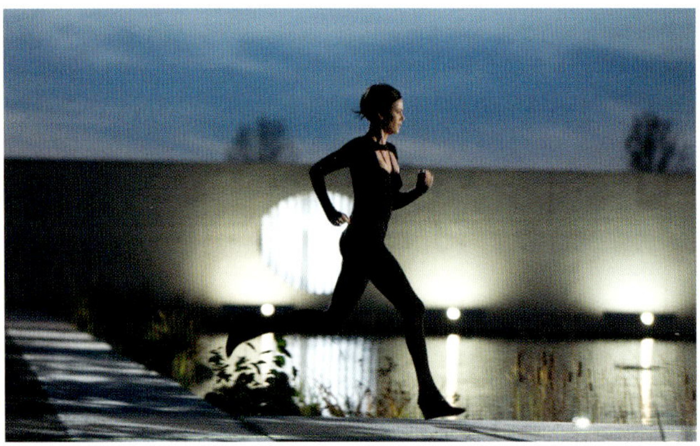

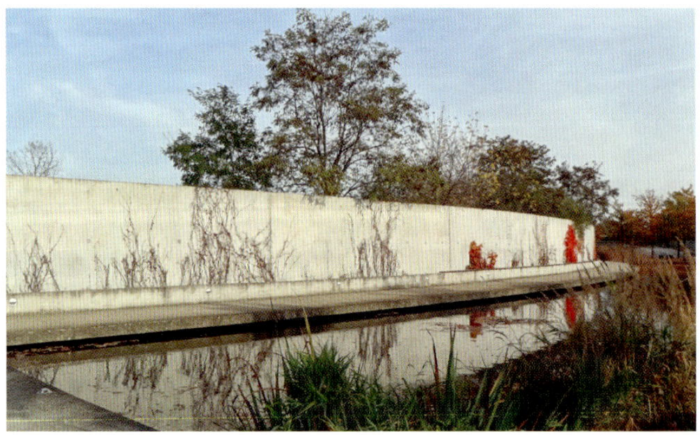

Æon Flux (links) sprintet durch das weitläufige Gelände des Tierheims Berlin in Falkenberg (rechts).

Eröffnungsszene. Der Rokoko-Bau selbst, einer der meist besuchten Orte Potsdams, wird nicht eingeblendet. Stattdessen verbindet sich Park Sanssouci mit der Anlage der Bundesgartenschau auf dem Bornstedter Feld. Das einst militärische Gelände stammt ebenfalls aus der Zeit Friedrich II. und wurde 2001 teilweise zum Volkspark Potsdam. Im Kino wird der farbenfrohe Garten zur gefährlichen Grenzanlage des Regierungspalasts, die Æon und ihre vierhändige Freundin Sithandra (Sophie Okonedo) überwinden – mit Saltos zwischen »explodierenden« Baumfrüchten, Spagat über Gras aus tausenden Nadeln. Die Biosphäre (Georg-Hermann-Allee 99), eine teure Tropenhalle auf dem BUGA-Gelände, spielt einen entscheidenden Part: Hier ist das Labor von Trevor Goodchild (Marton Csokas), in dem er Krankheiten und Unfruchtbarkeit der Menschheit zu heilen versucht.

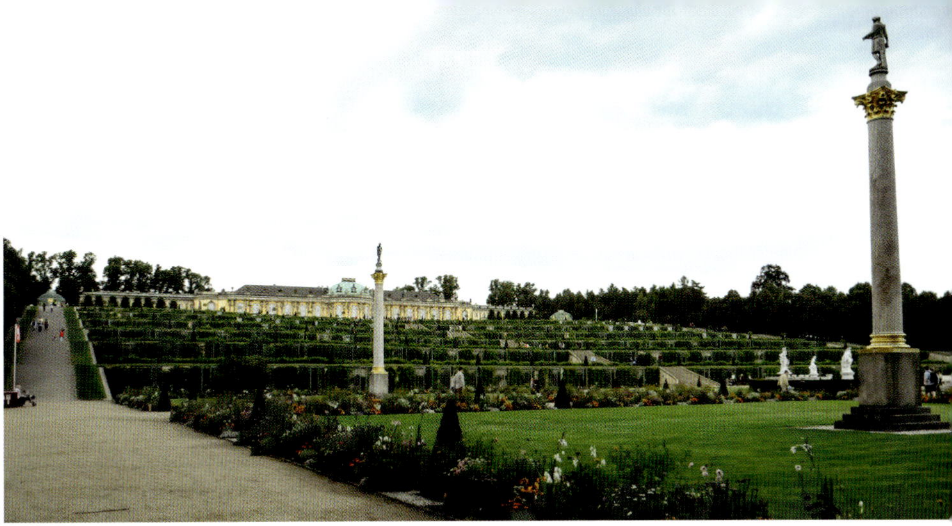

Ein Großteil der Retortenstadt wurde zudem in Berlin gedreht. Actionreiche Szenen wurden in den Gewölben der Berliner Wasserwerke (Müggelseedamm 307) und der markanten Spandauer-See-Brücke sowie in den Außenbereichen des Hauses der Kulturen der Welt (Kongresshalle im Tiergarten), des Bauhaus-Archivs (Klingelhöferstraße 14), der benachbarten mexikanischen Botschaft (Klingelhöferstraße 3) und des Velodroms (am S-Bahnhof Landsberger Allee) gedreht. Besonders beeindruckende Kulissen bilden das von Axel Schulte entworfene Krematorium Baumschulenweg (Kiefholzstraße 221) und der Aerodynamische Park in Adlershof. Zu dessen physikalisch-technischen Forschungseinrichtungen gehören der Trudelturm und ein großer Windkanal von 1932.

Der Hörsaal des Tieranatomischen Theaters (Philippstraße 12/13), einst Königliche Tierarzneischule, heute zur Humboldt-Universität gehörend, stellt einen virtuellen Kommunikationsraum dar, in dem Æon von Handler (Frances McDormand) ihre Aufträge erhält. Das große Finale findet im Tierheim Berlin (Hausvaterweg in Falkenberg/Lichtenberg) statt. Diese 2002 eröffnete Anlage des Architekten Dietrich Bangert mit Sichtbeton und weiten Wasserflächen auf einer Gesamtfläche von 16 Hektar soll sogar Inspiration für weitere Filmbauten gewesen sein.

Eindrucksvoll bilden all diese Elemente aus neuerer und historischer Architektur eine organische Kunstwelt. Mit entsprechendem Aufwand drehte man von August bis Dezember 2004. Leider erreichten die Produzenten weder ihre kommerziellen Erwartungen noch die beifällige Zustimmung von Fans der 1990er-TV-Serie – da half auch keine oscarprämierte Schauspielerin wie Theron. Doch bald hatte Berlin seinen nächsten Auftritt in einer groß angelegten Dystopie: *The Hunger Games/Die Tribute von Panem*. Diesmal kehrte die Stadt zu ihrer Rolle als Trümmerstadt und Kriegsgebiet zurück (S. 88).

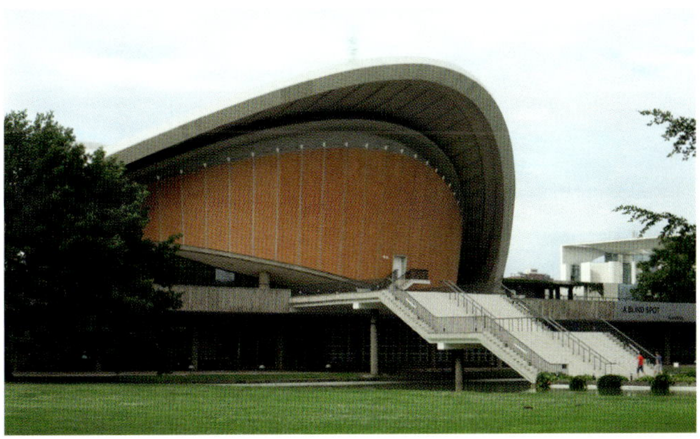

In Kusamas Film verliert sogar Sanssouci (oben) seine Romantik und wird Teil einer futuristischen Stadt, für den auch Szenen auf dem Dach des Hauses der Kulturen der Welt (unten) gedreht wurden.

BERLIN INKOGNITO

DIE BLECHTROMMEL / AROUND THE WORLD IN 80 DAYS / THE BOURNE SUPREMACY / THE HUNGER GAMES – MOCKINGJAY

Seit der Erfindung des Kinos entstehen künstliche Räume und ferne Länder in abgeschotteten Filmstudios. Nicht selten verwandeln sich auch echte Berliner Straßen vor der Kamera in andere reale Orte oder aber fantastische Welten. Die Science-Fiction-Thriller *Æon Flux* (S. 84) und *The Hunger Games/Die Tribute von Panem* sind nur zwei spektakuläre Beispiele. Ex-Agent Jason Bourne kam auf den Spuren seiner Vergangenheit gleich mehrfach in die Stadt, die ihm als Kulisse für ganz verschiedene europäische Städte diente. Mit der nötigen Chuzpe und ein paar technischen Tricks inszenierte der amerikanische Regisseur Frank Coraci sogar eine ganze Weltreise mitten in Berlin, da hätte selbst Jules Verne gestaunt.

Schon Volker Schlöndorff versetzte eine Neuköllner Seitenstraße ins Danzig der 1930er-Jahre in der epischen Geschichte von Oskar Matzerath, der als Dreijähriger sein Wachstum

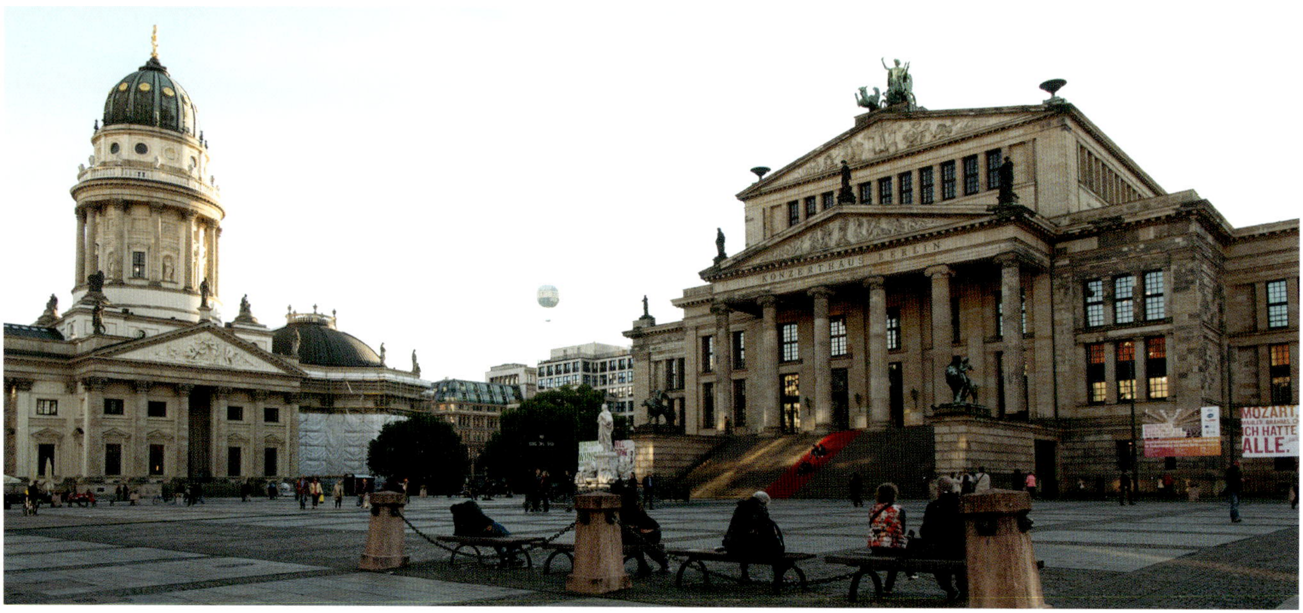

Der berühmteste Platz Berlins mitten in England: Dort, wo im Bild der Werbeballon fliegt, ließ ein eingefügter Big Ben den Gendarmenmarkt für Around the World in 80 Days *zu London werden.*

stoppt. Die mit dem Oscar für den besten fremdsprachigen Film prämierte Adaption von Günter Grass' *Die Blechtrommel* (1979) zeigt internationale Drehorte von Polen über das kroatische Zagreb, damals Jugoslawien, bis zu Paris und Calvados in Frankreich. Doch ein Großteil der zweieinhalb Filmstunden, die einen Bogen von 1924 bis zum Ende des Zweiten Weltkriegs schlagen, entstand in Berlin. Die Entscheidung für das CCC-Studio (S. 67) brachte regionale Filmförderung ein sowie das zentrale Straßenset mit Gründerzeithäusern und belassenem Kopfsteinpflaster. Am Ende der schmalen Uthmannstraße, die Karl-Marx- und Richardstraße verbindet, simulierte eine Kulissenwand die »Danziger Aktien-Bierbrauerei«, um den Blick auf den Hauptstraßenverkehr zu versperren. Wegen der angrenzenden Neubauten waren die Dreharbeiten am »Labesweg« auf wenige Kameraperspektiven mit Weitwinkel-Objektiv begrenzt.

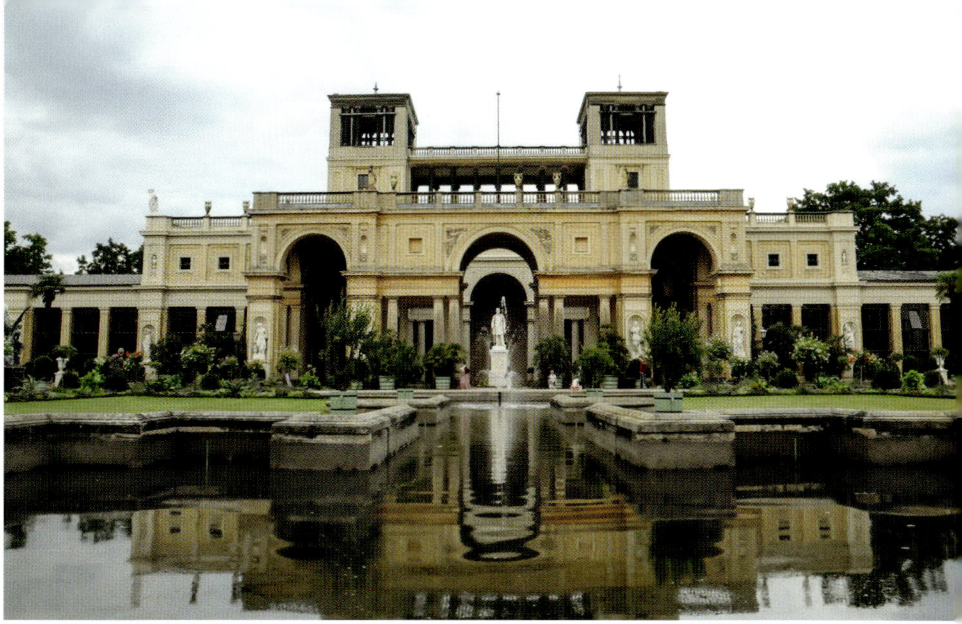

Sehr viel mehr Aufwand betrieb ein Vierteljahrhundert später die internationale Koproduktion *Around the World in 80 Days / In 80 Tagen um die Welt* (2004). Anders als Schlöndorff, der seine werkgetreue Inszenierung von Grass selbst absegnen ließ, nahm sich Frank Coraci beim vielfach verfilmten Jules-Verne-Klassiker große Freiheiten, sowohl in der Wahl der Drehorte als auch bei der Handlung. Der Diener Passepartout wurde zum asiatischen Freiheitskämpfer und mit dem Kung-Fu-Komödianten Jackie Chan besetzt. Auf der Flucht begleitet er spontan den Erfinder Phileas Fogg (Steve Coogan) auf seiner Wettreise um den Globus, bei der es immerhin um den Vorsitz der Royal Academy of Science geht. Zum schelmischen Chinesen und dem genialen Engländer gesellt sich eine französische Künstlerin (Cécile de France). Gastauftritte haben unter anderem die Sängerin Macy Gray, die »Cowboys« Luke und Owen Wilson, Kathy Bates als Queen Victoria und Arnold Schwarzenegger als hinzugedichteter Prinz Hapi. Dieser residiert in Konstantinopel, sein osmanischer Palast steht allerdings nicht in Istanbul, sondern in Potsdam. Exotisch sind in der Orangerie nur die Pflanzen aus dem Schlosspark Sanssouci, die hier seit 1864 allwinterlich Schutz finden. Der Bau spielte in Detlev Bucks 3D-Verfilmung von Daniel Kehlmanns *Die Vermessung der Welt* (2012) das Berliner Anwesen der Familie Humboldt.

In *Around the World in 80 Days* taucht Berlin selbst gar nicht auf, stattdessen ließ man einige berühmte Stadtansichten als Abbild anderer Metropolen durchgehen. Die Paris-Szenen bedienen sich dem Park von Schloss Charlottenburg und der Spreeseite des Zeughauses (Deutsches Historisches Museum) gegenüber dem Lustgarten, wo auch Effi Briest flaniert (S. 100). In der Kreuzberger Wohnanlage Riehmers Hofgarten (Yorckstraße 83) entstand Philea Foogs Domizil. Für die finale Szene vor der Londoner Royal Academy of Science sollte das Schauspielhaus auf dem Gendarmenmarkt herhalten. Dafür waren zweiwöchige teilweise Sperrungen, Kulissenbauten und ein in der Postproduktion eingefügter Big Ben nötig. Alle, die gerade als Touristen den angeblich schönsten Platz Europas besuchten, erfuhren durch werbewirksame Schilder vom filmischen Abenteuer. Trotz aufwendigen Set-Designs gelang dem Disney-Projekt kein Meisterwerk, doch immerhin familiengerechte Unterhaltung. Zudem brachte es als Vorreiter Berlin für internationale Produktionsfirmen wieder in Erinnerung.

Potsdam an der Grenze Europas: Regisseur Coraci versetzte die Orangerie nach Istanbul bzw. ins historische Konstantinopel.

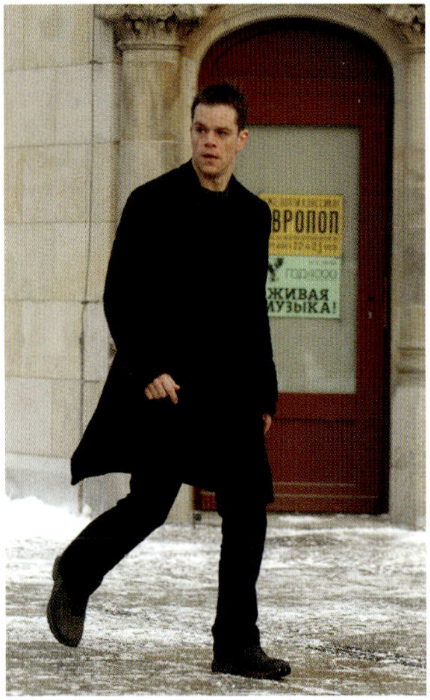

Noch im gleichen Jahr ließ der zweite Teil der Thriller-Reihe um Jason Bourne, basierend auf Romanen von Robert Ludlum, aufsehenerregende Berlin-Szenen über die Leinwände flimmern. *The Bourne Supremacy/Die Bourne Verschwörung* nutzte die Stadtkulisse auf doppelte Weise: Zum einen fing Regisseur Paul Greengrass prägnante Bilder der boomenden Hauptstadt rund um den Fernsehturm ein (siehe: Agentenfilme, S. 49), zum anderen entfremdete er verschiedene Straßenzüge, um hier Szenen in Neapel, München und Moskau spielen zu lassen. Der amnesiegeschädigte Ex-CIA-Agent Bourne (Matt Damon), zuvor mit seiner Freundin (Franka Potente) vor Attentätern ins indische Goa geflüchtet, kehrt nach Europa zurück, weil er zum Verdächtigen eines russischen Anschlags auf einen CIA-Mann geworden ist. Erinnerungsfetzen und die Jagd nach den wahren Tätern führen ihn an Orte seiner Vergangenheit, darunter der Berliner Ostbahnhof, der Bahnhof Friedrichstraße und das »Hotel Brecker« (Haus Cumberland, Kurfürstendamm 193).

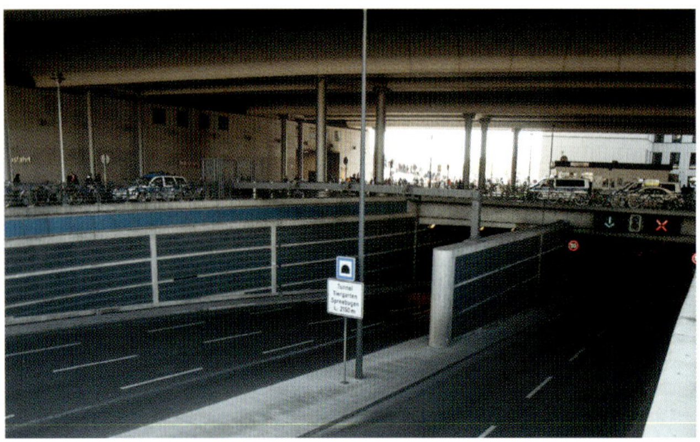

Bei seiner Ankunft in Europa passiert Bourne das italienische Zollamt in Neapel. Drehort dafür war der Nordeingang des Messegeländes ICC in Berlin-Westend, legitimiert von einer kurzen neapolitanischen Stadtansicht. Mit dem gleichen Trick nutzte man das ICC-Gelände ein zweites Mal: Nach einer Aufnahme des echten Moskauer Flughafens Sheremetyevo zeigt die eigentliche Szene den Parkplatz am Messedamm. Als Moskau – mit dem gewagten Drehort rühmte sich die Filmwerbung – eignete sich vor allem die ehemalige Stalinallee samt »Café Moskau« (Karl-Marx-Allee 34). Die abenteuerliche Verfolgungsjagd wurde im kurz vor der Eröffnung stehenden Tiergartentunnel inszeniert, eine einmalige Gelegenheit. Der Crash folgt am Ausgang Richtung Potsdamer Platz. Auch die Potsdamer Gregor-Mendel-Straße und die Scharrenstraße (nahe Petriplatz auf der Fischerinsel) verlegte man durch einige Schilder mit kyrillischer Beschriftung in die russische Hauptstadt. Da überrascht es kaum, dass auch der Abstecher nach München nur wenige Kilometer weiter in Wannsee gedreht wurde.

Erst im dritten Film *The Bourne Ultimatum* (2007) lüften sich die Geheimnisse um die »Operation Treadstone«, Bournes Identität und die Ursache seines Gedächtnisverlusts. Berlin maskierte sich noch einmal als Moskau, indem der Bahnhof Lichtenberg, der Platz der Vereinten Nationen und die Karl-Marx-/Frankfurter Allee im Kunstschnee auftraten. Wie im Vorgänger funktioniert die Tarnung durch die sehr bewegliche Kamera und die rasanten Schnitte relativ gut. Der ursprünglichen Trilogie folgten ein Ableger um einen anderen Agenten in *The Bourne Legacy/Das Bourne Vermächtnis* (2012) und ein noch namenloser fünfter Film, mit dem Bourne selbst (Damon) 2016 ins Kino zurückkehrt. Letzterer entstand wiederum teilweise in Berlin, diesmal in Kreuzberg (Foto S. 8).

Passend zum kreativen Umgang mit Filmschauplätzen lieferte das Franchise um *The Hunger Games/Die Tribute von Panem* eine deutliche Medienkritik. Die Macht der Bilder und ihrer Inszenierung sind ein Hauptthema in der dystopischen

Hinter Matt Damon sind russische Türschilder zu erkennen (oben): alles Filmrequisiten mitten in Berlin. Selbst der Tiergartentunnel (unten) wurde in The Bourne Supremacy *(2007) nach Moskau »verlegt«.*

Filmserie, die mit *Mockingjay Teil 1 & 2* (2014/15) unter der Regie von Francis Lawrence ihren Abschluss fand. Die zugrunde liegende Romantrilogie von Suzanne Collins erzählt vom totalitären nordamerikanischen Imperium Panem, das seine Macht mit gladiatorenähnlichen TV-Schlachten zwischen Teenagern stützt. Im Zentrum der Geschichte steht Katniss Everdeen (Jennifer Lawrence), die von der Alleinkämpferin zur Rebellenführerin wird. Schließlich beendet eine Revolution die Schreckensherrschaft und eine neue Präsidentin (Patina Miller) wird ernannt. Nachdem die ersten beiden Verfilmungen überaus erfolgreich waren, wurde die Adaption des dritten Bands auf zwei Filme verteilt, die zusammenhängend produziert wurden. Koproduzent Babelsberg nutzte die eigenen Studios sowie verschiedene Orte in Berlin und Umland. Eindrucksvoll ist die Verwandlung des ehemaligen Flughafens Tempelhof zum Kriegsgebiet in District 2, einem Bezirk von Panem. Die ICC-Gegend hat einen weiteren Kinoauftritt, die orangenen Säulen der Unterführung sind hier Teil des Capitols, der Hauptstadt Panems. Das ehemalige Heizkraftwerk Mitte in der Köpenicker Straße wird zum unterirdischen District. Etwas außerhalb Berlins wurde am aktiven Kalksteinbruch des Zementwerks in Rüdersdorf für District 8 gedreht. Zusammen mit Aufnahmen aus Frankreich und den USA entstand das Abbild eines Kontinents im Kriegszustand. Das kommt der europäischen Geschichte dann doch erschreckend nahe.

Auch deutsche Filme nutzen gern hiesige Drehorte als fremde Schauplätze. 2015 drehte Julia von Heinz ***Ich bin dann mal weg***, nach dem erfolgreichen Reisebuch des Komikers Hape Kerkeling, unter anderem auf der Zitadelle Spandau. In der umfunktionierten Renaissance-Festung übernachten einige Pilger (Devid Striesow in der Hauptrolle neben Martina Gedeck und Karoline Schuch) am Rande des Jakobswegs in Nordspanien, wo tatsächlich weite Teile der Nico-Hofmann-Produktion entstanden. Bevor die Wanderungen zwischen den Pyrenäen und Santiago de Compostela auf dem Plan standen, waren die Innenaufnahmen sowie Dorfszenen schon in Berlin und Brandenburg abgedreht.

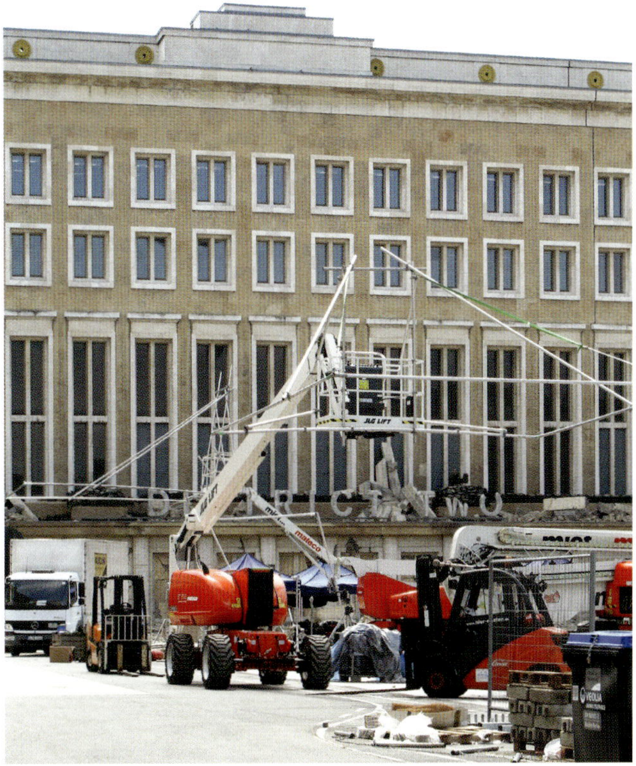

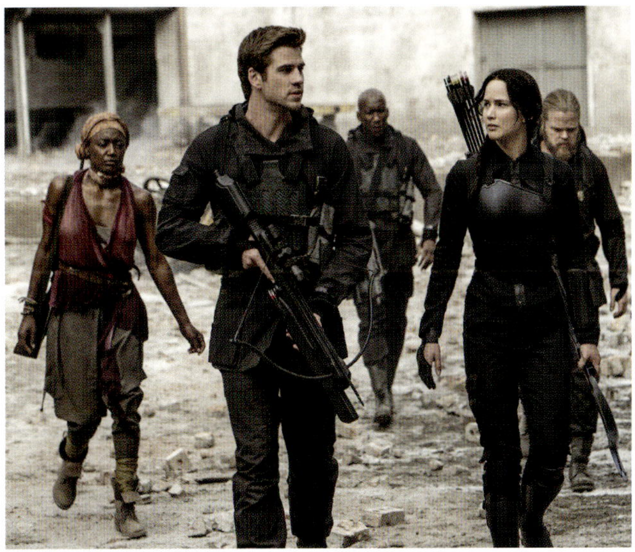

Der historische Schriftzug ZENTRALFLUGHAFEN wurde durch DISTRICT TWO ersetzt (oben) und aus Tempelhof wurde Panem für The Hunger Games – Mockingjay *(Szene mit Patina Miller, Liam Hemsworth, Jennifer Lawrence, v. l. n. r.).*

SOMMER VORM BALKON

2006 **Regie: Andreas Dresen**

Es wird gar nicht dunkel heute. – Es wird schon hell.« Aus diesem träumerischen Moment einer Sommernacht spricht die Hoffnung zweier Freundinnen, die zwischen Bodenständigkeit und Lebensträumen ins Schwanken geraten. In einem unsanierten Altbau am Helmholtzplatz (Raumer-, Ecke Dunckerstraße) bilden sie ein ungleiches Paar, das trotz der grundverschiedenen Herkunft im Großstadt-Kiez eine gemeinsame Heimat gefunden hat. Abends kommt die arbeitssuchende Single-Mutter Katrin aus dem Erdgeschoss hoch auf den Balkon von Altenpflegerin Nike, mit Cola und viel Wodka.

Während Regisseur Andreas Dresen in *Nachtgestalten* (1999) die dunklen Abgründe für vorübergehend obdachlose Hauptstädter zeigt, spenden in *Sommer vorm Balkon* die ausufernden Abende Trost gegen Tagessorgen. »Man lebt nicht bequem, aber man lebt kräftig, das ist bis heute in Prenzlauer Berg so«, erklärte Wolfgang Kohlhaase. Das Prenzlauer Berg des Autors (*Berlin – Ecke Schönhauser*, S. 34, *Solo Sunny* S. 54) war, als der Überraschungshit Anfang 2006 fast eine Million Zuschauer ins Kino lockte, schon fast Geschichte. Die letzte Einstellung zeigt das eingerüstete Wohnhaus. Die im Film zentrale Kneipe »Esmarch Eck« (Esmarch-/Hufelandstraße) schloss kurz nach dem Dreh 2004. Die Apotheke am Helmholtzplatz, gegenüber vom »Balkon«, überlebte.

Der mit einer zwölfköpfigen Crew gedrehte Film wurde in Babelsberg geschnitten und abgemischt. Gezeigt werden aber ausschließlich original Straßen und Räume aus dem Prenzlauer Berg bis zu den angrenzenden Stadtteilen Weißensee (Park-Klinik in der Schönstraße) und Mitte (U-Bahnhof Alexanderplatz). Die Fußgängerbrücke über den S-Bahn-Schienen, westlich vom Bahnhof Schönhauser Allee, tauchte

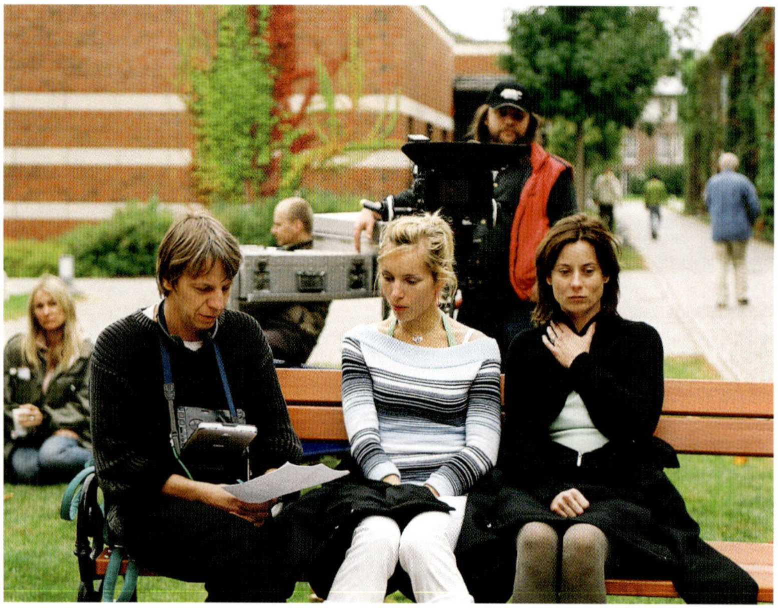

Andreas Dresen, Nadja Uhl und Inka Friedrich sitzen bei einer Drehbesprechung im Innenhof der Park-Klinik in der Schönstraße in Weißensee.

schon in *Solo Sunny* auf. Von hier hat man den typischen Blick auf die Brandmauern der Altbauten, die Rückseite der Stadt. Die Ringbahn teilt den Stadtteil wie eine Schlucht und erinnert damit symbolisch an den Todesstreifen. Kohlhaase: »*Solo Sunny* hat die Mauer nicht gezeigt, aber ihr Schatten liegt auf dem Film. *Sommer vorm Balkon* kann die Mauer nicht mehr zeigen.«

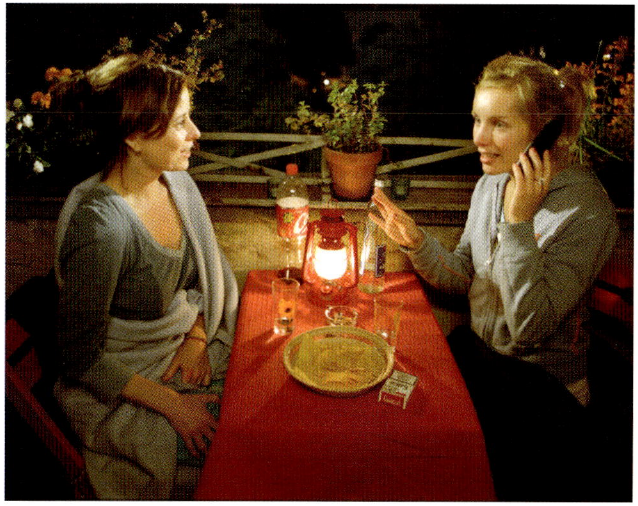

Was Dresens farbenfroher Film genauso wenig zeigt, sind einerseits die schon damals ansässigen Hipster und Öko-Eltern, andererseits die traditionell auf dem »Helmi« abhängenden Säufer. Gegen das von diesen Gruppen geprägte Medienbild des »LSD-Viertels« – markiert durch Lychener, Schliemann- und Dunckerstraße – konzentriert sich die Geschichte ganz auf das kleine Milieu der fast verdrängten Proletarier mit Stammkneipe und Urlaub auf »Balkonien«.

Perfekt ins Milieu fügen sich die überzeugenden Darsteller. Dresen hatte mit Inka Friedrich (Katrin) bei *Willenbrock* gearbeitet; Kohlhaase brachte Nadja Uhl (Nike) von *Die Stille nach dem Schuss* mit. Andreas Schmidt, der im Märkischen Viertel aufwuchs, begann seine Karriere gleich mit Berlin-Filmen: der Musicalverfilmung *Linie 1* (S. 68) und dem oscarprämierten Antirassismus-Short *Schwarzfahrer* (Pepe Danquart, 1994). In *Sommer vorm Balkon* verkörpert Schmidt den tumben, aber selbstbewussten Truck-Fahrer Ronald, der trotz seiner Bemühungen um Nike nicht an seinem Weltbild rütteln mag. Sein Macho-Gehabe kontert die Freundin: »Glaubst du, weil hier sexuell was läuft, kannst du dich wie'n Arsch benehmen?«

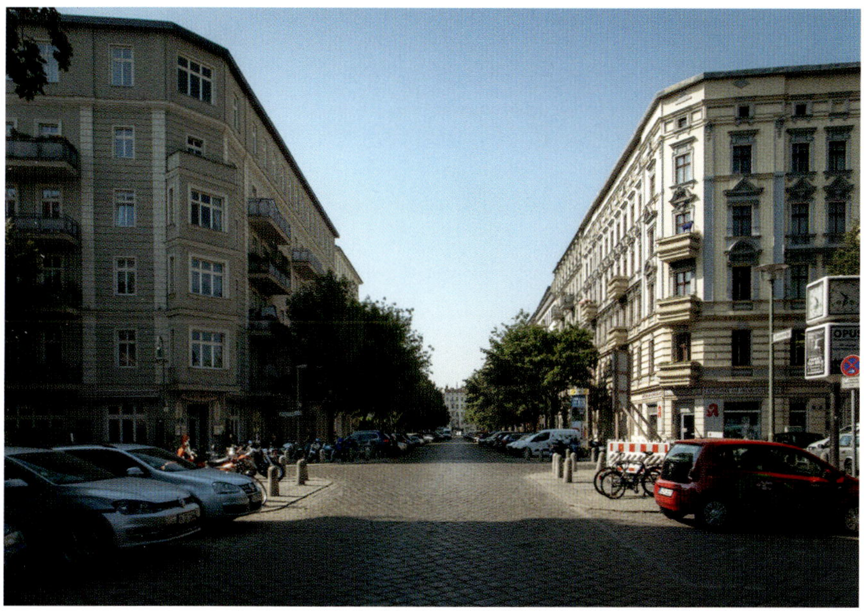

Der Soundtrack voller Schlager wie *Guten Morgen, Sonnenschein* (Nana Mouskouri) und *Er gehört zu mir* (Marianne Rosenberg) kommentiert ironisch die wackelige Beziehung und das launische Schicksal überhaupt. Auch die drei einsamen Alten, um die Nike sich kümmert, werden mit humorvoller Herzlichkeit gezeichnet. Die unglückliche erste Verliebtheit von Katrins pubertierendem Sohn Max wird mit der gleichen Tragikomik erzählt. Die Pointen sind mitten aus dem Alltag gegriffen. Viele Dialogfetzen warteten seit Jahren in Kohlhaases Notizbuch: »So ist das Leben. – Aber wirklich.«

Links das Mietshaus inklusive Balkon (oben mit Friedrich und Uhl) ist längst saniert, die Apotheke unverändert.

DAS LEBEN DER ANDEREN

2006 **Regie: Florian Henckel von Donnersmarck**

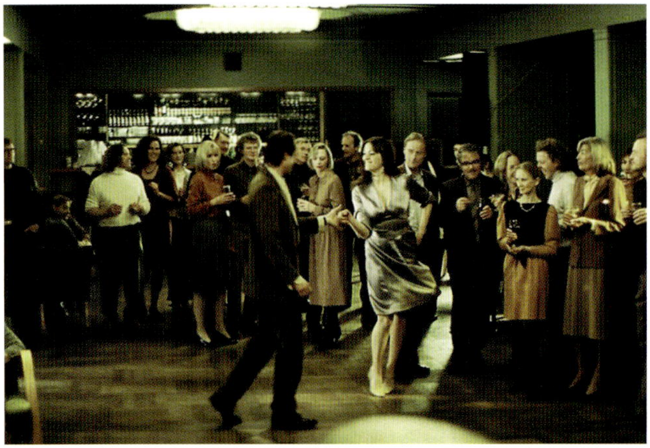

»Orte speichern Erinnerungen, Gefühle, Geschichte«, wiederholte der Regisseur Florian Henckel von Donnersmarck variierend in Interviews zu *Das Leben der Anderen*. Nach jahrelanger Vorbereitung konnte er einen offiziellen Erinnerungsort für den Dreh seines Debüts gewinnen: Das 1984 angesiedelte DDR-Drama kehrt immer wieder zur Machtzentrale der Repression zurück, dem Ministerium für Staatssicherheit in der Normannenstraße. Im heutigen Stasi-Museum ist nicht nur das Büro des mehr als drei Jahrzehnte amtierenden Ministers Erich Mielke im originalen Zustand erhalten worden, sondern die komplette Etage. Ein Raum, in dem der Generalmajor Carlsohn saß, wurde fast unverändert als Drehort mehrerer Szenen genutzt.

Von hier gibt Oberstleutnant Grubitz (Ulrich Tukur) dem Hauptmann Gerd Wiesler (Ulrich Mühe) Anweisungen. Seinen neuen Auftrag, die Überwachung des eigentlich regimetreuen Schriftstellers Georg Dreyman (Sebastian Koch), geht Wiesler mit seinem charakteristischen Fanatismus an. Diesen beweist er in der Eingangsszene als Ausbilder des Stasi-Nachwuchses, dem er Verhörtechniken vermittelt (in einem Hörsaal der Charité). Die Operation »Lazlo« hat allerdings einen unpolitischen Hintergrund: Der eifersüchtige Minister Hempf (Thomas Thieme) hat Dreymans Freundin, die Schauspielerin Christa-Maria Sieland (Martina Gedeck), ins Auge gefasst. So wird die Künstlerwohnung (außen Wedekindstraße in Friedrichshain, innen Hufelandstraße in Prenzlauer Berg) verwanzt und der Spitzel im Dachboden versteckt. Beim Belauschen der »Zielperson« ergreift den Stasi-Mann eine Faszination, die ihn schließlich läutert. Den Wendepunkt bringt *Die Sonate vom guten Menschen*, eine Originalkomposition, für die Sebastian Koch Klavierspielen lernte. Dank der Magie der Musik fasst der Schriftsteller Mut zum Widerstand und veröffentlicht im Westen einen DDR-kritischen Essay. Gleichzeitig beginnt der Spitzel sein Opfer zu schützen, fälscht Protokolle und vertuscht Beweise, die eigene Karriere riskierend.

Zur märchenhaften Plot-Entwicklung passen die geglätteten Bilder mit reduzierten Farben. Kostüme und Ausstattung sind in Braun-, Beige- und Grüntönen gehalten. Szenenbildnerin Silke Buhr erklärt: »Wir wollten keine Eins-zu-Eins-

Glückliche Kulturschaffende: Der Schriftsteller Georg Dreyman und die Schauspielerin Christa-Maria Sieland (Sebastian Koch und Martina Gedeck) tanzen zu Beginn im Grünen Salon, einst als Erfrischungsraum der Volksbühne gebaut.

Abbildung schaffen, es sollte ein stilisierter Film sein.« Dennoch bemühte sie sich um Originalschauplätze. Beim Stasi-Gefängnis in Hohenschönhausen hatte man Pech: Aufgrund des unrealistischen Skripts verweigerte die Gedenkstätte eine Drehgenehmigung. Für Gefängnisszenen wich man auf die Polizeidienststelle in der Keibelstraße in Mitte aus. Authentisch ist dagegen das Sowjetische Ehrenmal in der Schönholzer Heide (Pankow), wo die Dissidenten unter sich sind. Für Theaterszenen fand man Drehorte in Ost und West: das Kreuzberger Hebbel-Theater und die Volksbühne (Rosa-Luxemburg-Platz). Zentrale Szenen des Epilogs spielen in der Karl-Marx-/Frankfurter Allee. Direkt am Frankfurter Tor, wo die beiden Straßenabschnitte aufeinandertreffen, sieht Dreyman aus der Entfernung seinen früheren Überwacher, von dessen Hilfe er nun weiß. Zwei Jahre später ist es Wiesler, der einige hundert Meter weiter Dreyman wiedererkennt: auf einem Plakat im Schaufenster der Karl-Marx-Buchhandlung.

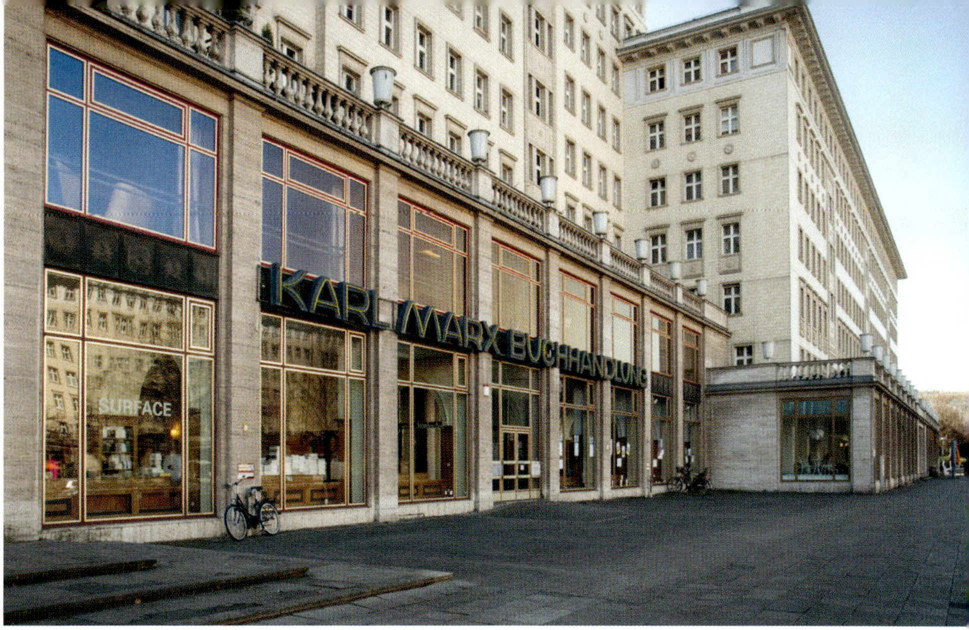

Der spannend erzählte und herausragend besetzte Thriller erntete vor allem Kritik an der Darstellung des SED-Staates und seiner Kräfte. Dieses Thema war nach einigen DDR-Komödien neu für das Kinopublikum und wurde hierzulande ausgiebig diskutiert. Der detaillierten Ausstattung – echte Stasi-Technik vom Briefaufdampfer bis zum Karteisystem – stand ein freier, versöhnlicher Umgang mit der deutschen Geschichte gegenüber. Der clevere Kniff für die Konstruktion der Geschichte stellt ausgerechnet den Stasi-Hauptmann als selbstlosen Helden dar. Das werteten einige als »Geschichtsrevisionismus« (NZZ) und zählten die Fehler auf, als könnte man einen Spielfilm an der Historie messen. Der Film zielt weniger auf eine Stellungnahme zur SED-Diktatur als auf international zugängliche Unterhaltung. Eher noch kann man im dargestellten Voyeurismus ein Gleichnis aufs Kino finden: »Sie kennen mich nicht, aber ich kenne Sie … Ich bin ihr Publikum«, gesteht Wiesler der beschatteten Schauspielerin.

Trotz aller Kritik verhalf *Das Leben der Anderen* dem deutschen Film zu neuem Ansehen. Das Drama wurde ein durchschlagender Erfolg, mit einem Einspielergebnis von 77 Millionen Dollar und unzähligen Auszeichnungen, darunter schließlich einen Oscar als bester fremdsprachiger Film. Henckel von Donnersmarck, der für den Film übrigens die Radio-Nachricht von der Öffnung der Mauer einsprach, hatte nach dem Sensationsdebüt einen starbesetzten Hollywood-Flop (*The Tourist* 2010). Sein drittes Projekt soll ein deutsches Drama namens *Werk ohne Autor* sein, das ein Künstlerporträt mit DDR- und NS-Geschichte verbindet.

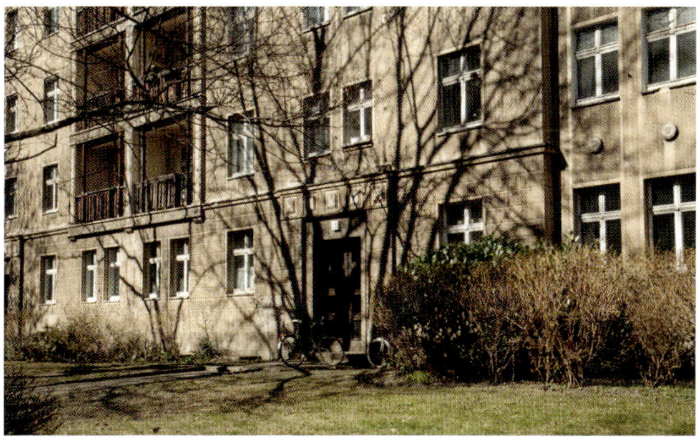

In der ehemaligen Karl-Marx-Buchhandlung (oben) in der gleichnamigen Allee spielt die letzte Szene des Films. Die überwachte Wohnung ist in der Wedekindstraße 21 (unten) angesiedelt, wo aber nur Außenszenen entstanden.

KNALLHART

2006 **Regie: Detlev Buck**

Selten ist ein Film derart mit einem Bezirk verknüpft wie *Knallhart* mit Neukölln. Das Jugenddrama wählte wenig pittoreske Schauplätze und lieferte ein Label für den ganzen Stadtteil, so wie es Fatih Akin 1998 mit *Kurz und schmerzlos* für Hamburg-Altona geliefert hatte. Dabei schildert Regisseur Detlev Buck, sonst vor allem für schnodderige Komödien bekannt, das Geschehen aus der Perspektive eines Ortsfremden. Drehbuchautor Gregor Tessnow, der kurz vor dem Film auch den gleichnamigen Roman veröffentlichte, erzählt die klassische Geschichte vom Einzelgänger, der sich in einer neuen Umgebung zurechtfinden muss. Gerahmt von Schlüsselszenen in Zehlendorf und Wedding nähert er sich der vermeintlichen »Parallelgesellschaft«.

Miriam (Jenny Elvers-Elbertzhagen) wird mitsamt ihrem 15-jährigen Sohn Michael (David Kross), genannt Polischka, vom schnöseligen Lebensgefährten aus seiner West-Berliner Villa geworfen. Ihnen bleibt nichts anderes übrig, als in einer Neuköllner Wohnung unterzukommen. Besonders für Michael ist es ein regelrechter Kulturschock. In der regellosen Schule erkennt Gangführer Erol (Oktay Özdemir) in ihm sofort das »Opfer« und beginnt ihn abzuziehen. Für Schutz und Geld beginnt Michael für den Großdealer Hamal (Erhan Emre) den Laufburschen zu spielen. Sein »unschuldiges Gesicht« ist so erfolgreich, dass er bald einen großen Deal am Bahnhof Wedding zu verantworten hat, der tödliche Konsequenzen haben wird.

Vorab löste der Film schon unterschiedlichste Reaktionen aus. Ausgerechnet Neuköllns Bürgermeister Heinz Buschkowsky begrüßte seine Authentizität. Kritische Stimmen sahen dagegen entweder rassistische Klischees kolportiert – »wenn die Bösen den

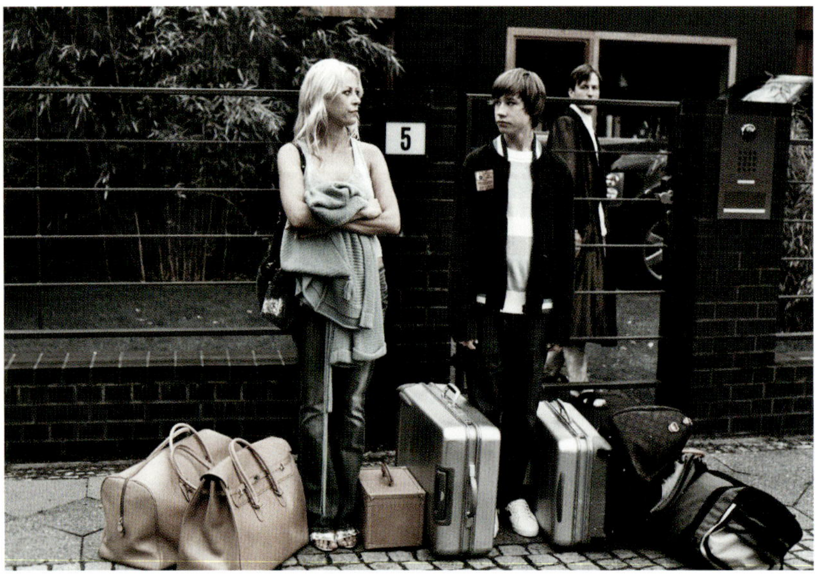

Parallelwelten in Berlin: Nachdem Mutter und Sohn (Jenny Elvers-Elbertzhagen und David Kross) in Zehlendorf vor die Tür gesetzt wurden (oben, im Hintergrund Jan Henrik Stahlberg), versuchen sie in Neukölln (rechte Seite) Fuß zu fassen.

Blonden vermöbeln« (Junge Welt) – oder aber die wirkliche Brutalität massentauglich verharmlost: »Neukölln ist härter« (Tagesspiegel). Andere wiederum äußerten Respekt für Bucks unvoreingenommenen Blick, für seine »wachen Wahrnehmungen auf vermintem Gelände« (Berliner Zeitung).

Offenbar zielte Buck mit seinem Film auf ein größeres Publikum, Arthousekinos und Kids, Kiezbewohner und Schulkanon. Das belegt auch der Soundtrack inklusive Beatsteaks, Gang of Four, Culcha Candela. Tatsächlich bestätigten die kontroversen Reaktionen, dass der Film einen Nerv traf. Nicht zuletzt lieferte Buck mit *Knallhart* der damaligen »Kulturkampf«-Diskussion eine düstere Steilvorlage: Sämtliche Deutsch-Türken sind bei ihm in kriminelle Geschäfte verwickelt; die anderen Protagonisten stammen aus instabilen Familien.

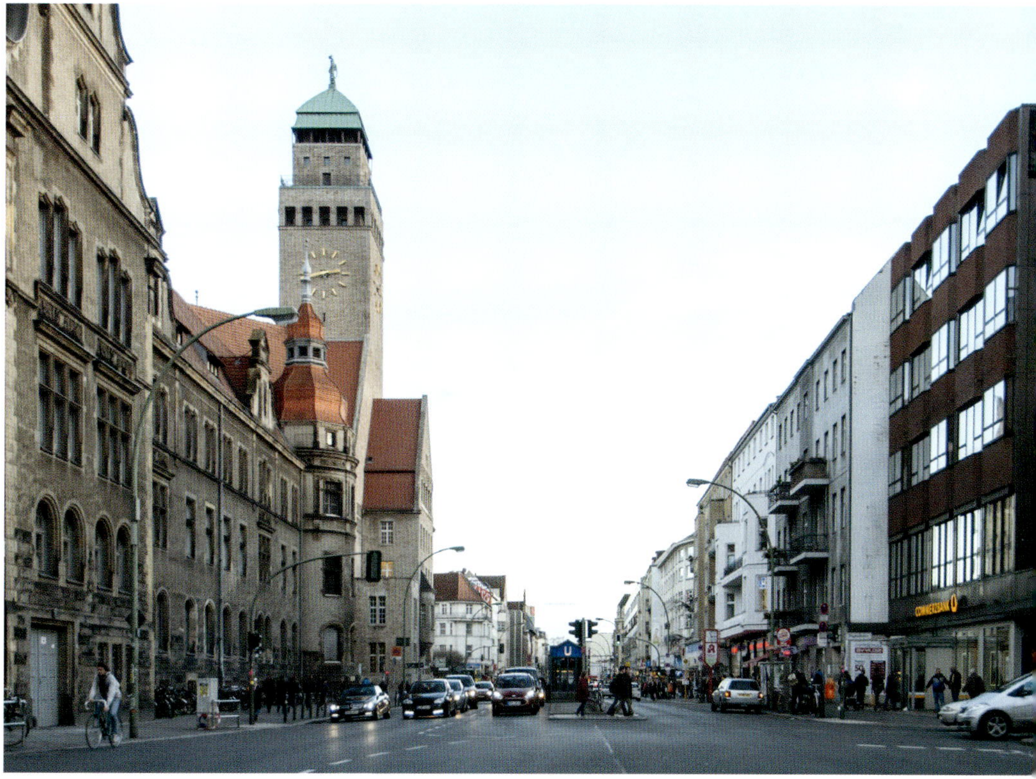

Die gewisse Einseitigkeit bestätigt der Kreuzberger Özdemir, der im Interview bedauert, einmal mehr als böser Bube (Erol) besetzt worden zu sein. Er und andere Darsteller, die vor Ort gecastet wurden, waren skeptisch, ob Buck ihre Welt wirklich verstehen würde. Schließlich halfen sie mit improvisierten Dialogen dem Skript auf die Sprünge. Einem der Schauspieler gab Buck dagegen den richtigen Anstoß: Als David Kross (Jahrgang 1990) damals mit seiner ersten Hauptrolle in der Berlinale-Sektion »Panorama« debütierte, befürchtete er noch »ein bisschen berühmt« zu werden. Bald spielte er an der Seite von Kate Winslet (*The Reader,* 2008, Gerichtsszenen in Zehlendorf gedreht) und unter der Regie von Steven Spielberg (*War Horse,* 2011). Erst einmal stand er bei der Publikumspremiere im Neuköllner Multiplex, das noch den Namen »Karli« trug, vor immerhin 2.500 Gästen, vom Nachbarn bis zum Politiker.

Auch zehn Jahre nach dem Film sind die Themen Rassismus und Gewalt hochaktuell. Doch einige Neuköllner Kieze haben einen Imagewandel zum Partyviertel erlebt. Umso mehr mag man sich an ungefilterten Stadtbildern anno 2005 sattsehen. Neukölln ist, wie auch Wedding, im Kino nicht gerade häufig vertreten. Kameramann Kolja Brandt hat die Gegenden in entfärbten, grobkörnigen Bildern festgehalten. Er wollte einen allzu dokumentarischen Eindruck vermeiden, obwohl ausschließlich in sogenannten 360-Grad-Sets (also echten Räumen) gedreht wurde. Der Kreuzberger findet den berüchtigten Bezirk durchaus reizvoll: »Kommt nach Neukölln«, ruft er auf, »geht spazieren, ihr werdet eine schöne Zeit haben.« Vor allem anhand der eingeblendeten U-Bahnhöfe – Rathaus Neukölln mit »Rathaus-Grill«, Herrmannplatz, Karl-Marx-Straße, Boddinstraße und schließlich Wedding – kann man den Spuren des Films bis heute folgen.

TEGEL / MITTE / FRIEDRICHSHAIN

BERLIN CALLING

2008 **Regie: Hannes Stöhr**

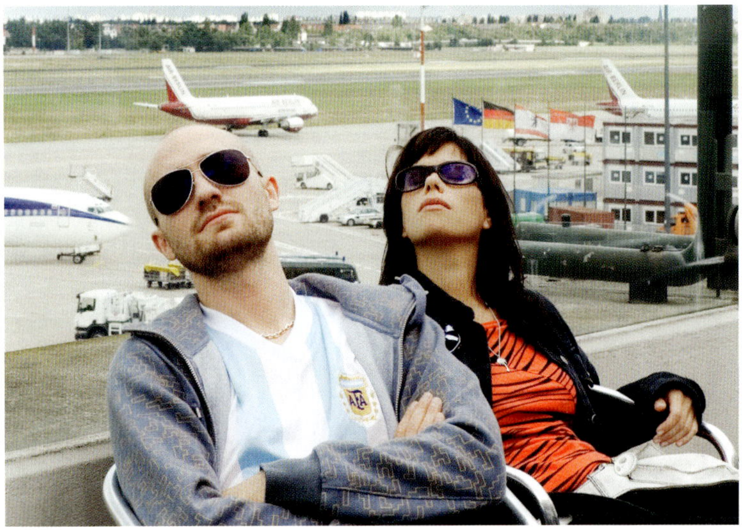

Abflug Berlin Tegel: Nach kurzer Verschnaufpause im Sonnenschein geht es für Martin Karow alias DJ Ickarus (DJ Paul Kalkbrenner) mit seiner Freundin und Managerin Mathilde (Rita Lengyel) zum niederländischen Open-Air-Festival oder zum Club-Gig nach Paris. Der Protagonist von Hannes Stöhrs Partyfilm *Berlin Calling* ist immer in Bewegung. Zurück in der Heimat (Gegend Warschauer Straße, Friedrichshain) nerven sowohl die Plattenfirma, wegen der anstehenden Veröffentlichung des neuen Albums, als auch das Finanzamt, das 25.000 Euro Nachzahlung fordert. Martin kommt mit seinen Techno-Experimenten nicht recht voran. So lässt er sich von »Erbse« (RP Kahl) mit allen greifbaren Chemiedrogen versorgen und hängt zur Afterhour in der Bar 25 ab (Holzmarktstraße 25, existerte bis 2010). Eines Morgens erwischt ihn eine lebensgefährlich verschnittene Ecstasy-Pille, so dass er an der East Side Gallery entlangtorkelt, die Kleidung abwirft und beim Frühstücksbuffet eines Hotels für Aufruhr sorgt. Daraufhin wird er in die Psychiatrie eingewiesen, ohne dass sein Ego-Trip gebrochen wäre. Von da an spielen große Teile des Films in der geschlossenen Station für Betäubungsmittel-Geschädigte. Bei den Mitpatienten und dem Zivildienstleistenden kommt der DJ auf Anhieb gut an, wofür er sich mit einer Abschiedsparty im Geist von *One Flew Over The Cuckoo's Nest* (1975) bedanken wird. Für die Klinikszenen nutzte man einen Neubau des heutigen Landesamts für Gesundheit und Soziales (»Lageso«) in der Moabiter Turmstraße 21, wo sich auch die Zentrale Aufnahmeeinrichtung des Landes Berlin für Asylbewerber befindet.

Martins behandelnde Psychologin Dr. Petra Paul (Corinna Harfouch), spezialisiert auf »Drogen, Kunst und Rebellion«, so der Titel ihres Buches, interessiert sich für Kreative am Rande des Abgrunds und findet allmählich einen Draht zum DJ. Währenddessen findet Mathilde im Club »Maria am

Ickarus und Mathilde (Paul Kalkbrenner, Rita Lengyel) dösen auf dem Flughafen Tegel, bevor es zum nächsten DJ-Set geht.

Ostbahnhof« (An der Schillingbrücke 3, heute »Yaam«) Trost bei der Türsteherin Corinna (Araba Walton).

Bevor es für Martin bergauf geht, verliert er die Freundin, den Plattenvertrag und fast seine Musik. Wie schon in einem Albtraum vorausgedeutet, hat er einen psychotischen Rückfall mitten im U-Bahnhof Alexanderplatz. Dort, wo auch Ortskundige mal die Orientierung verlieren, irrt er über Bahnsteige und Zwischenetagen, die atmosphärisch ebenso seinen Club- wie Klinikerfahrungen ähneln. Dann reißt er sich doch noch zusammen und stürzt sich, nun im Psychopharmaka-Nebel, in seine digitalen Kompositionen. »Berlin Calling« heißt schließlich die neue Platte, da dem Label der Arbeitstitel »Titten, Techno und Trompeten« nicht international genug ist. Für das Cover-Shooting posiert DJ Ickarus mit Nachthemd und Discokugel im Sportraum der Psychiatrie. Record Release wird in der »Maria« gefeiert. Am Ende sitzen Mathilde und er wieder wartend im Terminal am TXL.

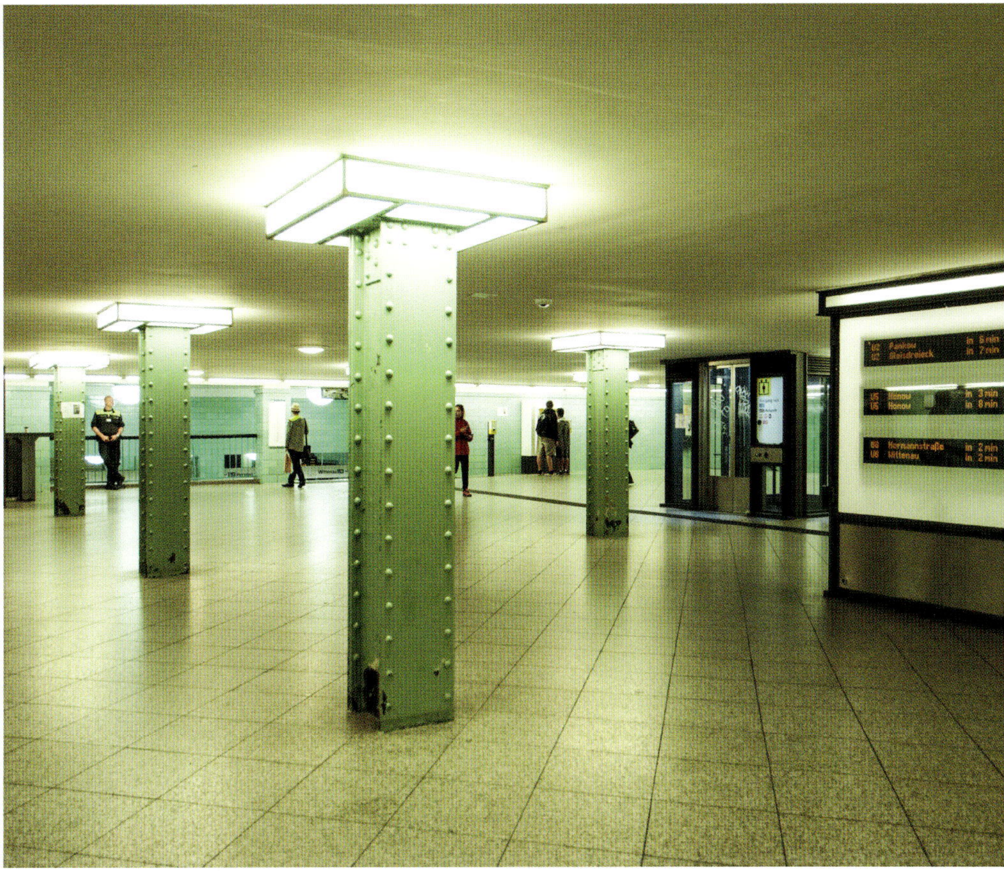

Schon 2000 erzählte Stöhr in seinem Regiedebüt *Berlin is in Germany* von einem scheiternden Martin (Jörg Schüttauf). Der moderne Biberkopf versuchte sich nach langer Gefängnisstrafe im wiedervereinten Berlin zurechtzufinden. Die Karl-Marx-Allee und die Plattenbauten in der Ella-Kay-Straße am Ernst-Thälmann-Park boten eine recht farblose Ost-Berliner Kulisse. Anno 2008 war der Friedrichshain längst zur Partymeile geworden. *Berlin Calling* drehte Kameramann Andreas Doub als farbenfroh berauschendes Stadtporträt zwischen Spreeufer und Nachtleben. Da darf es auch ein wenig plakativ werden. Mal blinkt in einiger Entfernung der Fernsehturm bunt erleuchtet unterm düsteren Himmel, von Krähen umschwärmt. Dann malt der Sonnenuntergang eine pittoreske Skyline vor der Klinikterrasse. Über allem liegt der Soundtrack vom Hauptdarsteller Paul Kalkbrenner – »der sentimentalste Techno aller Zeiten« (Frankfurter Rundschau). Ergänzend empfiehlt sich *Tage außerhalb der Zeit* (2012), dessen Regisseurinnen Nana Yuriko und Britta Mischer die Geschichte der »Bar 25« und das Leben in dieser Parallelwelt dokumentierten. Beide Filme besiegeln den Mythos der Partyhauptstadt zwischen Höhenflügen und Abstürzen – ganz im Sinne der Ikarus-Sage.

Der U-Bahnhof Alexanderplatz wird gern bei Filmdrehs genutzt. DJ Ickarus erlebt ihn durch ein Flashback als Albtraumort.

VALKYRIE

OPERATION WALKÜRE – DAS STAUFFENBERG-ATTENTAT

2008 **Regie: Bryan Singer**

There is no one we can trust, not in Berlin«, konstatiert General Friedrich Olbricht (Bill Nighy) auf der Suche nach Mitverschwörern. 1943 hat der Krieg mit der Schlacht von Stalingrad eine Wende genommen. Seit die Wehrmacht in die Defensive geraten ist, keimt erster Widerstand unter den hohen Militärs. Claus Graf Schenk von Stauffenberg (Tom Cruise) bereitet zusammen mit Olbricht, Oberst Mertz von Quirnheim (Christian Berkel) und dem Offizier Henning von Tresckow (Kenneth Branagh) einen Staatsstreich vor, um Deutschlands Niederlage zu verhindern. Hilfsmittel soll ihnen dabei Hitlers eigener Notfallplan »Operation Walküre« sein. Als das Attentat auf Hitler am 20. Juli 1944 und folglich der Umsturzversuch scheitern, werden 200 involvierte Personen hingerichtet bzw. in den Tod getrieben.

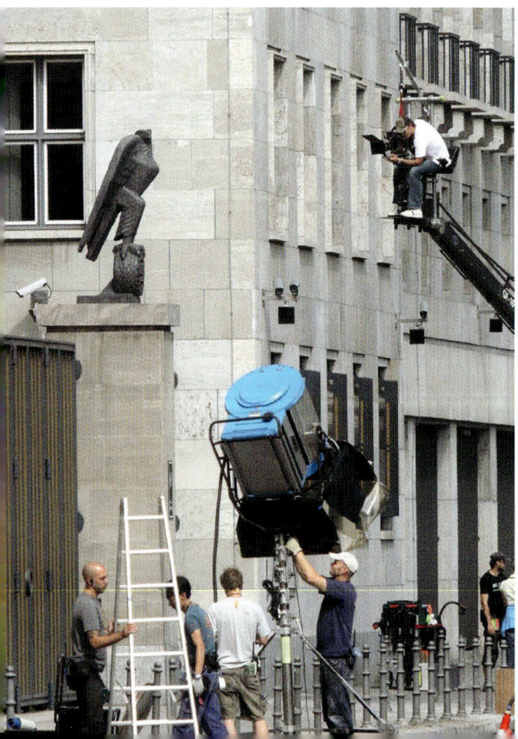

Ausgerechnet diese Begebenheiten wollten der Autor Christopher McQuarrie und der Regisseur Bryan Singer als klassische Geschichte vom opferbereiten Helden in düsteren Zeiten erzählen. *Valkyrie* wurde großes amerikanisches Kino mit einem 60-Millionen-Euro-Budget – und hunderten maßgeschneiderten NS-Uniformen. Dass ihr Interesse am Stoff durchaus auch ein ästhetisches war, verleugnen die Filmemacher in Interviews nicht. In Singers Vorgängerfilmen der *X-Men*-Reihe sowie *Apt Pupil / Der Musterschüler* gibt es schon Nazi-Bezüge in einzelnen Figuren und Szenen. Bei *Valkyrie* sollte nicht mehr nur eine Faszination transportiert, sondern ein historischer Anspruch eingelöst werden. Um es mit den Dialogzeilen von Tresckow zu sagen: »We have to show the world that not all of us are like him. Otherwise, this will always be Hitler's Germany.« Man wollte nicht weniger, als das internationale Image Deutschlands korrigieren, als hätte die Welt die letzten 70 Jahre verschlafen.

Obwohl manche Deutsche ebensolche Hoffnungen mit der exportierten Symbolfigur verbanden, wurde das Projekt hierzulange durchgängig von Skepsis begleitet. Mehr noch als der *Superman*-Regisseur oder der *The-Usual-Suspects*-Autor erntete der Star des Films Kritik: Tom Cruise, ranghohes Mitglied der Scientology-Sekte, war als Repräsentant des deutschen Widerstands für viele undenkbar. Seine Darstellung kommt dem Vorbild tatsächlich nicht sehr nahe. Zwar ist eine physiognomische Ähnlichkeit gegeben, doch fehlt Cruises Stauffenberg jede Ambivalenz. Ein fiktiver Tagebuch-

Die Valkyrie*-Filmcrew vor dem Finanzministerium in der Wilhelmstraße – an einem Drehtag stürzten hier mehrere Statisten von einem Lastwagen und erlitten Verletzungen.*

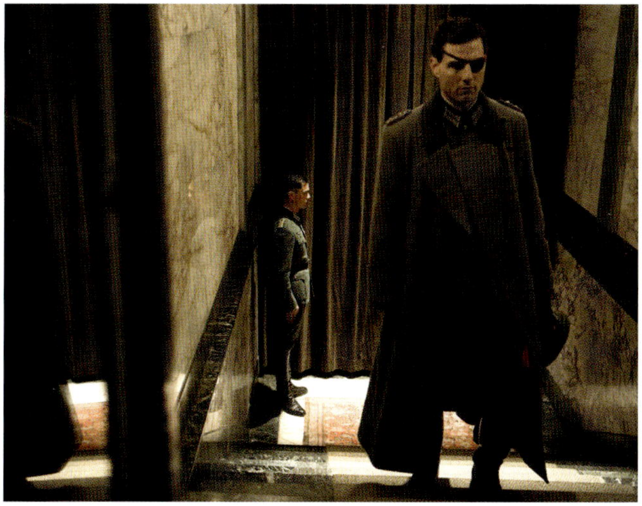

eintrag verklärt den Grafen schon in der Eingangsszene als antirassistischen Hitler-Gegner. Später werden dem Invaliden Catchphrases in den Mund gelegt: »I am involved in high treason with all means available to me. Can I count you in?« Oder: »You can serve Germany or the Führer. Not both!«

In die ausgewählte Riege von meist britischen und einigen deutschen Darstellern fügt sich Cruise recht gut ein. (Hitler-Darsteller David Bamber sollte als einziger mit deutschem Akzent sprechen.) Dabei sorgen die Thriller-Dramaturgie und viele laute Paukenschläge dafür, dass die Historie in Unterhaltungskino verwandelt wird. Zum Bombenalarm dreht sich bei Familie Stauffenberg die Wagner-Platte. In der Wahl der Drehorte legte man dagegen großen Wert auf Authentizität. Für die Babelsberg-Koproduktion begann die Locationsuche in Berlin und Umland schon früh. 2002 wurden Tempelhof, Haus des Rundfunks, Messegelände, Wilhelmstraße und Bendlerblock besichtigt. Letzterer war als Ort der Handlung und der Hinrichtung von Stauffenberg von besonderer Bedeutung. Gleichzeitig galt es die Würde der heutigen Gedenkstätte Deutscher Widerstand (Stauffenbergstraße) zu wahren. Es folgten mehrfache Anträge um Drehgenehmigung, begleitet von viel Medieninteresse, bis die Erschießungsszene am Originalschauplatz gefilmt wurde. Schießbefehl erteilt Leutnant Herber alias Matthias Schweighöfer, der wie Thomas Kretschmann auf der Seite der Aufstandsgegner spielt.

Zu den Drehs am heutigen Finanzministeriums in der Wilhelmstraße (damals Reichsluftfahrtministerium, im Film Innenministerium) oder auf dem Messegelände ICC (Masurenallee) mit bis zu 120 Hakenkreuzfahnen kam ein weiterer Bau von historischer Bedeutung: Die Löwenvilla in Potsdam (Gregor-Mendel-Straße) war für das erste Treffen der Verschwörer im Film ausgewählt worden, bevor man erfuhr, dass ebendort einige Tage lang die Sprengladung des Attentats versteckt worden war. Weniger authentisch waren die Wolfsschanze, tatsächlich Klein Köris in Brandenburg, und die nordafrikanischen Kriegsszenen, die in Kalifornien entstanden. Als Schlussbild führt die Gedenktafel des Bendlerblocks das Publikum zurück auf die historischen Spuren des deutschen Widerstands, dessen Vielschichtigkeit die Ausstellung der Gedenkstätte auf ihre Weise spannend vermittelt.

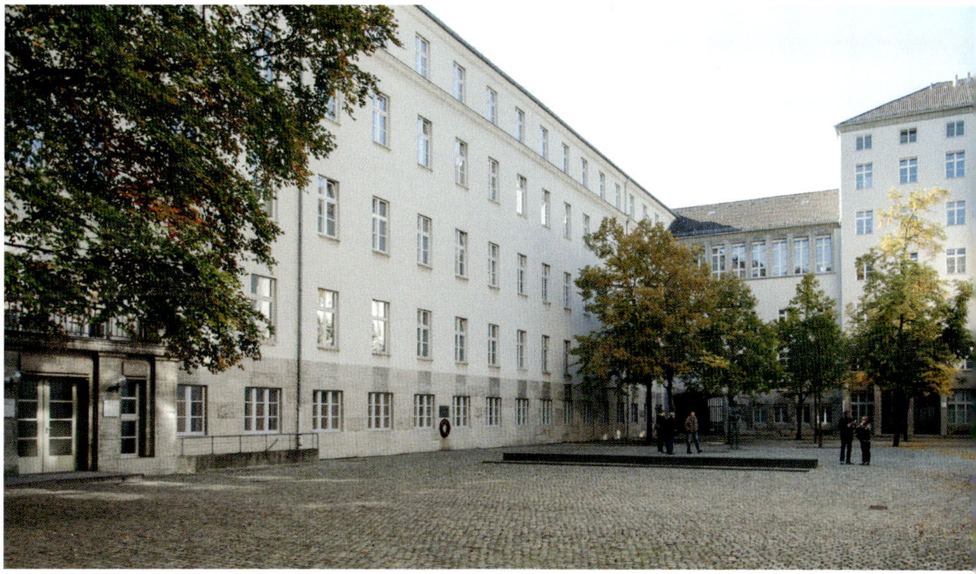

Tom Cruise, hier in einer Szene in der Potsdamer Löwenvilla (oben), wird als Stauffenberg am umstrittenen Drehort Bendlerblock hingerichtet, heute Gedenkstätte Deutscher Widerstand mit großer Dauerausstellung (unten).

EFFI BRIEST

2009 **Regie: Hermine Huntgeburth**

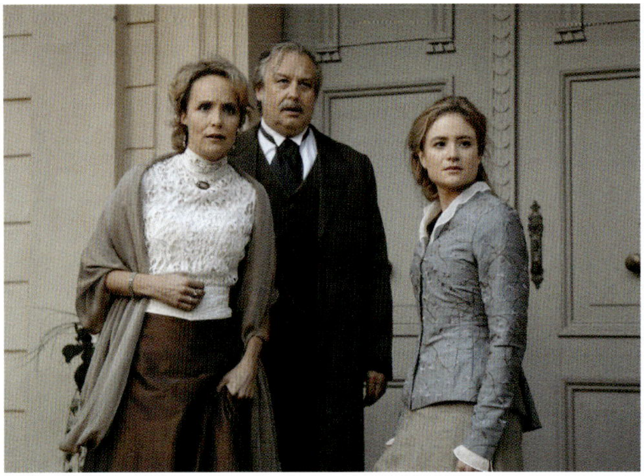

Stadtluft macht frei«, lautet der mittelalterliche Grundsatz, der Hermine Huntgeburths modernisierte *Effi Briest*-Verfilmung inspiriert haben mag. Durch die fünfte Kinofassung von Theodor Fontanes Romanklassiker zieht sich die Sehnsucht nach Berlin, wo die Adaption ein überraschend optimistisches Ende findet. Hier wurden auch einige der aufwendigsten Szenen an Originalschauplätzen gedreht.

»Wann kommst du mal wieder nach Berlin, Effi?«, fragt ihr Cousin Dagobert direkt in der Eröffnungssequenz, einem Debütantinnenball. Bei dem Tanz trifft Effi von Briest (Julia Jentsch) jedoch auf Baron von Innstetten (Sebastian Koch), einem ehemaligen Verehrer ihrer Mutter (Juliane Köhler), der bald darauf um ihre Hand anhält. Als die frisch Vermählten in ein Haus an der Pommerschen Küste ziehen, verkündet der politisch aufstrebende Innstetten unvermittelt: »Ich will hier keine Wurzeln schlagen, ich will nach Berlin!«

Erst einmal nimmt das Schicksal, der Vorlage getreu, seinen Lauf. In der beklemmenden Fremde lässt sich Effi, nun junge Mutter und vernachlässigte Ehefrau, auf eine kurze, stürmische Affäre mit Major Crampas (Mišel Matičević) ein. Diese ist längst beendet und Effi zur selbstbewussten Frau gereift, als Innstettens beruflicher Erfolg endlich in die Hauptstadt führt. Es folgt eine kurze Euphorie: »Jetzt bin ich doch noch nach Berlin gekommen.«– »Hier tut sich was. Bald sind es zwei Millionen!« Dann verschulden ein gestürztes Kind, wiedergefundene Briefe und der starre Ehrbegriff den Duelltod Crampas – und Effis sozialen Abstieg.

Das Drehbuch von Volker Einrauch erspart dem Publikum das traurige Dahinsiechen von Effi im Schoß des Elternhauses. Stattdessen wendet sie sich von der Doppelmoral der Familie ab – provokant die Zigarette anzündend – und kehrt dem verbitterten Exmann, der ihr die Tochter entfremdet hat, wortwörtlich den Rücken. Effi, nun Angestellte der Universitätsbibliothek, überquert stolz lächelnd Unter den Linden und den Markt am Kupfergraben. Ihre kleine Mietwohnung samt Dienstmädchen ist als heimelige Frauen-WG inszeniert. Sozialromantische Stadtszenen. Schöner könnte sie keine BBC-Literaturverfilmung zeigen.

Das Schloss Hoppenrade (Oberhavel) ist hier das Anwesen der Familie Briest (Juliane Köhler, Thomas Thieme, Julia Jentsch).

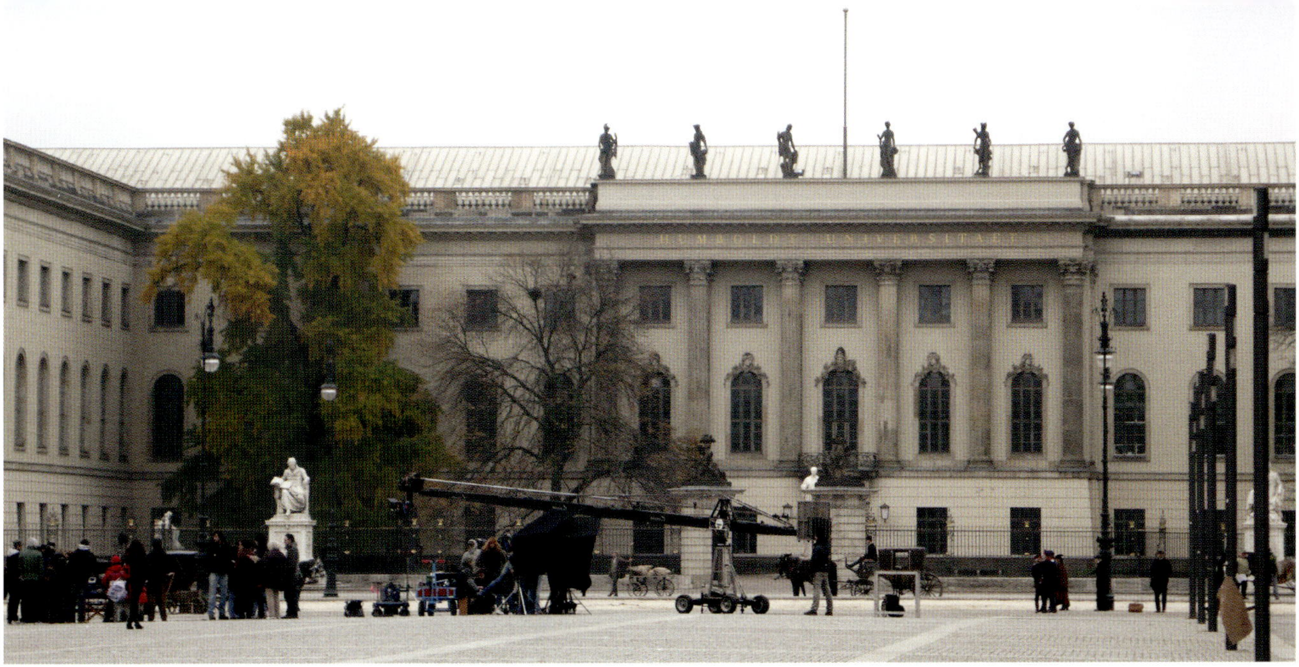

Britische Jane-Austen-Adaptionen waren das erklärte Vorbild des Produzenten Günter Rohrbach, der gezielt Hermine Huntgeburth (*Die weiße Massai*) und Julia Jentsch (*Die fetten Jahre sind vorbei*, S. 80) engagierte. Er übernahm die großzügigen Szenerien der Stadt- und Küstenlandschaften und die üppige Ausstattung: Allein für die Hauptdarstellerin standen 70 Kleider zur Verfügung. Zudem fallen die intimen Szenen auf und die moderne Charakterisierung der Figuren. Wo Fontane Effis späte Erkenntnis nur andeutet, kann ihre jüngste Inkarnation die Freiheit ausleben. Damit kommt sie dem historischen Vorbild des Romans sogar deutlich näher: Elisabeth von Plotho führte trotz ihrer Deklassierung nach der Scheidung ein langes, unabhängiges Leben.

Historisch korrekt sind auch die meisten Drehorte: Die Strandszenen wurden an der Ostsee gedreht, das polnische Łeba diente als fiktives Kessin. Die Ostseevilla allerdings steht eigentlich in Brandenburg. Schloss Marquart am Schlänitzsee, das seine neobarocke Gestalt Ende des 19. Jahrhunderts erhielt, gehört zu den beliebtesten Drehorten Potsdams. Es passt hervorragend zur opulenten Ausstattung des Films. Damit es auch in die Geschichte passt, wurden aus Lastwagenladungen voller Sand künstliche Dünen aufgeschüttet.

Auch nach Berlin-Mitte lieferte man reichlich Sand: Ein ganzer Abschnitt von Unter den Linden bekam historischen Straßenbelag. Laternen und Schilder wurden umgebaut. Wer genau hinschaut, kann in der letzten Szene dennoch den modernen Hinweis auf einen Hydranten erspähen. Im Making-of-Feature der DVD sieht man zudem, wie nah Julia Jentsch an der Bushaltestelle vorbeistolziert. Um sie herum kamen 150 Komparsen zum Einsatz. Ohne große Vorarbeit konnte in Riehmers Hofgarten an der Yorckstraße in Kreuzberg gedreht werden, der sein historisches Antlitz kaum verändert hat. Als Anwesen der Briests diente das Schloss Hoppenrade (Oberhavel, 50 Kilomter nördlich von Berlin), wo einst Luise Charlotte Henriette von Kraut lebte, deren Biografie Fontane verfasste. Zu den wenigen im Babelsberger Studio gebauten Kulissen gehört das windschiefe Liebesnest im Dünensand, für das tatsächlich Holz der authentischen polnischen Landschaft verwendet wurde. Die Uraufführung holte Cast und Crew wiederum nach Berlin: *Effi Briest* feierte in der Reihe »Berlinale Special« im Februar 2009 Premiere. Der besonderen Verbindung von Effi und Berlin hat sich auch ein Hellersdorfer Start-up entsinnt: Unter dem frechen Label »Effi Biest« ist eine mobile Espressobar auf Märkten und Plätzen unterwegs.

Bevor Effi einmal Unter den Linden vor der Humboldt-Universität überquerte, wurde im Oktober 2007 weiträumig abgesperrt.

WIR SIND DIE NACHT

2010 **Regie: Dennis Gansel**

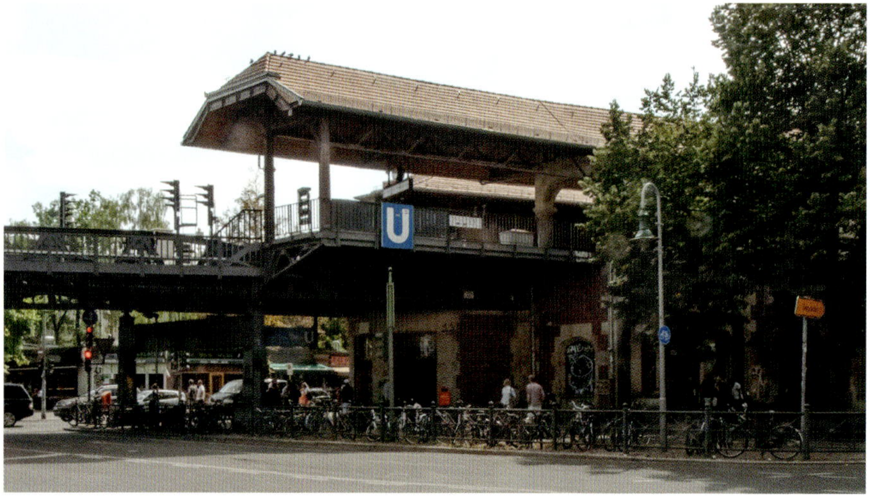

Seit Carmilla, der Titelfigur aus Joseph Sheridan Le Fanus Erzählung von 1872, sind Vampirinnen die elegantesten Wesen des Horror-Genres. Durch die Wirkung von Bram Stokers Roman *Dracula* (1897) dominieren zwar männliche Fangzähne die Kinogeschichte inklusive *Twilight*-Hype. Hingegen verkörperten beispielsweise Catherine Deneuve (*The Hunger*), Tilda Swinton (*Only Lovers Left Alive*) und zuletzt Sheila Vand im Tschador (*A Girl Walks Home Alone At Night*) allesamt Figuren, die Blutdurst mit Scharfsinn verbinden. An dieselbe Tradition knüpfte Dennis Gansel an, der seinen Genrefilm im Berliner Nachtleben ansiedelte. Sein Drehbuchentwurf lagerte über zehn Jahre, ehe er dank des Vampirrevivals umgesetzt wurde. Ebenso lang stand der Star des Films fest.

Nina Hoss führt als Altvampirin Louise ein hedonistisches Trio an. Ihre Sidekicks sind die schwermütige Charlotte (Jennifer Ulrich), einst Stummfilmstar nun Vielleserin, und Nora (Anna Fischer), die seit der Love Parade ununterbrochen im Neon-Plüsch durchfeiert. Gegen die Einsamkeit helfen ihr die beiden ebenso wenig wie verschwenderischer Luxus. So ist Louise auf der Suche nach der idealen Partnerin für die Ewigkeit. In ihrem Club, einem ehemaligen Schwimmbad (Stadtbad Lichtenberg) mitten im verwilderten Spreepark (Plänterwald), entdeckt sie das gesuchte Funkeln in den Augen der kränklichen Straßendiebin Lena (Karoline Herfurth). Dieser ist gerade der junge Polizist Tom (Max Riemelt) auf die Spur gekommen, als sie am Bahnhof Zoo einen Zuhälter bestohlen hat.

Ehe sie sich versieht, wird Lena qualvoll zur Vampirin verwandelt und steht nun zwischen zwei Welten. Die *Sex-and-the-City*-Clique bietet Partynächte, Shopping (Galeria Kaufhof am Alexanderplatz), Autorennen im Tiergartentun-

Am Kreuzberger U-Bahnhof Schlesisches Tor treffen sich Lena und Tom auf einen Kaffee, beobachtet von Louise.

nel, künstliches Sonnenbaden (Tropical Islands). Eine feministische Rechtfertigung hält Louise auch parat: »Seit über 200 Jahren sagt mir kein Mann, ob sterblich oder unsterblich, was ich zu tun habe.« Wäre da nicht dieses eine Problem, wie Nora es ausdrückt: »Menschen gehen so schrecklich schnell kaputt.«

Den Kontrast zu all dem bildet der potenzielle Boyfriend Tom. Als Lena ihm nach einer Verfolgungsjagd (durch den Ullrich-Supermarkt am Zoo und entlang des inzwischen abgerissenen Blocks an der Joachimstaler Straße) fast die Nase bricht, verliebt er sich sofort. Statt sie zu verhaften, lädt er sie auf einen Kaffee ein (am U-Bahnhof Schlesisches Tor), wobei Louise an der Backsteinmauer hängend die beiden beobachtet. Nachdem bei Lenas Initiation zwei Frauenhändler verbrannt sind, machen seine Kollegen Jagd auf die Vampirinnen. So bleibt für die Entwicklung der Dreiecksgeschichte wenig Zeit und der erstaunlich sexfreie Film konzentriert sich auf actionreiche Spannung.

Die soliden Spezialeffekte werden (wortwörtlich) mit einem Augenzwinkern eingesetzt. Für den Endkampf wurden Teile der Abhörstation am Teufelsberg im Grunewald, wo im Kalten Krieg die NSA ihre »Field Station Berlin« betrieb, im Studio nachgebaut und gekonnt mit Aufnahmen vom Originalschauplatz gemixt. Neben dem Spreepark (siehe auch *Hanna*, S. 108) nutzte man das leerstehende Haus Cumberland (hier »Grand Hotel«), einen unsanierten Sozialbau in Schöneberg und die Häuser des ehemaligen DDR-Rundfunks an der Nalepastraße in Oberschöneweide. Die markanten Stadtmotive werden genauso verspielt eingesetzt wie typische Genre-Versatzstücke: fehlende Spiegelbilder, tödliche Sonnenstrahlen, kühle Brutalität und Todessehnsucht. Spaß macht auch die schöne Besetzung, selbst wenn man alle schon in besseren Rollen gesehen hat. Nur die wiederholten Luftbilder der Skyline samt Mond und Fernsehturm entsprechen eher TV-Gewohnheiten. Ein amüsanter Streifzug durch die Geschichte Berlins macht das wieder wett. Der Vorspann zeigt Louise bei der Love Parade, dem Mauerfall, beim Kriegsende, in den wilden Zwanzigern, zur Revolution von 1848 und zuletzt beim Flötenkonzert Friedrichs des Großen in Sanssouci.

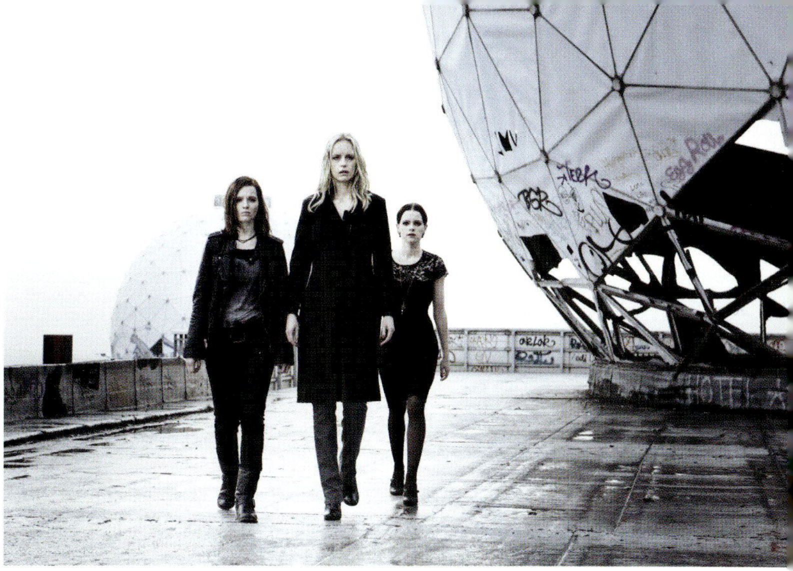

NINA HOSS

Schauspielerin (*1975, Stuttgart)

Sowohl auf der Bühne als auch der Leinwand zählt Nina Hoss zu den Größen ihres Fachs mit vielen Auszeichnungen und internationaler Anerkennung. Als Tochter der Intendantin der Württembergischen Landesbühne kam sie 20-jährig nach Berlin an die Schauspielschule Ernst Busch. Damals brachte sie schon erste Bühnenerfahrung mit. Noch als Studentin wurde sie in der Titelrolle von Bernd Eichingers TV-Remake *Das Mädchen Rosemarie* berühmt. Neben einem langjährigen Engagement beim Deutschen Theater Berlin drehte sie beeindruckende Filme mit Christian Petzold (u.a. *Yella, Barbara* und *Phoenix*), Thomas Arslan (*Gold*) und Nicolette Krebitz (*Das Herz ist ein dunkler Wald*). Ihre Filmografie ergänzen kommerziellere Filme wie Max Färberböcks *Anonyma – Eine Frau in Berlin* (S. 68), Hermine Huntgeburths *Die weiße Massai* oder Anton Corbijns *A Most Wanted Man.* Aktuell ist sie im Ensemble der Berliner Schaubühne und hat eine Rolle in der US-Serie *Homeland.*

Nina Hoss steht zwischen Karoline Herfurth und Jennifer Ulrich auf der ehemaligen NSA-Abhörstation auf dem Teufelsberg.

DREI

2010 **Regie: Tom Tykwer**

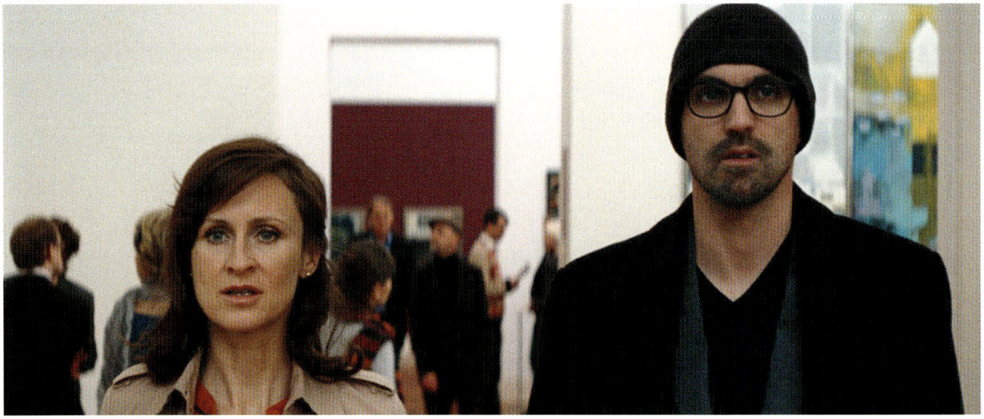

Nach seinem Überraschungserfolg mit *Lola rennt* nutzte Tom Tykwer die internationale Aufmerksamkeit für große Koproduktionen wie *Heaven* (2002), *Das Parfum* (2006) oder *The International* (2009). Letzterer eröffnete immerhin am Berliner Hauptbahnhof. Doch erst mit *Drei* drehte Tykwer wieder einen waschechten Berlin-Film nach eigenem Drehbuch. Wieder war *Lola*-Schnittmeisterin Mathilde Bonnefoy dabei. Diesmal verzichtete Tykwer auf dramaturgische Saltos und collagierte Sehenswürdigkeiten, konzentrierte sich stattdessen auf die Charaktere vor dem Hintergrund ihrer Heimatstadt.

Hanna (Sophie Rois) und Simon (Sebastian Schipper) leben seit 20 Jahren in einer glücklichen, entspannten Beziehung. Nur mit Kindern hat es nicht geklappt. Beide stecken viel Zeit in ihre Arbeit, sie als Kulturmoderatorin, er im Kunstbetrieb. Auch in ihrer Freizeit gehen sie oft getrennte Wege. So kommt es, dass sie unabhängig voneinander den Stammzellenforscher Adam (Devid Striesow) treffen und sich von seiner charmanten Direktheit menschlich und körperlich angezogen fühlen. Die parallele Affäre scheint die Liebesbeziehung eher zu beleben.

Neben der Dreiecksgeschichte thematisiert Tykwer – mit der gleichen Leichtigkeit – existenzielle Probleme: Simon muss sich dem Sterben seiner Mutter und der eigenen Krebsdiagnose stellen. Er erlebt neben dem Konflikt um seine sexuelle Identität die ganz große Krise um Tod und Verlustängste. Die energetische Hanna steht ihm fest zur Seite, dann wieder halten sie einander auf Distanz. Bei einer Currywurst (vom »Burgermeister« am Schlesischen Tor in Kreuzberg) beschließen die beiden spontan zu heiraten. Schließlich wirft eine unerwartete Schwangerschaft die frische Ehe doch noch aus dem Gleichgewicht.

Im Martin-Gropius-Bau (oben) drohen die Affären von Hanna und Simon (Sophie Rois, Sebastian Schipper) aufzufliegen. Das Treptower Badeschiff ist beliebt im Sommer (rechte Seite, oben) und als winterlicher Drehort (Striesow und Schipper, unten).

Der poetische Vorspann und die anschließende Choreografie von Sasha Waltz nehmen das ganze Beziehungsdrama gleich doppelt vorweg und setzen einen hohen Maßstab für den Rest des Films. Dieser kann mit seiner grandiosen Besetzung, einem stimmigen Soundtrack und den in Blau arrangierten Bildern seinen ästhetischen Anspruch halten. All das fügt sich in die Plot-Konstruktion zu einer pointierten Verhandlung moralischer Fragen des modernen Lebens. »Du musst Abschied nehmen von deinem deterministischen Biologie-Verständnis«, sagt Adam flirtend zu Simon beim Bier auf der Hoppetosse. Tatsächlich sind Simon und Hanna bereit, die gesellschaftskonformen Grenzen zu überschreiten, so dass der Film überraschend mit einer harmonischen Ménage-à-Trois schließt.

Die Schauplätze bilden für Berlin typische Kontraste: die leicht verlebte Altbauwohnung der Kulturschaffenden gegenüber Adams kahlem Apartment in der Leipziger Straße; die Schwimmszenen der beiden Männer auf dem stillen Winterbadeschiff (Arena Treptow) und im sommerlichen Prinzenbad (Kreuzberg); der Ausstellungsbesuch im Martin-Gropius-Bau und die »Öl-Bohrung« im Mauerpark (eine reale Wasseraktion des Künstlers Iepe Rubingh). All die Orte haben gemeinsam, dass sie den Figuren vertraut sind, von der traditionellen Kneipe »Zum Schusterjungen« (Danziger-, Ecke Lychener Straße)

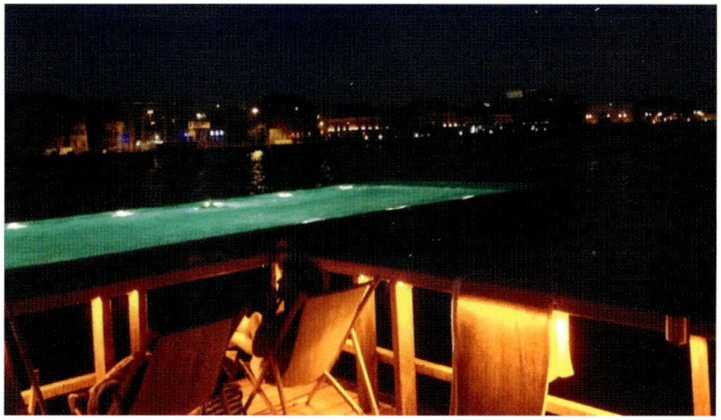

über die »Schaubühne« am Lehniner Platz bis zur Bildhauerwerkstatt in der ehemaligen Arnheimschen Tresorfabrik (Osloer Straße, Wedding). Tykwer zeigt keine Werbebilder, sondern Lebensräume. Das touristische Zentrum Berlins um Brandenburger Tor und Siegessäule taucht nur in einer Traumsequenz auf. Die heikle Szene in Gunther von Hagens umstrittener »Körperwelten«-Ausstellung, gedreht im Sommer 2009 im Postbahnhof am Ostbahnhof, markiert den Wendepunkt der Beziehungskrise. Zu den mehr als 100 Schauplätzen gehören die Villengegend in Berlin-Westend (Simons Abschied von der Mutter) und London (Hannas Zuflucht bei einer Freundin). Die Oberbaumbrücke gegen Ende des Films wirkt fast wie ein Zitat aus *Lola rennt*. Diesmal finden die Figuren hier ihr Happy End.

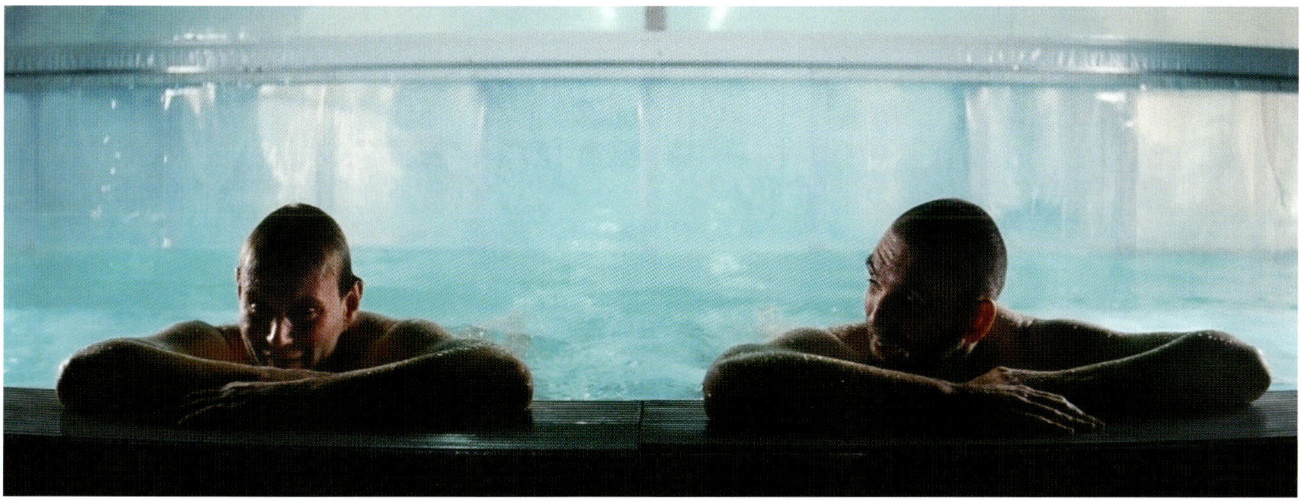

UNKNOWN

UNKNOWN IDENTITY

2011 **Regie: Jaume Collet-Serra**

Schnee und Einsamkeit prägen das Berlin-Bild in internationalen Blockbustern. Das hat sich auch viele Jahre nach Ende des Kalten Krieges kaum geändert. Was im langlebigen Spionage-Genre ohnehin zum guten Ton gehört (zuletzt *Bridge of Spies*, siehe: Agentenfilme, S. 49), wird auch gern in den verschiedenen Formen des Thrillers aufgegriffen. Beispielsweise am Anfang von *Flightplan* (Robert Schwentke, 2005): Dort wird die tiefe Trauer der Protagonistin (Jodie Foster) von einem künstlich verschneiten Wilmersdorf reflektiert, gegen das selbst Neufundland am Ende des Films warm erscheint.

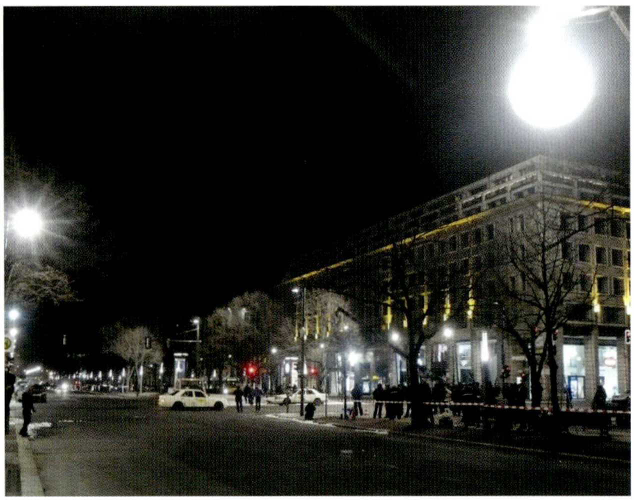

Ähnliche Schwermut prägt Liam Neesons ratselhaften Charakter Dr. Martin Harris in *Unknown / Unknown Identity*. Von einer entsprechend frostigen Seite zeigt sich die Stadt. Schon der erste Satz ist ein Vorbote der emotionalen Eisstarre: »Ladies and gentlemen, we're beginning our descent into Berlin Tegel, ... the temperature is a cool minus four degrees.« Beim Verlassen des Flughafens kommentiert Harris' Frau (January Jones) den einsetzenden Schneefall, als hätte sie nichts anderes erwartet.

Im Taxi zum Spitzen-Hotel Adlon (Unter den Linden) legen sie eine pittoreske Stadtrundfahrt ein, vorbei an Siegessäule, Sowjetischem Ehrenmal und Brandenburger Tor. Als Harris feststellt, seinen wichtigsten Koffer am Flughafen vergessen zu haben, nimmt er ein Taxi zurück. Diesmal ist die Fahrt weniger geografisch korrekt – was mit einem katastrophalen Sturz von der Oberbaumbrücke in die Spree »bestraft« wird. Nachdem die Fahrerin Gina (Diane Kruger) Harris aus dem sinkenden Auto gerettet hat, verschwindet sie. Tage später erwacht Harris mit großen Gedächtnislücken im Krankenhaus (die ehemalige Klinik Oskar-Helene-Heim in Dahlem war ebenfalls in *Flightplan* und *The Bourne Supremacy / Die Bourne Verschwörung*, S. 88, zu sehen). Als er sich allmählich erinnert, sucht er seine Frau im Adlon auf, wo beide Professor Bressler (Sebastian Koch) auf einem Biotechnologie-Kongress treffen wollten. Doch niemand erkennt ihn und an der Seite seiner Frau hat ein anderer (Aidan Quinn) seine Identität angenommen.

Die Verfolgungsjagd führt die Einkaufspassage der Friedrichstraße entlang (Foto der Dreharbeiten, Ecke Unter den Linden).

Bei der Lösung dieses Rätsels helfen ihm schließlich doch die Bosnierin Gina sowie ein ehemaliger Stasi-Mann (Bruno Ganz), der ganz stilecht in den Stalinbauten an der Frankfurter Allee wohnt. Bei einer Lagebesprechung treffen sich die drei auf der Museumsinsel am Monbijou-Ufer, im Hintergrund das Bode-Museum und Eisschollen auf der Spree. Zur verschlungenen Plot-Entwicklung um Migranten, Saatgut und einen arabischen Prinzen wird das Publikum mit Auftragskillern (u. a. Stipe Erceg) und einer wilden Autofahrt unterhalten, welche über die Friedrichstraße (im Rückwärtsgang auf dem Fußweg vorm Kulturkaufhaus Dussmann entlang) und die Oranienburger Straße bis zum Hackeschen Markt führt, wo ein zweites Taxi Totalschaden erleidet.

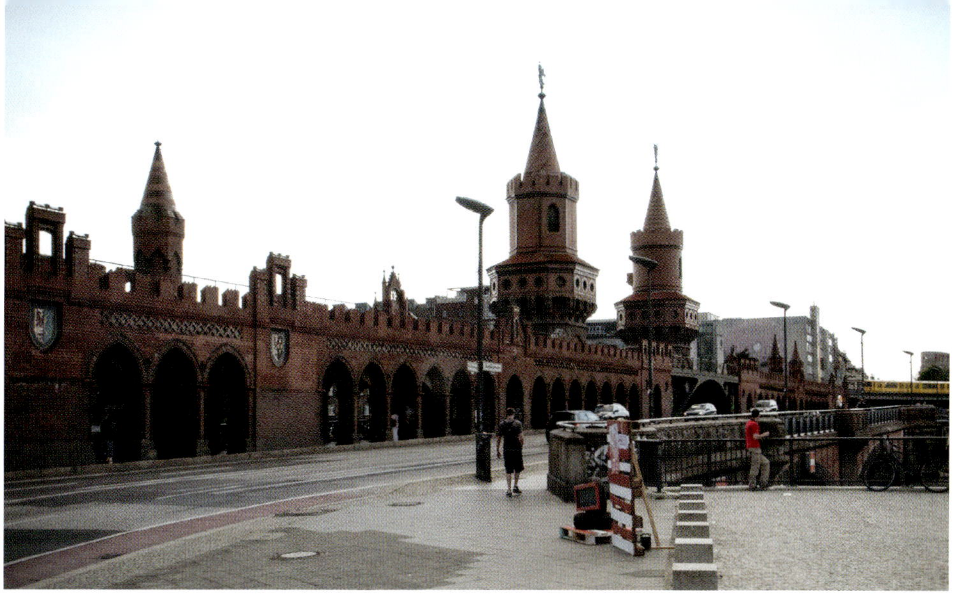

Viele Aufnahmen entstanden an Originalschauplätzen, sogar der Unfall an der Oberbaumbrücke und die Verfolgungsjagd durch Mitte sowie das Wiedersehen des Paars im Museum (außen Neue Nationalgalerie am Potsdamer Platz, innen Berlinische Galerie in Kreuzberg). Zur Verortung werden mehrfach U-Bahnhöfe eingeblendet: die erste Verfolgungsszene vom Platz der Luftbrücke zur Bülowstraße, später das Frankfurter Tor und der Eingang Friedrichstraße. Für die Szenen im naturwissenschaftlichen Institut diente die heutige Filmuniversität »Konrad Wolf« (S. 117), ein charakteristischer Glasbau in Potsdam-Babelsberg unweit des koproduzierenden Studios.

Dramatisches Zentrum bleibt das Adlon, wo es zum Showdown kommt. Anders als auf dem Plakat greift Harris zwar nicht zur Schusswaffe, jedoch ist er an einer Explosion beteiligt, die ein arges Loch in den pompösen Hotelbau reißt. Die Kamera blickt auf das Desaster geschmackvoll über die Schulter der Quadriga. Wenn am Ende die Identitäten neu verteilt sind, verlässt der Held diesmal per ICE Berlin, vom Hauptbahnhof ostwärts. Der Film schließt mit stillen Luftbildern über der winterlichen Stadtlandschaft.

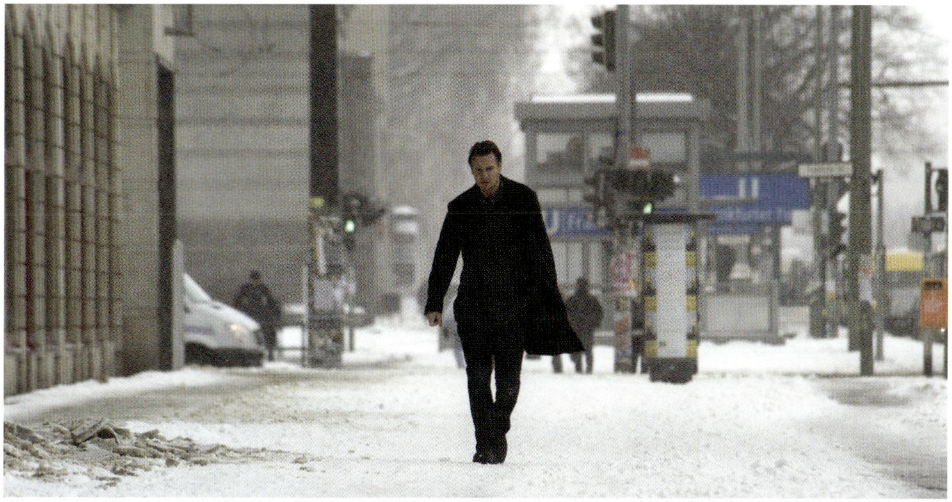

Ein spektakulärer Autounfall von der Oberbaumbrücke (oben) ist der Ausgangspunkt des Thrillers. Später kehrt Dr. Harris (Liam Neeson) zurück in den Friedrichshain (unten U-Bahnhof Frankfurter Tor).

HANNA

WER IST HANNA?

2011 **Regie: Joe Wright**

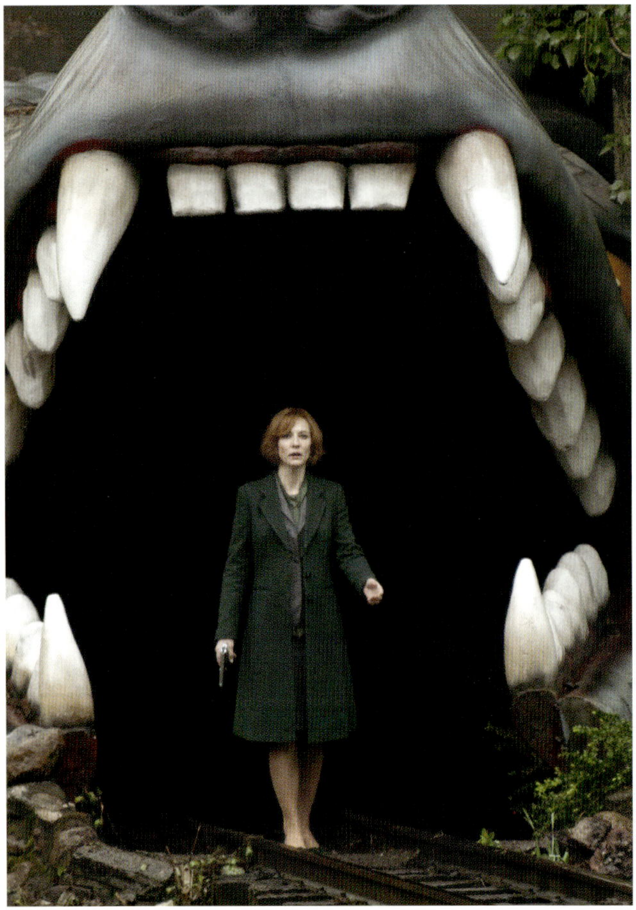

Wer ist hier der Wolf? CIA-Agentin Wiegler (Cate Blanchett) folgt Nachwuchskillerin Hanna in den Spreepark.

Im hohen Norden beginnt dieser Hybrid aus Coming-of-Age-Parabel und Agenten-Thriller. In der finnischen Wildnis wächst das Mädchen Hanna (Saoirse Ronan) mit einerseits archaischen Standards auf, andererseits sorgt ihr Vater Erik (Eric Bana) für eine intensive Ausbildung. Im Laufe von Hannas Reise erweisen sich ihre Fähigkeiten als unerschöpflich: Kampftechniken, Sprachen, lexikalisches Wissen. »Adapt or die.« Von klein auf weiß Hanna, dass die CIA-Agentin Marissa Wiegler (Cate Blanchett) ihre Erzfeindin ist und sie beide töten wird, sobald sich eine Gelegenheit dazu ergibt. Es sei denn, Hanna kommt ihr zuvor. Während Tochter und Vater sich auf getrennten Wegen nach Berlin durchschlagen, enthüllen sich die Vorgeschichte und die Tatsache, dass Hanna zur perfekten Killerin erschaffen wurde. »Sometimes children are bad people, too«, stellt Wiegler kalt fest. Sie wird nicht das letzte Wort behalten.

Der Film beginnt, wie das Leben der Protagonistin, mit Stille, erst wenn sie in die Welt hinauszieht, setzt der Soundtrack ein und kombiniert den Elektro-Score der Chemical Brothers mit dem Pop von David Bowie und dem klassischen *Schwanensee*. Die blasse Teenagerin ist im Schnee perfekt angepasst – sogar ihre Augenbrauen sind entfärbt –, aber überfordert mit den Farben und Umgangsweisen der zivilisierten Welt. Über Europa hinaus geht die Jagd. Gedreht wurde, abgesehen von Szenen in Marokko und Finnland, vor allem in Deutschland. Von Fehmarn (man sieht den Fehmarn-

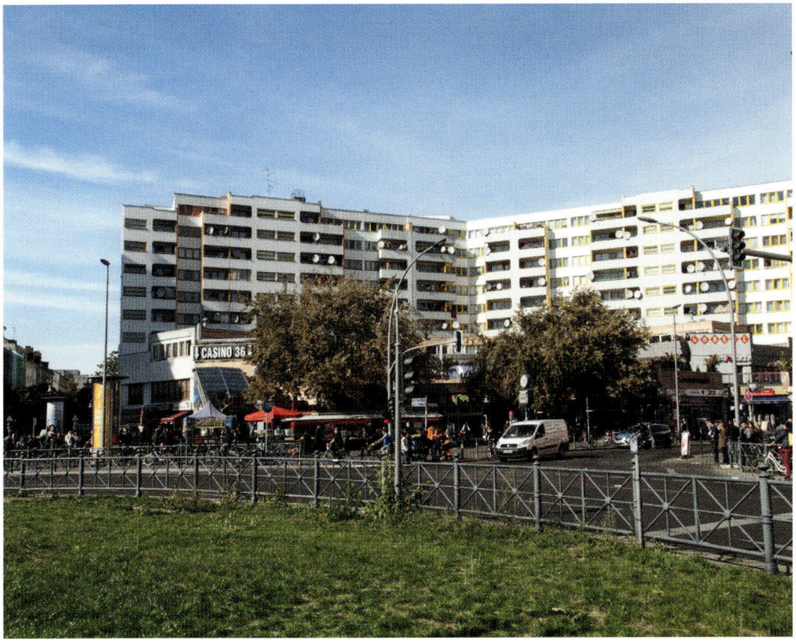

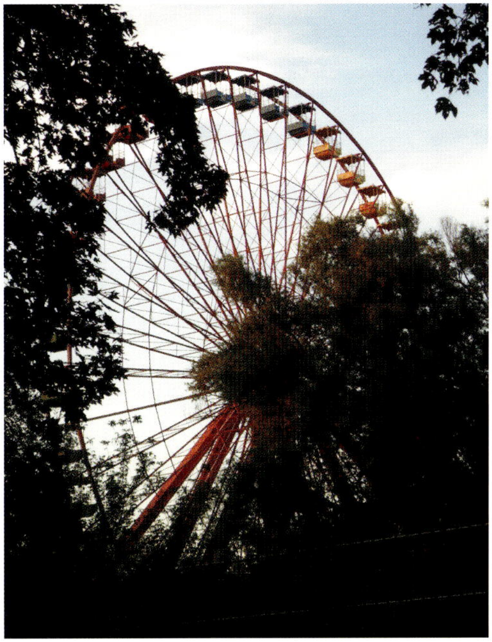

belt nach Dänemark) über Hamburg (Containerhafen, Safari Club) und Magdeburg bis nach Bad Tölz (Bayern).

Die markantesten Drehorte der Babelsberger Koproduktion lagen in Berlin. Die Stadtlandschaft hat gewissermaßen am Skript mitgeschrieben: Als die Produzenten den 2001 stillgelegten Vergnügungspark im Plänterwald mit verwitterten Schwänen, umgestürzten Dinosauriern und dem überwucherten Riesenrad zu Gesicht bekamen, wurde eine im Museum angesiedelte Sequenz überarbeitet. »… no scriptwriter could imagine a place like that in the middle of Berlin and no producer would agree to build such a place – good for us it just stood there!« Einfach belassen hat man das Gelände dann nicht, stattdessen die verbliebene Ausstattung durch ein Hexenhaus und das riesige Wolfsmaul (im Original beginnt der Tunnel mit einem Katzenkopf) ergänzt, um noch stärker die Motivik aus Grimms Märchen hervorzuheben. Vom Spreepark ist es für Hanna nur ein Katzensprung zum Kottbusser Tor und Görlitzer Bahnhof. Kreuzberg zeigt sich hier von seiner trostlosesten Seite. Die Stadt bot noch weitere Locations, darunter den Tunnel zum ZOB am Messezentrum ICC (siehe auch: Berlin inkognito, S. 88) und den Großen Windkanal auf dem Campus Adlershof.

Neben den Schauplätzen und der durchgehenden Suspense prägen den Film seine Hauptdarstellerinnen. Routiniert liefert Cate Blanchett eine faszinierend überzeichnete Jägerin ab, eine Hexe im Armani-Kostüm. Umso lebendiger steht ihr Saoirse Ronan zur Seite. Die 16-Jährige lieferte als mörderisches Wolfskind alle Stunts selbst ab. Zudem schlug der Nachwuchsstar den Regisseur vor, mit dem sie zuvor bei *Atonement/Abbitte* (2007) zusammen gearbeitet hatte. Bekannt ist Joe Wright für Literaturverfilmungen von *Pride & Prejudice* (2005) bis *Anna Karenina* (2012), allesamt ausgestattet von Sarah Greenwood. Zuletzt knüpfte Wright mit dem Peter-Pan-Prequel *Pan* (2015) an das Märchenmotiv an. Obwohl *Hanna* aus seiner Filmografie heraussticht, zeichnen auch diesen Gegenwarts-Thriller fein abgestimmte Bilder aus – und eine surreale Entrücktheit. War das ganze Märchen nur eine düstere Gute-Nacht-Geschichte? Als die Spieluhr-Melodie des Abspanns verklungen ist, murmelt die väterliche Stimme die deutschen Worte: »Schlaf weiter.«

Im Film sind die Kreuzung am Kottbusser Tor und der Spreepark im Plänterwald nur einen Schnitt voneinander entfernt.

OH BOY

2012 **Regie: Jan Ole Gerster**

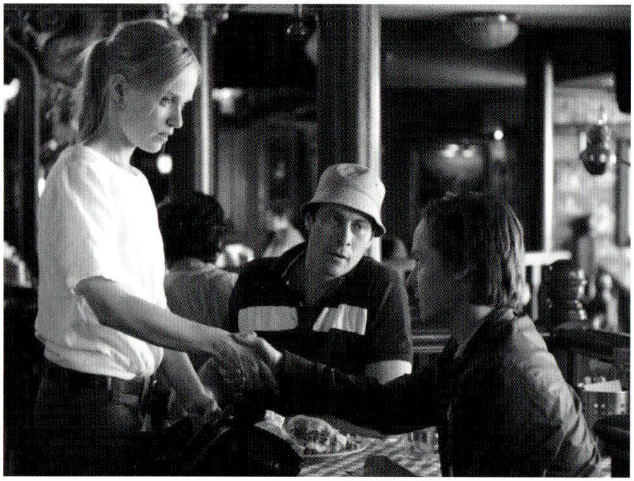

Friedlich sitzt Niko (Tom Schilling) allein bei einer frischen Tasse Kaffee im morgendlichen Sonnenschein an der Schönhauser Allee. Im Hintergrund passieren die U2 auf der Hochbahntrasse und ein einzelner Fußgänger. Diesem Schlusstableau gehen – für den Antihelden – 24 koffeinfreie, nervenaufreibende Stunden bzw. – fürs Publikum – 80 unterhaltsam episodische Minuten voraus.

Der Endzwanziger treibt ziellos durch sein Leben. Mit automatisierten Vermeidungsstrategien geht er allen Verpflichtungen aus dem Weg, bleibt jedoch immer in Bewegung. »Termine!« Er weiß, dass denjenigen, für die Christiane Rösinger den Terminus »Lo-Fi-Bohème« prägte, das »Unterforderungs-Burnout« droht. So bemüht er sich zunächst, seinen Führerschein beim »Idiotentest« zu verteidigen. Dann versucht er am gesperrten Geldhahn des Vaters (Ulrich Noethen beim Golf in Hohen Neuendorf) zu drehen. Seinen Kumpel Matze (Marc Hosemann), ein gescheiterter Schauspieler, begleitet Niko zum Essen (White Trash Fast Food, damals Schönhauser Allee 6/7), ans Babelsberger Set eines NS-Dramas und ins experimentelle Off-Theater (Tacheles, Oranienburger Straße). Nirgends bleiben die in pointierte Dialoge gefassten Konfrontationen aus, derer Niko sich trotz unverbindlicher Höflichkeit nicht erwehren kann.

Im Gegensatz zu Woody Allens Stadtneurotikern bleibt der Protagonist ein Rätsel. Man fragt sich wie sein Vater, worüber er wohl die zwei Jahre seit Studienabbruch »nachgedacht« habe. Derweil lernt man allerlei Großstadtgestalten kennen. Jede ist das lakonische Abbild eines Berlin-Stereotyps und doch werden alle mit ihren Marotten ernst genommen. Der leichtfüßig durchgehaltene Humor entlarvt die Figuren, aber verurteilt sie nie: die latent aggressive schwäbische Barista (Katharina Hauck), den eitlen Nazi-Darsteller (Arnd Klawitter), die stur Englisch sprechende Kellnerin (Performerin Kathryn Fischer alias Mad Kate) oder die karikierten Kontrolleure am U-Bahnhof Deutsche Oper (RP Kahl und Martin Brambach). Eine geschnittene Szene (DVD-Extras) zeigt Dr. Motte als Flaschensammler auf der Kastanienallee. Fast tra-

Wiedersehen im White Trash Fast Food (damals Schönhauser Allee 6/7, heute auf dem Gelände der Arena Treptow): Niko (Tom Schilling, rechts neben Marc Hosemann) wird von Julika (Friederike Kempter) an seine Schulhänseleien erinnert.

gisch ist die Geschichte der neurotischen Julika (Friederike Kempter), die noch immer unter den Folgen der Hänseleien von Nikos Schulhofclique leidet.

Der krönende Letzte der Reihe ist Michael Gwisdek als Gast der King Size Bar (Friedrichstraße 112b, inzwischen geschlossen). Der alte Friedrich erkennt sich in ihm wieder: »Bist'n einsamer Wolf, wa?« Ungefragt offenbart Friedrich sein Jugendtrauma. Die Erinnerungen an die Pogromnacht vom 9. November 1938 wecken Niko aus seiner Lethargie, zumindest kurz verliert er seine Teilnahmslosigkeit.

Für sein Debüt scharte der DFFB-Absolvent Jan Ole Gerster, zuvor Assistent bei Wolfgang Becker (*Das Leben ist eine Baustelle* und *Good Bye, Lenin!*), eine Reihe Freunde um sich und holte routinierte Darsteller dazu. Manche Crew-Mitglieder lieferten sogar Drehorte. Die Szene am Bett der Freundin (Katharina Schüttler) wurde im Schlafzimmer des Kameramanns Philipp Kirsamer gefilmt. Nikos Ausblick auf die Ecke Schönhauser/Pappelallee gehört zur Wohnung des Regisseurs selbst. Durch einen Kontakt stellte Roland Emmerich, der gerade in Babelsberg *Anonymus* drehte, seinen Luxuswohnwagen (einen sogenannten Trailer) zur Verfügung. Der Späti-Verkäufer spielte mitten im laufenden Betrieb (an der Straßenbahnhaltestelle, Kastanienallee 5) gleich sich selbst.

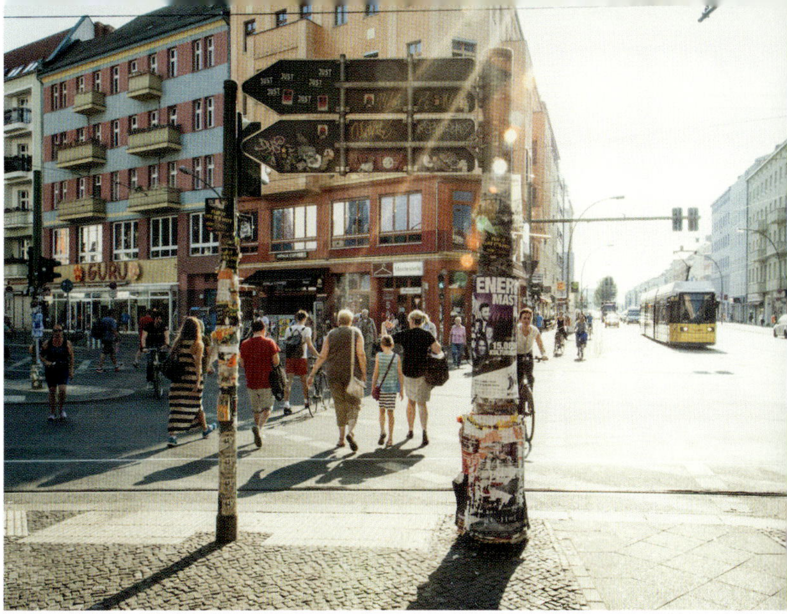

Zum Schluss komponierte die Jazzband Major Minors den perfekten Soundtrack passgenau zum geschnittenen Film. Zusätzlicher Spaß liegt in den oft selbstironischen Verweisen an die Filmgeschichte, beispielsweise *Taxi Driver* oder *Star Wars* sowie die ästhetischen Vorbilder Allen, Godard und Truffaut. Der DEFA-Klassiker *Berlin – Ecke Schönhauser* wird in einer nachgestellten Einstellung auf die titelgebende Kreuzung zitiert. Gegen die Kollegen von der »Berliner Sonderschule« (S. 83) darf eine Figur im Film, selbst Regisseur, wettern. Wer es etwas abgründiger mag, kann anschließend *Schwarze Schafe* von Oliver Rihs (2006) ansehen. In dem Schwarz-Weiß-Episodenfilm philosophiert Schilling ebenfalls über das Leben – während einige andere Berliner ziemlich durchdrehen. Friedlich ist Berlin eben nur in raren Momenten wie am frühen Sonntagmorgen, was Gerster für den Nachdreh einiger Straßenszenen des Epilogs nutzte.

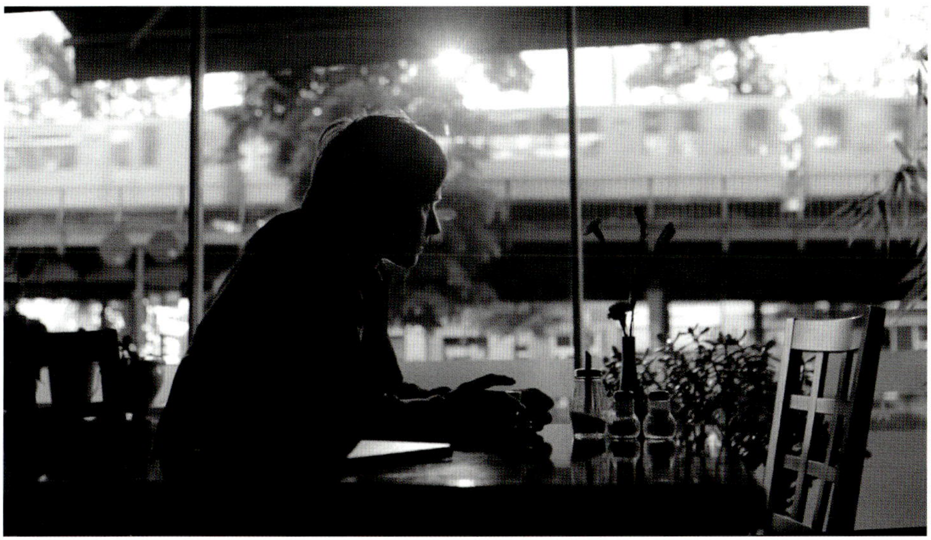

Einer von vielen Coffeeshops der Gegend ist »Impala« (schwarze Markise) an der Pappelallee, Ecke Danziger Straße (oben). Die finale Szene (unten) entstand wegen der Trassensanierung in der Schönhauser Allee zwei Wochen vor dem eigentlichen Dreh.

VICTORIA

2015 **Regie: Sebastian Schipper**

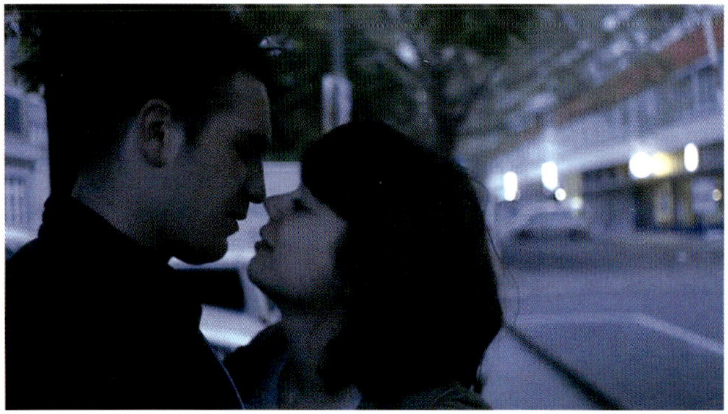

Im Titel selbst steckt schon ein Berliner Wahrzeichen: Viktoria, die vergoldete Göttin, krönt die berühmte Siegessäule von 1873. Zum Vorbild nahm sich der Künstler Friedrich Drake die damalige Kronprinzessin (und später kurzzeitige Kaiserin) Viktoria. Die »Goldelse« auf dem Großen Stern im Tiergarten teilt ihren Namen mit der jungen Heldin aus Sebastian Schippers Berlin-Film. Ansonsten hat der Regisseur für Sehenswürdigkeiten wenig übrig (siehe auch Schipper als Hauptdarsteller in Tykwers *Drei*, S. 104). Sein gefeierter Thriller – u. a. sieben Ehrungen beim Deutschen Filmpreis – konzentriert sich auf den Kreuzberger Kiez am südlichen Ende der Friedrichstraße und zeigt nächtliche Orte, wie sie weltweit in vielen Großstädten zu finden sind. Auf den internationalen Markt zielt auch der Plakat-Slogan »One Girl. One City. One Night. One Take.« »One neighbourhood«, könnte man ergänzen.

Die räumliche Nähe der Schauplätze war nötig, um einen verrückten Einfall des Filmemachers umzusetzen. Ganz ohne Schnitte, aber in ständiger Bewegung wollte Schipper filmen und damit das, woran seit Alfred Hitchcocks *The Rope / Cocktail für eine Leiche* (1948) viele aus technischen Gründen gescheitert waren, nun mit einfachen digitalen Mitteln realisieren. Was wie die fixe Idee eines Nerds klingt, vermittelt im Ergebnis dank Kameramann Sturla Brandt Groven eine erstaunliche Natürlichkeit. Die pointiert improvisierten Dialoge zum zwölfseitigen Skript und ein hinreißend leidenschaftlicher Cast tragen ihren Teil bei. In Echtzeit erlebt das Publikum knapp zweieinhalb Stunden einer wilden Nacht, als wäre es live dabei. Trotz des Dokumentarstils schlägt die Handlung allerlei Kapriolen.

In einem unterirdischen Club tanzt Victoria (Laia Costa). Sie springt, schwitzt und lacht, doch so richtig will keiner die hübsche Frau beachten. Ihr Kontaktversuch zum Barkeeper führt sie auch nicht weiter. Da begegnen ihr auf dem Weg an die Oberfläche vier waschechte Berliner Jungs, die sich als Sonne, Boxer, Fuß und Blinker vorstellen. Englisch radebrechend überreden sie die Spanierin, im Späti um die Ecke Bier zu klauen und auf dem Dach eines Neubaus die Nacht ausklingen zu lassen. Sie erzählen aus ihrem Leben, zum Beispiel, dass Blinker (Burak Yigit) vor Kurzem hinter Gittern saß. Als Victoria zu ihrem unterbezahlten Barista-Job aufbricht, lässt sich Sonne (Frederick Lau) auf einen Kakao einladen.

Kuss überm fiktiven Clubeingang (Frederick Lau und Laia Costa) in der Charlottenstraße 1, im Hintergrund die »Akademie Pierre Fabre Dermo-Kosmetik«.

In einer emotional aufgeladenen Szene am Klavier erklären sich gleichzeitig Victorias Naivität und ihre Hartnäckigkeit. Letztere wird sich noch auszahlen. Denn danach schlägt der Film unvermittelt zum Gangsterthriller um. Ein schemenhaft gezeigter Banküberfall ist der dramatische Höhepunkt, auf den Jubelfeier, Verfolgung und Verzweiflung folgen.

Die Geschichte ist sehr zeitgemäß, lebendig, international – und damit ganz Berlin. Irgendwann hat die rasende Kamera kurz ein treffliches Wahlplakat im Blick, das »Berlin statt Stillstand« verkündet, ein Zeugnis der Volksabstimmung zur Tempelhof-Bebauung (als Argument pro Senatsplanung). Das in dem Film eher selten jemand seine bzw. ihre Muttersprache spricht, geht konform mit der Realität des hiesigen Nachtlebens, nicht aber mit den Regeln für die Oscars, so dass *Victoria* nicht als fremdsprachiger Film eingereicht werden konnte. In die polierte Scheinwelt Hollywoods hätte Schippers Werk auch schlecht gepasst. Er widmet sich lieber den Parallelwelten des Nachtlebens und dem wahrhaftigen Erlebnis.

»Das wahre Berlin findet auf der Straße statt«, heißt es im Film. Nur drei Nächte standen dem Team zur Verfügung; dreimal wurde von 4.30 Uhr bis 7 Uhr fortlaufend gedreht. Nach zwei »Generalproben« war der Film beim dritten Anlauf im Kasten. Nur die Tonbearbeitung und der original Soundtrack von Nils Frahm kamen noch dazu. Die insgesamt 22 Motive mussten genau vorbereitet werden. Anders als bei all den Berlin-Filmen, die sich im Schnitt erzählerische Freiheiten gönnen (besonders auffällig bei *Lola rennt*, S. 74), lässt sich die *Victoria*-Route tatsächlich in einem Spaziergang nachvollziehen.

Angefangen im Club, der eigentlich ein Lagerraum unter der »Akademie Pierre Fabre Dermo-Kosmetik« in der Charlottenstraße 1 ist. Zwischen Baustelle und Besselpark entlang ging es zur Friedrichstraße, wo sich an der Nummer 32-33 der reale Späti befindet. Schräg gegenüber an der Ecke Hedemannstraße liegt das hübsche Café, in dem tatsächlich keine Vier-Euro-Kraft, sondern die Inhaberin Ingeborg Wilhelm-Medné bedient. Am selben Straßenabschnitt steht der Neubau (Friedrichstraße 226), wo sich erst die entspannte Dach-Runde und später turbulente Ereignisse abspielen. Einige hundert Meter entfernt liegt der Schauplatz des Banküberfalls: Zimmerstraße 54, direkt gegenüber des Springer-Hochhauses und damit am nördlichen Rand Kreuzbergs. Später geht es am kaum zu erkennenden Checkpoint Charlie vorbei doch noch nach Mitte, wo der Film im noblen Westin Grand (Friedrichstraße 158) sein schicksalhaftes Ende nimmt. Und im Morgengrauen steigt aus der Asche siegreich empor: Victoria.

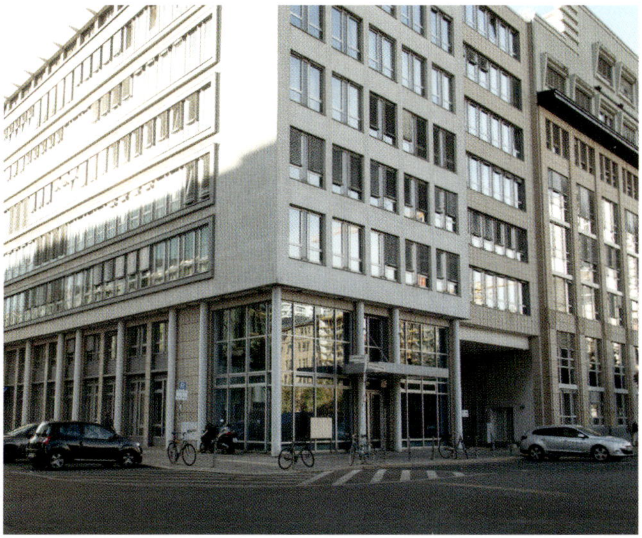

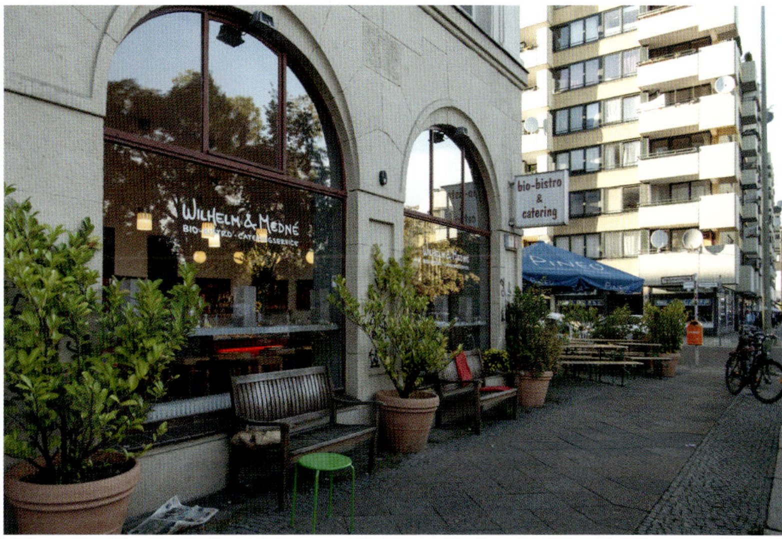

Das Café in der Friedrichstraße heißt »Wilhelm & Medné« (rechts). Im Wohnblock nebenan (ganz rechts) entstanden die Dachszene und die Polizeijagd. Der Überfall spielt in einer fiktiven Bankfilliale in der Zimmerstraße 54 (links).

GÄRTEN & SCHLÖSSER / BABELSBERG / FILMUNIVERSITÄT / FILMMUSEUM

POTSDAM

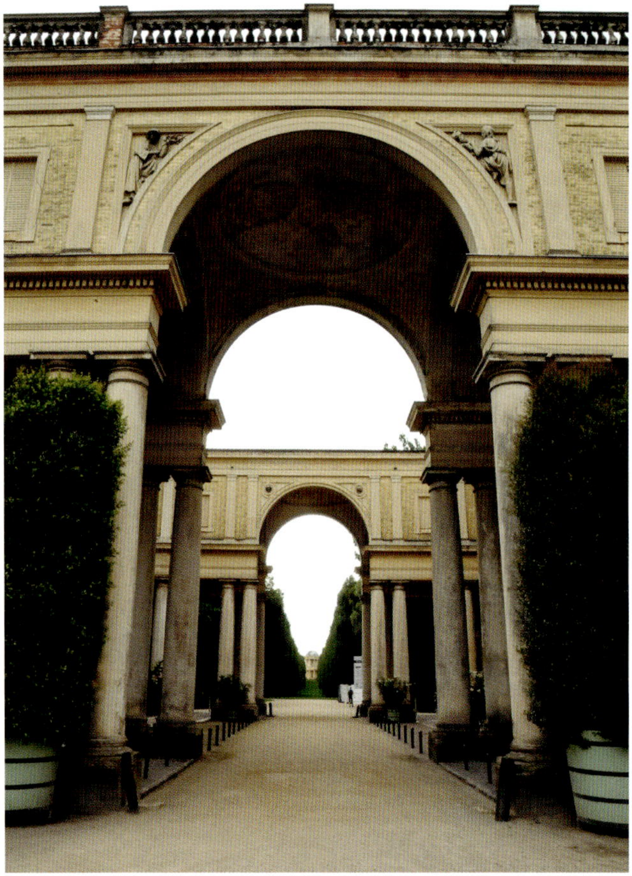

Filmlandschaft so weit das Auge reicht: Die Brandenburgische Landeshauptstadt Potsdam bietet nicht nur das legendäre Studio Babelsberg mit seiner über einhundertjährigen Geschichte, sondern zudem das älteste deutsche Filmmuseum, eine renommierte Filmuniversität, das größte Studentenfilmfestival Europas und eine Überfülle beeindruckender Originalkulissen. Zudem erhöht die Nähe zur Filmmetropole Berlin die Möglichkeiten in vielerlei Hinsicht.

Inzwischen nutzen etwa einhundert Filmteams pro Jahr die Potsdamer Parks als Drehort. Schon Stanley Kubrik scheute keine Mühen, um für *Barry Lyndon* (1975) an eine Drehgenehmigung in Kooperation mit der DEFA zu gelangen. In dem oscarprämierten englischen Historienfilm verläuft zwischen dem Neuen Palais und den Communs allerdings die Straße Unter den Linden mitten in Berlin. Die Potsdamer Schlösser werden nicht selten zu noch weiter entfernten Schauplätzen: Ernst Lubitsch drehte seinen Stummfilmklassiker *Madame Dubarry* (1919) nicht in Versailles, sondern im Park Sanssouci, wo seine Titelfigur (Pola Negri) das Chinesische Teehaus von 1764 bewohnt. Später wurde die Orangerie in den Palast des osmanischen Prinzen (Arnold Schwarzenegger) aus *Around the World in 80 Days* (S. 87) verwandelt, das Schloss Babelsberg für die Comic-Verfilmung *V for Vendetta* (James McTeigue, 2005) mit Natalie Portman in ein totalitäres London versetzt und Sanssouci in die futuristische Stadt von *Æon Flux* (S. 84) integriert. Die internationalen Produktionen

Die Torbögen der Orangerie im Park Sanssouci waren unter anderem in Die Vermessung der Welt *(S. 87) zu sehen.*

bringen der Stiftung Preußische Schlösser und Gärten nicht nur Prestige, sondern handfeste Einkünfte für die Denkmalpflege. Die großzügigen Parkanlagen, die seit 1990 von der UNESCO zum Weltkulturerbe gezählt werden, sind Friedrich II. zu verdanken. Nach eigenen Entwürfen beauftragte der kunstsinnige Preußenkönig 1745 Georg Wenzeslaus von Knobelsdorff mit dem Bau eines Rokokoschlosses als Sommerresidenz. Um die Weinterrassen von Sanssouci wuchsen über Generationen weitere Grünanlagen und Prunkbauten.

Friedrich II. widmete schon der Stummfilm eine ganze Reihe an Produktionen: Unter dem Titel *Fridericus Rex* erschienen ab 1920 vier Teile einer UFA-Filmbiografie von Arzén von Cserépy. Die monarchietreuen Historienfilme waren beim Publikum so erfolgreich, dass der Hauptdarsteller Otto Gebühr bis in die 1940er-Jahre hinein immer wieder in die Rolle des »Alten Fritz« schlüpfte – seit *Das Flötenkonzert von Sanssouci* (1930) mit Ton – und andere es ihm nachtaten. Gedreht wurde bei allem Aufwand meist in Babelsberger Studiokulissen und auch sonst nahm man die historischen Fakten nicht so genau. Einige der *Fridericus-Rex*-Filme waren nach 1945 als rechte Propaganda verboten.

Noch zur Zeit des Kaiserreichs begann die Karriere des Filmstudios Babelsberg, das bis heute zu den größten und modernsten Europas gehört. Die Deutsche Bioscop GmbH, benannt

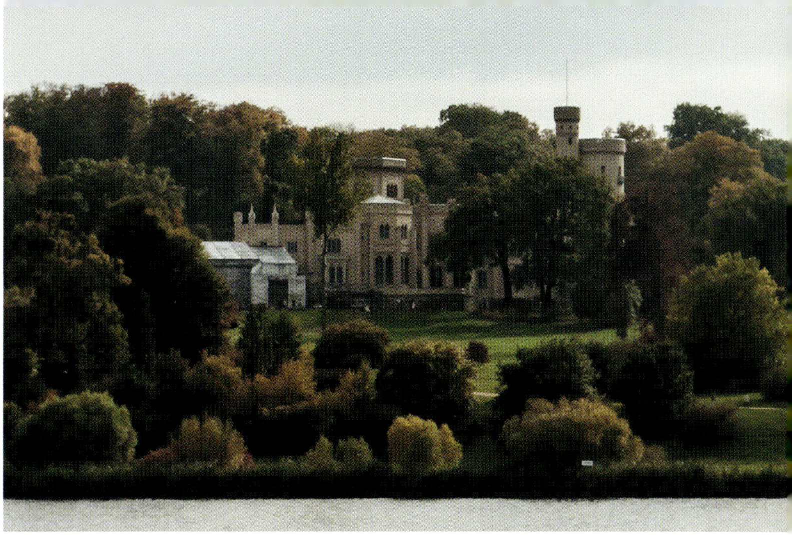

nach der bahnbrechenden Erfindung von Max Skladanowsky (S. 9), drehte 1912 hier den ersten Film: *Der Totentanz* mit der dänischen Diva Asta Nielsen unter der Regie ihres Ehemannes Urban Grad. Andere Filmfirmen und zahlreiche Produktionen folgten. Nach dem ersten Weltkrieg wuchs hier die UFA zur wichtigsten deutschen Filmgesellschaft. Unter ihrem Dach wurden schließlich von Joseph Goebbels alle deutschen Filmgesellschaften zwangsvereint. Überwacht von der Reichsfilmkammer entstanden neben Hetzfilmen wie *Jud Süß* (Veit Harlan, 1940) viele Liebesfilme und Komödien, beispielsweise *Die Feuerzangenbowle* (Helmut Weiss, 1944). Mit dem

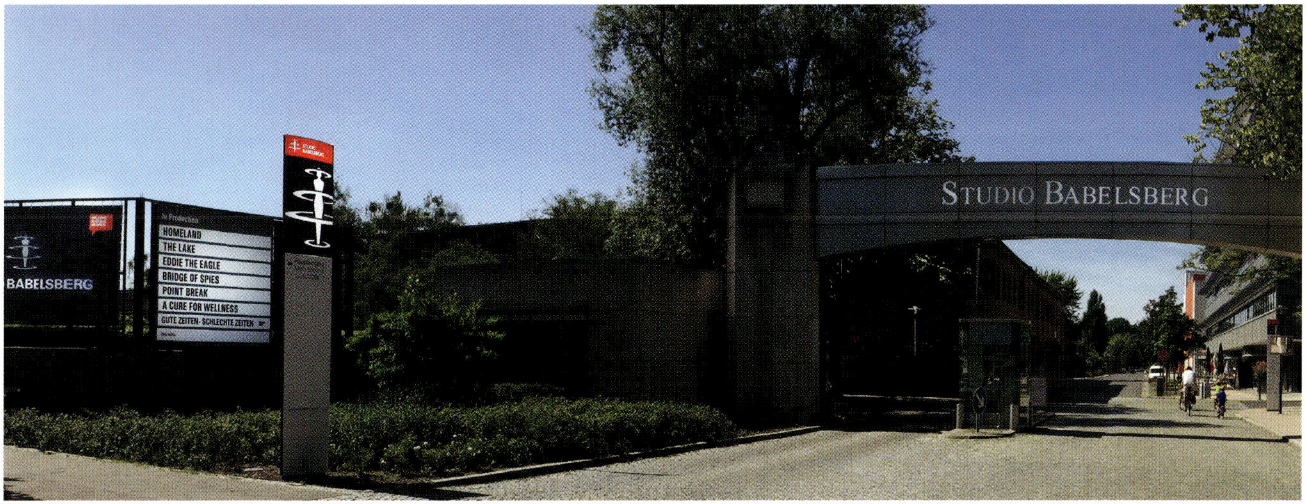

Der Tanzsaal des Schlosses Babelsberg im idyllischen Park (oben) diente als Kulisse für die Comic-Verfilmung V for Vendetta. *Am Haupteingang zum Filmstudio Babelsberg (unten) wirbt eine Tafel für aktuelle (Ko-)Produktionen.*

UFA

Wenn es eine Marke gibt, die weltweit mit dem deutschen Film assoziiert wird, dann heißt sie UFA. Das Emblem hielt sich vom Kaiserreich über Kriege und Machtwechsel hinweg bis in die Gegenwart. Lange Zeit verband die 1917 gegründete Universum-Film AG Produktion (in Babelsberg und Tempelhof, S. 67) mit Verleih und Kinobetrieb. Legendär sind vor allem die Erfolge der Weimarer Zeit wie *Emil und die Detektive* (S. 20) oder *Der blaue Engel* (S. 31). Eher berüchtigt ist die Monopolstellung der UFA von 1941 bis 1945, als die gleichgeschaltete Filmwirtschaft zahlreiche Propaganda- und Unterhaltungsfilme ablieferte. Heute produziert die UFA GmbH vor allem TV-Formate. Die Rechte der UFA-Klassiker und auch der sogenannten Vorbehaltsfilme liegen bei der Friedrich-Wilhelm-Murnau-Stiftung (Wiesbaden).

DEFA

Nach dem Krieg lag die Mehrheit der UFA-Stätten in der Sowjetischen Besatzungszone. Hier startete die deutsche Nachkriegsfilmproduktion mit *Die Mörder sind unter uns* (S. 26), noch während die Deutsche Film-AG gegründet wurde. Sie wurde 1952 zum Staatsbetrieb und produzierte zirka 700 Kinofilme plus Fernseh-, Dokumentar- und Kurzfilme. Zu den Klassikern zählen Hits wie *Die Legende von Paul und Paula* (S. 52) oder *Solo Sunny* (S. 54), aber auch Verbotsfilme wie *Das Kaninchen bin ich* (S. 44). 1992 wurde die DEFA von der Treuhandanstalt abgewickelt. Heute sorgt die DEFA-Stiftung (Chausseestraße 103) für den Erhalt und die Verbreitung der DDR-Bestände.

frühen Farbfilm *Baron Münchhausen* (Josef von Báky, 1943), mit Hans Albers in der Titelrolle, feierte man das 25-jährige Bestehen der UFA.

Ab 1946 übernahm die DEFA und errichtete bald das Filmzentrum der DDR. Sie setzte sich mit der NS-Geschichte in mehreren Filmen auseinander, zum Beispiel in der Heinrich-Mann-Adaption *Der Untertan* (Wolfgang Staudte, 1951). Für seinen autobiografischen Antikriegsfilm *Ich war neunzehn* (1968) ließ Konrad Wolf die Rote Armee in den Neuen Kammern (neben Schloss Sanssouci) tanzen, thematisierte aber auch Konzentrationslager und Vergewaltigungen. Frank Beyer, der mit *Jakob der Lügner* (1974) über das Wahrschauer Ghetto die einzige Oscarnominierung der DEFA errang, drehte in Babelsberg zuvor *Spur der Steine* (1966), einen der berühmtesten DDR-Verbotsfilme, mit Manfred Krug als Brigadeleiter Balla. Auch die internationale Koproduktion *Mephisto* (István Szabó, 1981), in dessen Vorlage Klaus Mann die NS-Verstrickung des Schauspielers Gustaf Gründgens verarbeitete, entstand zum Teil in Babelsberg – im ehemaligen Präsidialgebäude des Roten Kreuzes (August-Bebel-Straße 89), heute Teil der Universität Potsdam.

Babelsberg entwickelte sich zu einer Medienstadt, die bis heute Film- und Rundfunkwelt verbindet. Außer mehreren Sendern vom RBB und Privatstationen befindet sich hier ein Standort des Deutschen Rundfunkarchivs (neben Frankfurt am Main). Zum Gelände des Filmstudios gehört seit den 1990er-Jahren ein Themenpark, der sein Publikum in Originalkulissen, in den Kostüm- und Requisistenfundus sowie zu Stuntshows lockt. In Workshops können Besucher sogar eigene Stunt-Erfahrungen sammeln. Klassische Lieblinge des Filmparks sind das Sandmännchen aus dem DDR-Fernsehen, Außensets von Western und Märchenfilmen. Die nachgebauten »Gärten des kleinen Muck« erinnern an die Hauff-Verfilmung von 1953. Jenseits der Touristenattraktion befinden sich auf über 15,6 Hektar Fläche 20 Studios und lebensgroße Kulissen wie die »Neue Berliner Straße« (S. 69). Die heutige Marlene-Dietrich-Halle entstand 1926 für Fritz Langs Science-Fiction-Epos *Metropolis* als größtes Studio Europas, in der auch Marlenes Durchbruch *Der blaue Engel* (1930) entstand.

1954 wurde in Neubabelsberg mit der Deutschen Hochschule für Filmkunst, die 1985 nach ihrem Mitbegründer »Konrad Wolf« benannt wurde, die erste Filmhochschule Deutschlands gegründet. Aus den auf mehrere Villen verteilten Räumlichkeiten zog die Hochschule im Jahr 2000 in einen extravaganten Neubau um (Marlene-Dietrich-Allee 11). Seit 2014 hat sie das Kürzel HFF abgelegt und ist nun die erste deutsche Filmuniversität mit eigenen Forschungsprojekten und Promotionsrecht. Hier werden inzwischen mehr als 20 interdisziplinär orientierte Studiengänge angeboten. Zu den berühmten Absolventen zählen der Schriftsteller Thomas Brussig (*Sonnenallee*, S. 69), der Regisseur Andreas Dresen (*Sommer vorm Balkon*, S. 90) sowie der Dokumentarfilmer Thomas Heise. Studierende organisieren jährlich im April »Sehsüchte«, das größte internationale Studentenfilmfestival Europas. Allein seine stets profiliert besetzte Jury belegt den Ruf des Festivals als Karrieresprungbrett.

An die Filmuniversität geknüpft ist mittlerweile auch das Filmmuseum Potsdam, das älteste seiner Art in Deutschland. Seit 1981 beherbergt der einst als Orangerie erbaute, von Knobelsdorff erweiterte Marstall (Breite Straße 1a) Sammlungen zur deutschen Filmgeschichte mit Schwerpunkt auf den über 3.000 Babelsberger Produktionen. Zur ausgestellten Filmtechnik gehört das Bioskop von Max Skladanowsky. Im eigenen Programmkino kommt gelegentlich die historische Kinoorgel von 1929 zum Einsatz. Sonst gibt es hier neue und alte Filmhighlights zu genießen. Neben der Dauerausstellung *Traumfabrik – 100 Jahre Film in Babelsberg* werden regelmäßige Sonderausstellungen geboten. Bis Ende 2016 widmet sich die Präsentation *Alles nur Kulisse?! Filmräume aus der Traumfabrik Babelsberg* dem Thema dieses Buchs: Szenenbilder und Filmschauplätzen von der UFA über die DEFA bis zu aktuellen Produktionen. Ganz vorn dabei sind natürlich die Potsdamer Schlösser und Gärten.

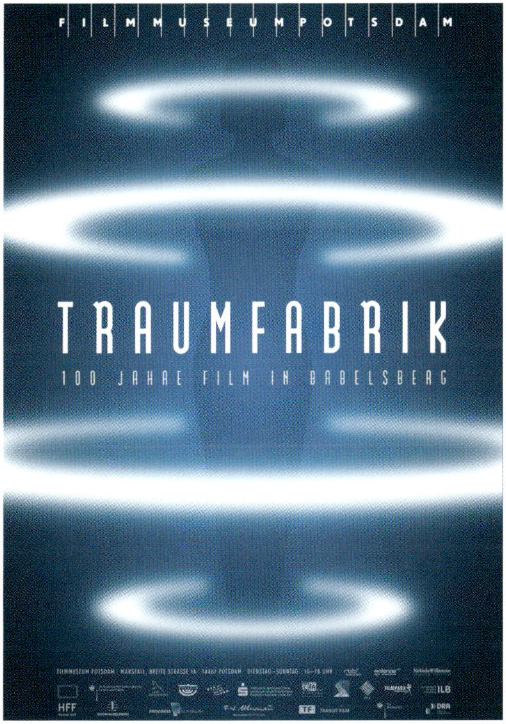

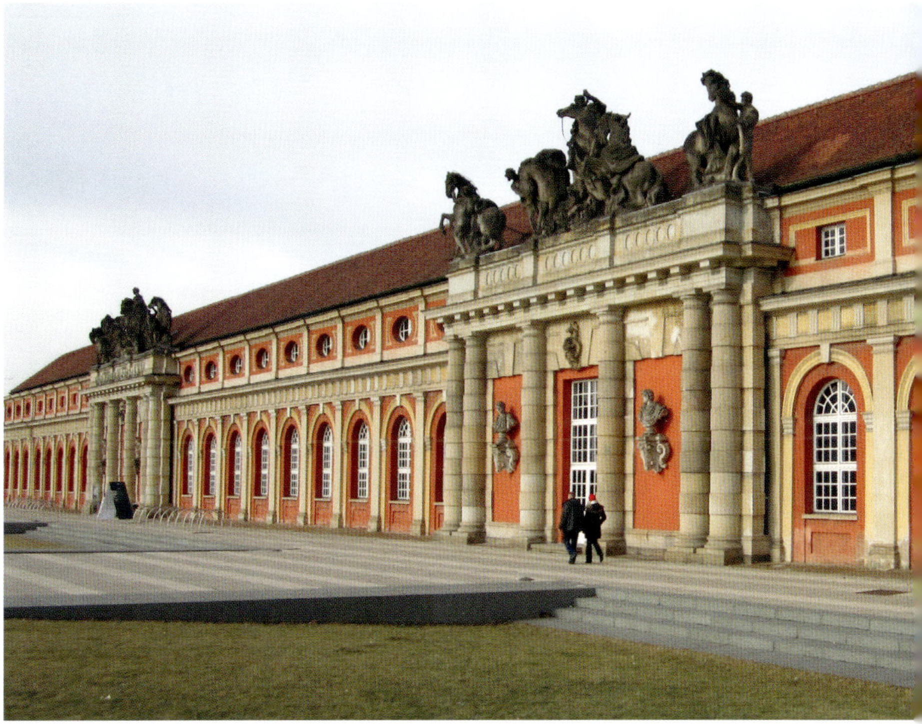

Das Filmmuseum Potsdam befindet sich seit 1981 im Marstall (rechts), der mit dem Baujahr 1685 das älteste Gebäude der Stadt ist. Das Plakat zur Dauerausstellung »Traumfabrik« (links) ist eine Hommage an den Klassiker Metropolis *(1926).*

POST-PRODUCTION

BERLINALE / MUSEUM FÜR FILM UND FERNSEHEN / DFFB / KINOS & FESTIVALS

DIE LEBHAFTE FILMSTADT

Für Filmbegeisterte hat Berlin nicht nur die Fülle an Originalschauplätzen, rund 800 Produktionsfirmen und etwa 50 Filmstudios zu bieten, sondern eine bunte Festivalkultur, glamouröse Premierenfeiern und eine reiche Kinolandschaft, etwa ein Zehntel der deutschen Lichtspielhäuser. Wichtige Institutionen des Filmbetriebs haben hier ihren Sitz: die Deutsche Kinemathek samt Museum für Film und Fernsehen, die Filmhochschule dffb und sowohl die Deutsche als auch die Europäische Filmakademie, von denen jährlich die deutsche »Lola« bzw. der Europäische Filmpreis (»europäischer Oscar«) vergeben werden. Berlin ist also auch die Hauptstadt der Filmpreise. Zudem entdecken die Stadt und ihre touristischen Unternehmen langsam aber sicher ihre cineastischen Gäste. Ihnen werden thematische Stadtrundgänge und -fahrten an Drehorte oder auf den Spuren von Persönlichkeiten der Filmgeschichte angeboten.

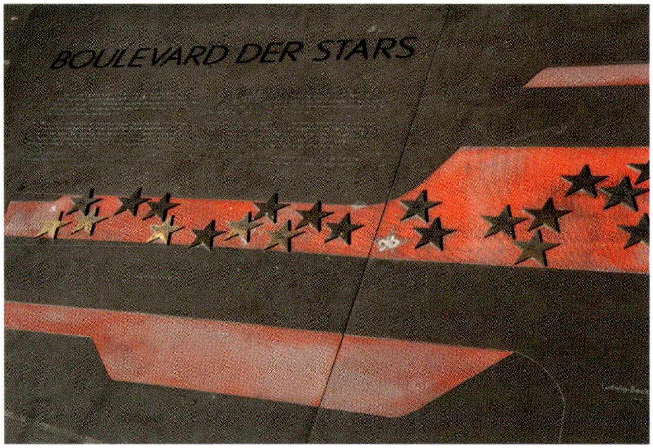

Den Höhepunkt des Berliner Filmjahres markieren seit 1951 die Internationalen Filmfestspiele Berlin, bekannt als Berlinale. Alfred Bauer, der das Festival zusammen mit dem Journalisten Manfred Barthel und dem US-Offizier Oscar Martay gegründet hatte, leitete es 26 Jahre lang und sorgte dafür, dass es bis heute in einer Reihe mit den Festivals von Cannes und Venedig rangiert. Sein Nachfolger Wolf Donner entwickelte für 1978 ein völlig neues Konzept, verlegte die zuvor im Juni stattfindenden Filmfestspiele in den Februar – und verließ seinen Posten nach einer Saison. Bei aller Kritik verschaffte der vorgezogene Termin Berlin einen Wettbewerbsvorteil für die Filmauswahl und eine bessere Anbindung an die Filmwirtschaft, die ihre Beiträge gleich anschließend ins Kino bringen konnte. Von 1979 bis 2001 blieb Moritz de Hadeln Festivalleiter, abgelöst von Dieter Kosslick. Im Jahr 2000 wurde der Potsdamer Platz zum Festivalzentrum, an dem nun jährlich für elf Tage aus dem Musicaltheater der »Berlinale Palast« wird. Für das Programm aus rund 400 Filmen werden weiter die traditionellen Spielstätten wie der Zoo Palast oder das Kino International genutzt.

Das »Internationale Forum des Jungen Films«, das ursprünglich als Gegenentwurf zum eher kommerziell ausgerichteten Wettbewerb parallel eine eigene Filmauswahl

Ein deutscher »Walk of Fame« wurde auf dem Mittelstreifen der Potsdamer Straße angelegt: der Boulevard der Stars.

zeigte, wurde 1971 als unabhängiger Teil in das Festival integriert. Es folgten das »Panorama«, Retrospektiven und Hommagen, Kurzfilmprogramme, die Kinder- und Jugendfilm-Sparte als »Generation«, die »Perspektive Deutsches Kino« und weitere Nebenreihen. So bietet das weltweit größte Publikumsfestival inzwischen eine einzigartige Bandbreite: vom Hollywood-Blockbuster auf dem roten Teppich bis zu experimenteller Videokunst. Alle Reihen vergeben ihre unterschiedlichen Preise, die aber von dem Goldenen und den Silbernen Bären der internationalen Jury in den Schatten gestellt werden.

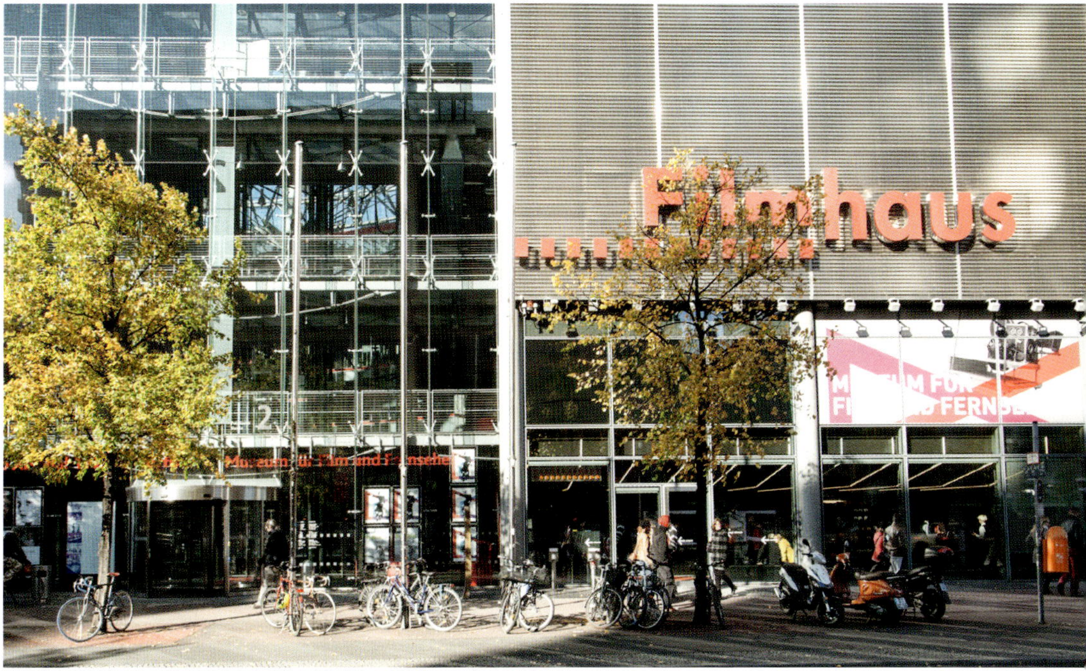

Der Berlinale-Rekordhalter ist übrigens der Berliner Filmemacher Rosa von Praunheim, dessen bahnbrechende Dokumentation *Nicht der Homosexuelle ist pervers, sondern die Situation, in der er lebt* 1971 im »Forum« gezeigt wurde. Seitdem präsentierte er von seinen rund 150 Dokumentar-, Kurz- und Spielfilmen insgesamt 25 auf der Berlinale. Zuletzt eröffnete *Härte* (2015) das »Panorama«.

Um das gigantische Filmereignis herum gedeiht eine bunte Festivallandschaft. In Berlin gibt es Filmfestivals zu allen erdenklichen Themen – und natürlich auch zur Stadt selbst: »achtung berlin« zeigt eine Aprilwoche lang in mehreren Berliner Kinos aktuelle Produktionen von Berliner und Brandenburger Filmschaffenden. Darüber hinaus ist für jeden Geschmack etwas dabei: von den etablierten Veranstaltungen »Fantasy Filmfest« und »Interfilm« über speziellere Themen wie das »Fußballfilmfestival«, das Punkfilmfestival »Too Drunk To Watch« oder das alternative »Pornfilmfestival« bis zu Filmwochen für einzelne Länder, Regionen oder Religionen. Sogar im »Berliner Fenster«, den U-Bahn-Bildschirmen der Berliner Verkehrsbetriebe, findet regelmäßig ein Kurzfilmwettbewerb statt: »Going Underground«.

Auch jenseits des Festivalangebots ist die Auswahl für ein individuelles Filmerlebnis üppig. Erfreut kann man feststellen, dass die Berliner Kinolandschaft wieder wächst. Jahrelang wurde das Kinosterben beklagt. Von der Kinomeile rund um den Ku'damm beispielsweise überlebten lediglich der ehemalige Film-Palast (umgebaut zur Astor-Filmlounge), der wiedereröffnete Zoo Palast, das Cinema Paris im Institut français (Ecke Uhlandstraße) und der Delphi-Filmpalast (Kant-/Fasanenstraße). Auch viele Kiez-Kinos mussten aufgeben. Die verbliebenen kooperieren enger (Yorck-Gruppe) oder lockerer (Indiekino Berlin) miteinander. Sogar die Multiplexe, in Konkurrenz zueinander, versuchten sich zu spezialisieren: Das Kino in der Kulturbrauerei zeigt Arthouse; die Cineplexe in Neukölln und Wedding haben türkische Blockbuster im Programm; im Sony Center laufen ausschließlich Original-Versionen – egal ob ein Kinderfilm oder die Übertragung einer Londoner Theateraufführung. In den letzten Jah-

Im »Filmhaus« am Potsdamer Platz befindet sich neben dem Museum für Film und Fernsehen auch die Bar »Billy Wilder's«.

REGINA ZIEGLER

Produzentin
(*1944, Quedlinburg,
geb. Krömer)

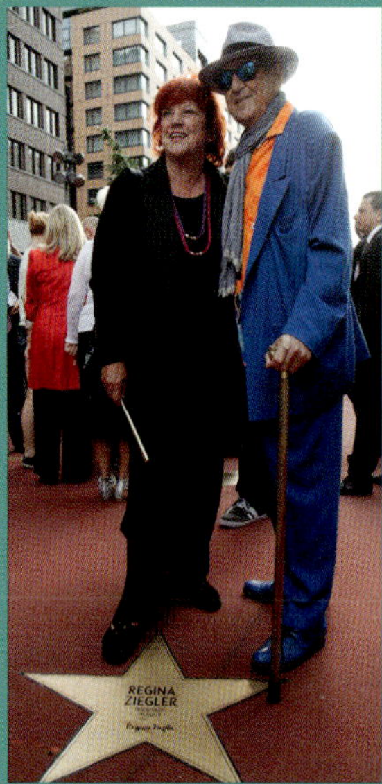

Mehr als 500 Produktionen tragen ihren Stempel: Regina Ziegler, seit 1964 in Berlin, gilt als profilierteste Produzentin Deutschlands. Die 1973 gegründete Regina Ziegler-Filmproduktion erhielt gleich für den ersten Film, Wolf Gremms Regiedebüt *Ich dachte, ich wäre tot*, den Bundesfilmpreis. Ziegler und Gremm (Foto 2012, bei der Einweihung ihres Sterns auf dem Boulevard der Stars) heirateten und hielten auch beruflich zusammen. Nach den Romanverfilmungen *Fabian* von Erich Kästner (1980) und *Nach Mitternacht* von Irmgard Keun (1981) folgten unzählige Fernsehproduktionen, aber auch internationale Projekte wie Margarethe von Trottas *Rosa Luxemburg* (1986) oder Jo Baiers *Henri 4* (2010). Zahlreiche nationale und internationale Preise wurden Ziegler und ihren Filmen verliehen. Viel Lob und sogar eine Vorführung im New Yorker MoMA gab es für die DDR-Drama-Serie *Weißensee* mit drei Staffeln.

Ziegler ist längst zum Vorbild der Jüngeren geworden: Top-TV-Produzent und -Regisseur Nico Hofmann wurde einst von ihren Worten ermutigt. Zieglers Tochter Tanja übernahm 2000 die Geschäftsführung des Familienunternehmens. 2005 lehrte Regina Ziegler als Honorarprofessorin an der Potsdamer Hochschule für Film und Fernsehen.

ren bedrohte zudem der Zwang zur Digitalisierung weitere Kinoexistenzen. Letztlich bot aber gerade sie die Chance für ein »Comeback des Nischenkinos« (taz). Dank öffentlicher Förderungen und vereinfachter technischer Abläufe gelang offenbar allen Häusern der Wechsel. Zuletzt wagten mehrere engagierte Kinobetreiber Neueröffnungen: Il Kino (Neukölln), das b-ware! Ladenkino und das Zukunft (beide Friedrichshain). Statt 3D-Brille gibt es in den Off-Kinos zum Film ein Bier aus der eigenen Brauerei (Tilsiter Lichtspiele), italienische Küche oder Import-DVDs. Wem das noch nicht reicht, der kann allsommerlich unter dem Sternendach der Freiluftkinos picknicken – gemütlich in einem der großen Parks oder mit Blick vom Kulturforum über den Potsdamer Platz.

Dort, im Sony Center des Architekten Helmut Jahn, sind das ganze Jahr hindurch Filme das Hauptthema. Im »Filmhaus« hat die 1963 gegründete Deutsche Kinemathek ein Zuhause gefunden. Zu ihren riesigen Sammlungen gehören etwa 13.000 Filme plus unzählige Fotografien, Plakate, Drehbücher und Objekte der Film- und Kinotechnik sowie filmhistorisch relevante Nachlässe, darunter die Marlene Dietrich Collection. Seit 2000 präsentiert die Kinemathek eine ständige Ausstellung. Im Museum für Film und Fernsehen rekapituliert sie die deutsche Filmgeschichte in vielfältigen Exponaten: Modellbauten neben Autogrammkarten, Filmausschnitte neben Originalkostümen. Zusätzlich widmen sich Sonderausstellungen Themen der internationalen Filmgeschichte. Das kann einmal die Bewunderung für die großen Hollywood-Diven sein, ein anderes Mal experimentelle Fernsehsendungen der 1960er-Jahre, dann wiederum die Kunst des Production Designs.

Mit der Kinemathek gründete sich auch der Verein »Freunde der Deutschen Kinemathek«, heute »Arsenal – Institut für Film und Videokunst«. Er betreibt im Filmhaus das Programmkino Arsenal mit zwei Sälen und einen eigenen Filmverleih (arsenal distribution). Außerdem richtet er das »Forum« der Berlinale aus – alles im Sinne der »lebendigen Vermittlung internationaler Filmkultur«. Um mehr avantgardistische Kunst ins Festival aufnehmen zu können, findet seit 2006 das »Forum expanded« auch in Ausstellungsräumen statt.

Der Kontrast könnte nicht größer sein: Im selben Gebäudekomplex befindet sich mit dem Cinestar ein großes Premierenkino, das auch außerhalb der Berlinale häufig den roten Teppich unter dem weiten Zeltdach ausrollt.

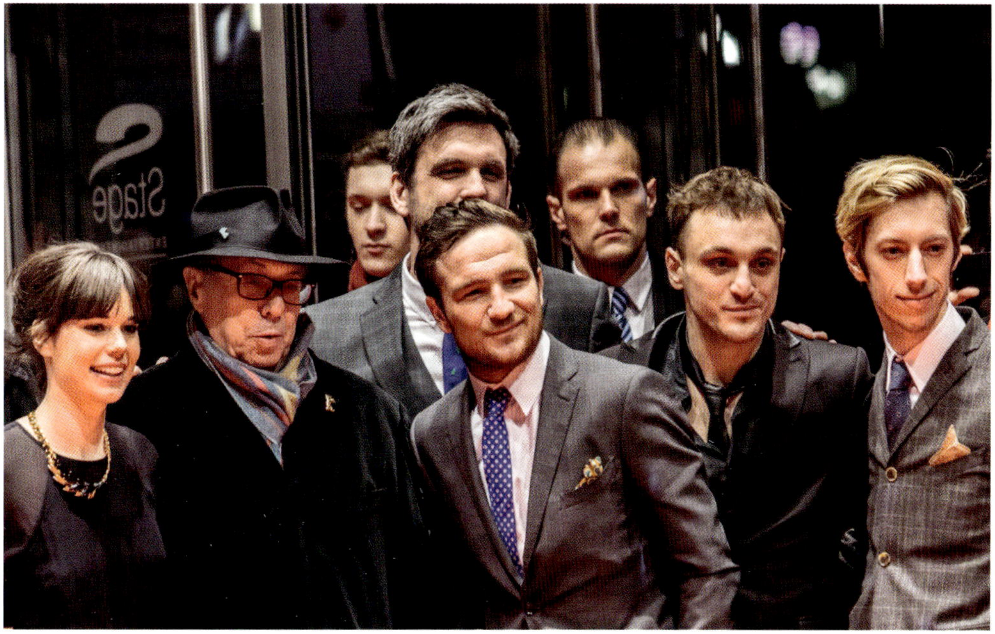

Hoch oben im Filmhaus lehrt die Deutsche Film- und Fernsehakademie Berlin jährlich bis zu 34 Studierende in den Fächern Drehbuch, Regie, Kamera und Produktion. Schon die erste Generation der 1966 gegründeten dffb machte Geschichte. Vier Studenten wurden 1968 nach Streitigkeiten exmatrikuliert, darunter Wolfgang Petersen (*Das Boot*) und der spätere RAF-Terrorist Holger Meins. Die anderen beiden, Harun Farocki und Hartmut Bitomsky, kehrten in den 1990er-Jahren an die Hochschule zurück und gaben als Lehrer von Christian Petzold, Angela Schanelec und Thomas Arslan den Impuls zur Berliner Schule (S. 83). Im 1966er Jahrgang studierte auch die Berlinerin Helke Sander. Mit ihrem Film *Die allseitig reduzierte Persönlichkeit – Redupers* (1978) schuf sie nicht nur ein Klassiker des feministischen Kinos, sondern gleichzeitig einen bestechend ehrlichen Berlin-Film. Sander reflektierte die mediale Inszenierung der Stadt und verwies auf die »Durchlässigkeit der Mauer«: auf Schnittpunkte und Parallelen von Ost- und West-Berlin. Verschiedenen Seiten ihrer Wahlheimat Berlin widmeten sich auch die dffb-Absolventen Hannes Stöhr (*Berlin Calling*, S. 96), Hendrik Handloegten (*liegen lernen*, 2003) und Wolfgang Becker (*Das Leben ist eine Baustelle*, S. 72). Beckers Tragikomödie *Good Bye, Lenin!* (S. 78) startete ihren internationalen Siegeszug dann auf den Internationalen Filmfestspielen Berlin.

Nach dem *Victoria*-Erfolg im Vorjahr versammelte die Berlinale 2016 wieder einige Berlin-Filme: Im Wettbewerb wurde die deutsch-englische Koproduktion *Jeder stirbt für sich allein* (S. 73) uraufgeführt. Die Retrospektive blickte auf das Jahr 1966 und damit auf Will Trempers *Playgirl* aus dem Swinging-Sixties-Berlin zurück. Und das Jubiläumsprogramm zum Teddy Award zeigte *Anders als die Andern* (1919) von Richard Oswald und Magnus Hirschfeld – denn der allererste Schwulenfilm entstand natürlich in Berlin, im Weißenseer Lixie-Film-Atelier (S. 66). In der Geschichte des Berlin-Films gibt es noch viel zu entdecken, dabei sind unzählige Kieze der Hauptstadt noch längst nicht »abgedreht«.

Mit Victoria *(S. 112) sorgte auf der Berlinale 2015 wieder ein Berlin-Film für viel Aufmerksamkeit: Festivalchef Dieter Kosslick (mit Hut) mit Regisseur Sebastian Schipper (Mitte hinten) und Cast (Max Mauff, Franz Rogowski, Frederick Lau, Laia Costa, v. r. n. l.).*

ANHANG

Buchtipps

Aggio, Regina: Filmstadt Berlin 1895-2006. Schauspieler, Regisseure, Produzenten, Wohnsitze, Schauplätze und Drehorte. Berlin (Jena 1800) 2007.

Berg-Ganschow, Uta (Hg.): Berlin. Außen und innen. 53 Filme aus 90 Jahren. Materialien zu einer Retrospektive. Berlin (Stiftung Deutsche Kinemathek) 1984.

Ingram, Susan (Hg.): World Film Locations: Berlin. Bristol (Intellect Books) 2012.

Münch, Markus: Drehort Berlin. Wo berühmte Filme entstanden. Berlin (be.bra) 2007.

Weiterführende Literatur

DEFA-Stiftung Berlin (Hg.): Eine kleine Geschichte der DEFA. Daten, Dokumente, Erinnerungen. Zusammengestellt und kommentiert von Ralf Schenk. Berlin (Schriftenreihe der DEFA) 2006.

Geiss, Axel (Hg.): Filmstadt Babelsberg. Zur Geschichte des Studios und seiner Filme. Berlin (Nicolai) 1994.

Gras, Pierre: Good Bye, Fassbinder! Der deutsche Film seit 1990. Berlin (Alexander Verlag) 2014.

Hellmann, Claudia/Weber-Hof, Claudine: On Location. Cities of the World in Film. München (Bucher) 2006.

Jacobsen, Wolfgang (Hg.): Berlin im Film. Die Stadt. Die Menschen. Berlin (Argon) 1998.

Jacobsen, Wolfgang: 50 Jahre Internationale Filmfestspiele Berlin. Herausgegeben von den Internationalen Filmfestspielen Berlin und dem Filmmuseum Berlin – Deutsche Kinemathek. Berlin (Nicolai) 2000.

Kohlhaase, Wolfgang: Um die Ecke in die Welt. Über Filme und Freunde. Ausgewählt und herausgegeben von Günter Agde. Berlin (Neues Leben) 2014.

Nies, Martin (Hg.): Deutsche Selbstbilder in den Medien. Film – 1945 bis zur Gegenwart. Marburg (Schüren) 2012.

Sannwald, Daniela/Tilmann, Christina (Hg.): Die Frauen von Babelsberg. Lebensbilder aus 100 Jahren Filmgeschichte. Berlin (edition ebersbach) 2012.

Schubert, Michaela/Bernschein, Wolfgang: Berlin. Reisen – Ein Film. Potsdam (Wolbern) 2007.

Töteberg, Michael (Hg.): Szenenwechsel. Momentaufnahmen des jungen deutschen Films. Reinbek bei Hamburg (Rowohlt) 1999.

Töteberg, Michael (Hg.): Good Bye, Lenin! Berlin (Schwarzkopf & Schwarzkopf) 2003.

Vogel, Alexander/Piethe, Marcel: Filmstadt Potsdam. Drehorte und Geschichte. Berlin (Bäßler) 2013.

Wesemann, Eva: Filmmuseum Berlin – Die Ausstellung. Berlin (Nicolai) 2000.

Worbs, Dietrich: Das Kino »International« in Berlin. Ein Bau der Nachkriegsmoderne und der Filmgeschichte der DDR, Berlin (Gebr. Mann Verlag) 2015.

Nützliche Internetseiten

http://www.bbfc.de/WebObjects/Medienboard.woa/wa/CMSshow/1054953 – Produktionsspiegel der Berlin Brandenburg Film Commission vom Medienboard Berlin-Brandenburg.

http://berliner-filmfestivals.de/ – Magazin für Filmfestivalkultur in Berlin und Brandenburg.

http://www.berlinfilmkatalog.de – Projekt zur Filmgeschichte plus Filmreihe im Kino Brotfabrik in Weißensee.

https://www.deutsche-kinemathek.de/ – Stiftung Deutsche Kinemathek.

http://filmap.tumblr.com/ – Film locations in GoogleMaps.

http://filmportal.de/ – Internet-Plattform zum deutschen Film.

http://www.filmtourismus.de – Die Welt der Drehorte.

http://www.film-zeit.de – Filmpressespiegel.

http://www.imdb.com/ – International Movie Database.

http://www.indiekino.de/ – Die unabhängigen Berliner Lichtspielhäuser.

http://www.movie-locations.com/ – Worldwide Guide to Film Locations.

Personenregister

Bildnachweis

Aktuelle Stadtfotografien 2015 © Franziska Donath: Cover o., Backcover l., S. 3, 8, 9, 15-17, 19, 21, 23 (2), 26, 27, 30, 33, 35, 37 (2), 39, 40 (2), 43, 45, 47, 48 o., 49, 51, 52 r., 55 r., 57, 58, 60 (2), 61-63, 65, 66, 70, 73 r., 74 l., 75, 76 r., 77, 79 r., 81, 82 r., 84 r., 85 u., 86, 88 r., 91 l., 93 (2), 95, 97, 99 r., 102, 107 o., 109 l., 111 o., 112 u., 113 (2), 115 o., 120, 121.

sowie: Stiftung Preußische Schlösser und Gärten/Franziska Donath: S. 85 o. (Orangerie im Park Sanssouci), S. 87 (Orangerie mit Blick auf das Belvedere auf dem Klausberg), S. 114 (Schloss Sanssouci, Schrägaufnahme mit Terrassen).

Abbildungen S. 65 und 97 mit freundlicher Genehmigung der BVG.

Weitere Abbildungen:

absolut Medien/filmedition suhrkamp: S. 22, Backcover o. r. (aus der DVD »Kuhle Wampe«, im Handel erhältlich).

Archiv Wieland Giebel: S. 20.

Bundesarchiv (CC-BY-SA 3.0): S. 10 (N 1275 Bild-184), S. 25 (Bild 146-1988-106-29), S. 34 (Bild 183-33607-0001/Junge, Peter Heinz), S. 37 (B 145 Bild-F034157-0009/Reineke, Engelbert, Ausschnitt), S. 66 l. (Bild 183-1991-0109-502), S. 67 (B 145 Bild-F034159-0020/Reineke, Engelbert).

C+P Film/Walter Wehner: S. 71 (DVD erhältlich bei Universumfilm).

Constantin Film Verleih GmbH: S. 103.

DEFA-Stiftung: S. 27 (Eugen Klagemann), S. 35 (Siegmar Holstein, Hannes Schneider), S. 44 (Jörg Erkens), S. 52, 53, Backcover o. l. (Manfred Damm, Herbert Kroiss), S. 54 (Dieter Lück), S. 63 (Wolfgang Fritsche).

Deutsche Kinemathek: S. 30 o.

Encinas López, Eduardo: S. 105 o., 109 r.

Filmgalerie 451: S. 64 (DVD erhältlich bei Filmgalerie 451).

Filmuseum Potsdam: S. 117 l. (Plakat-Gestaltung: h neun, Berlin).

Giebel, Wieland: S. 11, 101, 106.

Interfoto: S. 38 (Linus), S. 42 (Friedrich).

The Kobal Collection: Cover 2. v. l., S. 31, 46 l., 48 u. (Paramount), S. 46 r. (Danjaq/Eon/UA), S. 59 (Road Movies/Argoes Films/WDR), S. 72 (X-Filme/Arte), S. 80 (Y3 Films), S. 84 (Paramount Pictures/MTV Films/Boland, Jasin), S. 88 o. (Universal), Backcover u. l., S. 89 u. (Kobal/Color Force/Lionsgate/Close, Murray), S. 92 (Wiedemann & Berg), S. 100 (Constantin Film), S. 107 u. (Dark Castle Entertainment/Maidman, Jay), S. 108 (Ardustry Entertainment).

magicinfoto/Shutterstock.com: S. 61.

picture-alliance: S. 32 (Keystone), S. 56 (United Archives/IFTN), S. 68 o. (Mary Evans Picture Library), S. 76, S. 94 (DPA-Report).

Reinhardt & Sommer: S. 55.

Sammlung Heinz Köster - Deutsche Kinemathek: S. 41.

SCHRAMM FILM Koerner & Weber/Piffl: S. 82 l., 83.

Sieverding, Pola/sabotage films/stoehr-film: S. 96 (DVD »Berlin Calling« im Handel erhältlich).

Ullstein-Bild: Cover r., S. 14, 17 u., 18, 28, S. 36, 68 u. (United Archives), S. 59 o. (IBERFOTO), S. 51 o., Cover 2. v. r. (United Archives/KPA), S. 98 (Günter Peters), S. 99 o. (TopFoto/General).

Wikimedia Commons: S. 29, 31, 50 (Public Domain), S. 24 (Asio otus, CC BY-SA 3.0), S. 89 (Lienhard Schulz, CC BY-SA 3.0), S. 115 (Hans1919), S. 117 r. (Klabauter2, CC BY-SA 3.0), S. 122 (Thomas Schmidt (NetAction), CC BY-SA 3.0), S. 123 (Sebaso, CC BY-SA 4.0).

Wild Bunch: S. 13 r., 112 o.

X Filme Creative Pool GmbH: S. 73 l. (Jeder stirbt für sich allein).

X Verleih AG: Cover l. (Lola rennt), S. 74 r. (Lola rennt), S. 78, 79 o. (Good Bye, Lenin!), S. 90, 91 o. (Sommer vorm Balkon), S. 104, 105 u. (Drei), S. 110, 111 u. (Oh Boy).

DIE AUTORIN

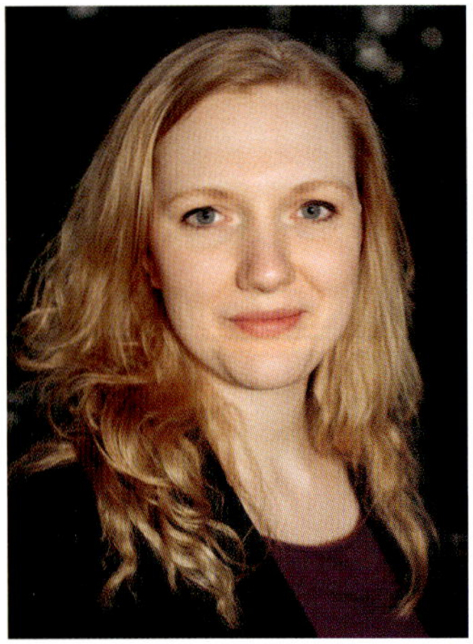

Nadin Wildt, geb. 1981 in Berlin, war neben dem Studium der Germanistik und Philosophie an der Humboldt-Universität zu Berlin lange in einem Berliner Filmpalast tätig. Nach Abstechern in den Buchhandel und in Kulturredaktionen kam sie 2013 als Herstellerin zum Berlin Story Verlag. Sie ist Autorin des Popkultur-Blogs Kweens.de.

DIE FOTOGRAFIN

Franziska Donath, geb. 1985 in Parchim, lebt als freie Fotografin und Verlagsherstellerin in ihrer Wahlheimat Berlin. Ihr Studium der Druck- und Medientechnik, an der Beuth-Hochschule Berlin, hat sie mit der Arbeit »Die fotografische Inszenierung von Städten« abgeschlossen. http://www.franziskadonath.de/

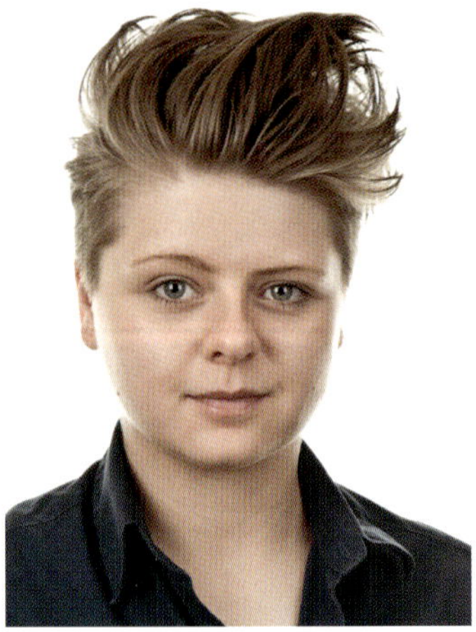